古代歷史文化 研究輯刊

十四編

王明蓀 主編

第7冊

秦漢逃亡犯罪考論（下）

張功 著

國家圖書館出版品預行編目資料

秦漢逃亡犯罪考論（下）／張功 著 — 初版 — 新北市：花木
蘭文化出版社，2015〔民 104〕

目 4+226 面；19×26 公分

（古代歷史文化研究輯刊 十四編：第 7 冊）

ISBN 978-986-404-315-6（精裝）

1. 犯罪　2. 秦漢

618　　　　　　　　　　　　　　　　　　104014371

ISBN-978-986-404-315-6

古代歷史文化研究輯刊

十四編　第 七 冊　　　　　　ISBN：978-986-404-315-6

秦漢逃亡犯罪考論（下）

作　　者　張　功
主　　編　王明蓀
總 編 輯　杜潔祥
副總編輯　楊嘉樂
編　　輯　許郁翎
出　　版　花木蘭文化出版社
社　　長　高小娟
聯絡地址　235 新北市中和區中安街七二號十三樓
　　　　　電話：02-2923-1455 ／傳眞：02-2923-1452
網　　址　http://www.huamulan.tw 信箱 hml 810518@gmail.com
印　　刷　普羅文化出版廣告事業
初　　版　2015 年 9 月
全書字數　386462 字
定　　價　十四編 28 冊（精裝）台幣 52,000 元　　　　版權所有·請勿翻印

秦漢逃亡犯罪考論(下)

張　功　著

目

次

第四章　逃亡犯罪的控制制度

　　控制一詞有駕馭、遏制的意思。犯罪控制就是對犯罪行為的遏制，使之不超過一定的範圍和程度。先秦儒家、法家雖然都有消滅犯罪的理想展望，卻很少論述徹底消滅犯罪的問題，更多的是討論如何控制和預防犯罪，遏制犯罪的發展及其發展趨勢，不使其蔓延，把犯罪限制在正常度（可以容忍的犯罪率）以內。簡而言之，中國古代的儒家和法家提倡的犯罪控制就是根據犯罪的具體情況，把犯罪遏制在一定範圍內或在一定程度上的方法或手段。犯罪是社會矛盾的綜合反映，社會發展的伴生物。在認識論上，犯罪能否消滅是以犯罪現象（作為宏觀上的社會現象）能否避免為認識論依據，假定犯罪現象可以避免，就意味著犯罪是一種偶然的社會現象；反之，認為犯罪現象不可避免，就承認犯罪是一種社會的必然現象（雖然是一種有害的社會現象），在人類無法消滅犯罪的情況下，力爭控制犯罪便是人類社會唯一的明智選擇。認識到犯罪是一種不可避免的社會現象，就可以使人們放棄消滅犯罪的天真想法和一些徒勞無益的做法，而回歸到理智的選擇上來，即控制犯罪。在這一點上，儒家和法家也是基本相同的

　　與社會犯罪相適應，社會的犯罪控制系統由四個層面構成，第一層面是道德控制系統，由宗教、文化、風俗、習慣、輿論等組成；第二層面是行政控制系統；第三層次是一般法律控制；第四層次為刑法控制。四個層面構成一個完整的系統，道德層次主要控制人們的心理意識，防止人們的心理意識外化為越軌行為和犯罪行為。沒有道德控制，人們的行為就會變得寡廉鮮恥，人們的情感就無法得到教化和培養。人們就難以控制內心的野性欲望和衝動，不可避免地出現越軌和違法行為。道德控制是一種軟性控制，不具有強制性。經濟行政控制層主要是從社會資源的分配方面來控制人們的行為，它

主要是調整社會各階層、各集團、各群體和人與人之間的利益關係，公正的社會行政制度是防止人們違法犯罪的有力手段，是一種規範化、制度化的硬控制，違反了它就要受到一定的懲罰，但這種懲罰一般都是行政性的處罰，不涉及到財產、生命、和自由權。行政控制屬於最低度的強制權。一般法律控制主要是從整體社會利益方面來控制社會越軌行為，防止越軌行為向犯罪行為的發展，具有強制性。沒有一般法律控制就難以保證一般的社會權益和社會的穩定性，但一般的法律控制不涉及人們的生命、自由權。而刑法控制主要以刑罰為手段，對最嚴重的越軌行為即犯罪行為進行控制，維護社會最基本的價值觀，保證社會機器最低限度的運轉。沒有刑法控制，其他的社會犯罪控制就失去了基礎。社會犯罪不僅僅是一個法律問題，而是一個綜合性的社會問題，只有經過綜合的調控才能實現預期的效果，經過前面三個從輕到重諸層次之間的社會犯罪控制，才能最大限度地緩和社會矛盾，調整社會衝突，消耗犯罪能量，使反社會的心理欲求轉化為對社會價值觀和社會秩序的認同，而不是轉化為反社會的行為，隨後再經過刑法對已然的社會越軌行為即犯罪行為的控制，使社會秩序與與社會最起碼的價值觀得到保證。反之，如果先用刑法控制，就會使人們的欲求和不滿情緒變得無序，從而積累成更大的犯罪能量，破壞社會的穩定，使社會秩序難以維持。

另外，社會犯罪控制的各個層面之間還有一定的制約性，犯罪控制的各層面之間是互相配合、互相制約的。道德控制沒有其他控制措施作後盾，就難以保證他抑制惡欲、培養善德的教化功能，人們的內心欲望就難以受到有效的節制，惡欲就有可能膨脹成罪惡的欲望。同樣，行政控制如果沒有其他三個層次的配合，就不可能抑制人們的罪惡意向向違禮、違法現象過渡，一般的法律控制如果沒有其他方面的配合，也會帶來嚴重的後果，沒有道德文化的約束，就不可能限制人們的一般越軌行為向一般違法行為的轉化和發展。沒有道德控制和行政控制，直接用法律規範調整人們的行為，就會導致法律資源的嚴重不足，最終導致法律控制的徹底失敗。如果缺乏刑法保障的話，則人們對於任何社會規範、社會法律都敢觸犯，會直接導致法律控制的失效，無法維持社會的正常運轉。同樣，如果刑法控制沒有了其他層面的支持，就只能懲處人們外化的罪惡行為而難以抑制人們內心惡欲的形成，更難於抑制人們內心的惡欲向犯罪行為的轉化。難以使受到刑事處罰的人們改惡從善。

　　犯罪控制的四個方面既有層面性，又有次序性，還有綜合性，層面性顯示了犯罪控制的系統結構性；次序性表現出控制層面由內到外的順序性；綜合性表現在控制層面的各個方面運用上具有整體性，相互制約性和實踐上的同時性。

　　基於對犯罪控制系統的認識，以及秦漢時期的法律體系之中民法、行政法以及其他法律與刑法混爲一體的特點，本章主要從秦漢政治制度與逃亡犯罪控制方面來探討秦漢時期的逃亡犯罪控制。至於一般法律控制和刑法控制，則作爲逃亡的具體控制措施進行探討。至於道德教化，主要涉及人的犯罪意識和犯罪欲念，與逃亡犯罪控制之間難以找到直接同一的聯繫，本文暫且略去。

第一節　秦漢地方行政體制

　　穩定的國家政權是一切階級社會控制犯罪的最基本條件，不同的行政體制有著不同的犯罪控制效果。秦漢時期基本是中央集權制的行政體制，但在西漢初期出現了郡國併行體制，行政體制的變遷影響到犯罪控制效果。從秦朝開始，郡縣製取代分封製成爲秦漢王朝基本的地方管理制度，而郡縣關係的變化，也影響到秦漢政府對社會犯罪的控制效果。

一、西漢初期郡國並行體制

（一）西漢初期分封制

　　公元前 221 年，秦滅六國，統一天下，接受廷尉李斯的建議：「分天下以爲三十六郡，郡置守、尉、監。」〔註1〕把郡縣制推行到全國。隨著邊遠地區的開發和郡轄區範圍的調整，終秦一代，前後可能設置過四十八郡。〔註2〕受商鞅變法以來秦國歷史傳統的影響，秦始皇沿襲了法家的治國理念，嚴刑酷罰，以暴力治天下。結果，「事欲繁天下欲亂，法逾滋而姦逾熾，兵馬益設而敵人逾多。秦非不欲爲治，然失之者，乃舉措暴眾而用刑太極故也。」〔註3〕秦始皇病死沙丘，二世即位，胡亥政治經驗寡少，「倉中鼠」李斯只以保有祿

〔註 1〕《史記》卷六《秦始皇本紀》，頁 239。
〔註 2〕白壽彝主編《中國通史・秦漢卷》，頁 188。
〔註 3〕《新語・無爲》。

位爲其政治目標，趙高又弄權不止。秦王朝的政治中樞失去了改弦易轍的機會，繼續了始皇帝的暴政。二世元年（前 209 年），陳勝、吳廣揭竿起義，強大的秦王朝頃刻間灰飛煙滅。

面對強大的秦王朝迅速滅亡這一事實，繼秦而起的項羽和劉邦採取了與秦不同的地方管理體制。項羽在滅亡秦朝，進入關中以後，認爲：「天下初發難時，假立諸侯後以伐秦。然身被堅執銳，暴露於野三年，滅秦定天下者，皆將相諸君與籍之力也。……乃分天下，立諸將爲侯王。……項王自立爲西楚霸王，王九郡，都彭城。」〔註4〕項羽出於秦亡於廢分封這一判斷，分封了十八個諸侯王，恢復了分封制。「項羽爲天下宰，不平，今盡王故王於醜地，而王其群臣諸將善地，逐其故主。」〔註5〕由於利益分配上的不均衡，從田榮擅立田都爲王開始，項羽建立的這一行政體制很快就陷入了諸侯王混戰的局面，「齊王市畏項王，乃亡之膠東就國。」〔註6〕在這場混戰之中，出現了大量的戰敗軍人逃亡，項羽攻打反叛的田榮，「田榮不勝，走至平原，平原民殺之。……徇齊至北海，多所殘滅。齊人相聚而叛之。於是田榮弟田橫收齊亡卒得數萬人，反城陽。」〔註7〕田榮集團在項羽大軍的打擊之下，首領逃亡至平原，被人殺死，手下士兵亡命而去者達數萬人，可見逃亡人數之眾。其間還夾雜著大量的因爲戰爭影響而流亡他鄉的普通民眾。漢初出現大城名都人口散亡的局面，是與這場諸侯王混戰聯繫在一起的。在一定程度上說，項羽建立的這種封國行政體制，不但沒有擔負起預防和控制逃亡犯罪的任務，反而成爲各種逃亡犯罪滋生的沃土。

楚漢戰爭時期，劉邦爲了網羅人才，壯大自己的軍事政治力量，接受了張良的建議，「九江王黥布，楚梟將，與項王有隙，彭越與齊王田榮反梁地，此兩人可急使，而漢王之將獨韓信可屬大事，當一面，即欲捐之，捐之此三人，則楚可破也。」〔註8〕從此開始分封異姓諸侯王，到漢五年（前 202 年），共封七人爲王，初步形成了郡國並行的行政體制。各諸侯王國成爲直接控制地方，在經濟、軍事上都具有一定獨立性的政治實體，與西漢中央政府矛盾重重，謀反逃亡事件時有發生。韓王信原來是韓國王族，開始封在潁川，後來徙封太原。

〔註4〕《史記》卷七《項羽本紀》，頁 316～317。
〔註5〕《史記》卷七《項羽本紀》，頁 321。
〔註6〕《史記》卷七《項羽本紀》，頁 320。
〔註7〕《史記》卷七《項羽本紀》，頁 321。
〔註8〕《史記》卷五十五《留侯世家》，頁 2039。

在太原期間與匈奴藕斷絲連，最終在漢七年（前200年）率部逃亡匈奴，成爲第一個反叛後逃亡匈奴的諸侯王。盧綰封爲燕王後，控制著上谷、魚陽、右北平、遼東、遼西之地，擔負著抵抗匈奴的重任，但他卻與匈奴人暗中來往，和叛漢逃亡的燕王臧荼子勾結，倚匈奴以自重於漢朝。盧綰的陰謀被發覺後，在漢十二年（前195年）率領部下逃亡匈奴，給漢朝的北方邊境造成很大的威脅。不僅爲王的韓王信和盧綰逃亡匈奴，就是身爲代相的列侯陳豨也亡逃匈奴，長期協助匈奴攻擊漢朝。九江王英布據有九江、盧江、豫章、衡山等郡，在漢十一年（前196年）謀反時也曾逃亡番陽，最後被番陽人殺死在茲鄉。西漢初期的諸侯王不但自己不斷反叛漢朝，逃亡匈奴，諸侯王國還成爲藏匿逃亡者的所在，項羽部將鍾離昧就曾藏匿在楚王韓信的府中，最後因爲漢朝施加壓力，鍾離昧才不得不自殺了事。

　　班固說：「昔高祖定天下，功臣異姓而王者八國。張耳、吳芮、彭越、黥布、臧荼、盧綰與兩韓信，皆徼一時之權變，以詐力成功，咸得裂土，南面稱孤。見疑彊大，懷不自安，事窮勢迫，卒謀叛逆，終於滅亡。」〔註9〕異姓諸侯王的滅亡有很複雜的原因，但他們有世襲的特權、有一定的經濟、軍事實力，作爲相對獨立的政治實體，與西漢王朝有一定的對立性，依靠他們要實現國家控制地方的目的是很難的。他們不斷反叛，也不斷逃亡。就漢初建立的異姓諸侯王和漢朝郡縣並行的行政體制而言，對控制逃亡犯罪是十分不利的。

　　異姓諸侯王國除張敖和吳芮外相繼被翦滅，高祖劉邦最後大封同姓王，形成了新的郡國並行體制。班固說：「漢興之初，海內新定，同姓寡少，懲戒亡秦孤立之敗，於是剖裂疆土，立二等之爵。功臣侯者百有餘邑，尊王子弟，大起九國。自雁門以東，盡遼東，爲燕、代。常山以南，太行左轉，度河、濟，漸於海，爲齊、趙。谷泗以往，奄有龜、蒙。爲梁、楚。東帶江湖，薄會稽，爲荊吳。北界淮瀕，略盧、衡，爲淮南。波漢之陽，互九嶷，爲長沙。諸侯比境，周匝三垂，外接胡越。天子自有三河、東郡、南陽，自江陵以西至巴蜀，北自云中至隴西，與京師內史凡十五郡，公主、列侯頗邑其中。而藩國大者跨國兼郡，連城數十，宮室百官同制京師，可謂矯枉過其正矣。」〔註10〕劉邦大封同姓諸侯王的結果，是從西周以來盛行的分封制發生了本質變

〔註 9〕《漢書》卷三十四《韓彭英盧傳》，頁1895。
〔註10〕《漢書》卷十四《諸侯王表》，頁393～394。

化，白馬之盟將分封的範圍規定在劉氏皇室之內，希望利用宗親血緣關係來控制地方、保衛漢王朝。

各地的諸侯王國擁有大片的國土，有自己的軍隊和自己支配的一套官僚隊伍，成爲實力強大的政治實體。一般情況下，諸侯王初封時由於與漢皇帝的血緣關係親密，很多人都爲維護漢王朝的穩固作了貢獻，但隨著時代的遷移，諸侯王與漢皇帝的血緣關係會越來越疏遠，因爲經濟、政治利益帶來的矛盾衝突會越來越激烈，與中央政權之間的對峙程度也會加深，反叛、謀反事件層出不窮。在這些諸侯王勢力反叛事件中，各種逃亡也隨之出現。不僅如此，漢初的諸侯王勢力還成爲接納逃亡人口的最大所在。那些因爲各種原因而亡命他鄉的犯罪人員和災害、戰亂引起的流亡者紛紛進入諸侯王轄區以避難，而諸侯王爲了加強自己的經濟、軍事實力，又制定出很多的優惠措施，大量吸納漢王朝統治區的逃亡人口。典型者如吳王劉濞、淮南厲王劉長、劉安等人，都曾大力招攬、庇護逃亡者，由於他們的所爲，使西漢王朝轄區的犯罪逃亡者得不到有效的抓捕，漢王朝還要花大力氣加強與諸侯王接境地區的關津管理，以防止人口被吸引到諸侯王轄區。

諸侯王、列侯勢力隨著文帝、景帝、武帝時期的不斷打擊，實力逐漸削弱，班固說：「故文帝採賈生之議分齊、趙，景帝用晁錯之計削吳、楚。武帝施主父之冊，下推恩之令，使諸侯王得分戶邑以封子弟，不行黜陟，而藩國自析。自此以來，齊分爲七，趙分爲六，梁分爲五，淮南分爲三。皇子始立者，大國不過十餘城。長沙，燕代雖有舊名，皆亡南北邊矣。景遭七國之難，抑損諸侯，減黜其官，武有衡山、淮南之謀，做左官之律，設附益之法，諸侯唯得衣食租稅，不與政事。」〔註11〕到武帝中後期，諸侯王勢力對地方政治、經濟、軍事的控制才最終結束，中央集權統治推廣到全國。此後，基本上看不到諸侯王國庇護、招徠漢朝轄區逃亡犯罪人口的事件了。

（二）漢簡反映的漢初行政體制

通過張家山漢墓竹簡的有關內容，我們可以看到這一時期漢王朝爲控制逃亡犯罪者亡入關東諸侯王國轄區作出的努力，從中也可以感受到漢初郡國並行的行政體制對逃亡犯罪發生和控制的影響。

《張家山漢墓竹簡・二年律令》（後文出現只注簡號）中有這樣的律令：

〔註11〕《漢書》卷十四《諸侯王表》，頁395。

其令扦（扞）關、鄖關、武關、函谷（關）、臨晉關，及諸其
塞之河津，禁毋出黃金，諸奠（塡）黃金器及銅，有犯令（後缺文）。
（簡 492）

丞相上備塞都尉書，請爲夾谿河置關，諸漕上下河中者，皆發
傳，及令河北縣爲亭，與夾谿關相直。關出入、越之，及吏卒主者，
皆比越塞闌關令。丞相、御史以聞，制曰可。（簡 523、524）

這些關塞在《二年律令》中多次出現，扦關即江關，巴郡魚復縣有江關都尉，
在今四川奉節東；漢中郡長利縣有鄖關，在漢水下游；函谷關在弘農郡弘農
縣〔註 12〕；武關在弘農郡商縣；臨晉關在左馮翊臨晉縣。所謂津即沿黃河的
渡口，夾谿關在今陝縣，位於黃河之南，其北爲西漢河北縣〔註 13〕。律令規
定黃金、銅器不許越出這些關塞、渡口，過往行人（包括漕運人員）無符傳
者也不許出入。可知西漢初期存在著一條從臨晉關、沿黃河兩岸東向到函谷
關、西南向武關、南向漢水中游的鄖關、長江的江關形成的對東方諸侯王國
的封鎖線，朝廷直轄的河東郡、河內郡、河南郡處於這一封鎖線的外圍。這
一封鎖線除了限制馬匹、武器流入關東以外，最主要的功能就在於封鎖逃亡
犯罪者出關，下面這些簡文清楚地顯示了這一特徵：

相國、御史請緣關塞縣道群盜、盜賊及亡人越關、垣離（籬）、
格塹、封刊，出入塞界，吏卒追逐者得隨出入服迹窮追捕。令將吏
爲吏卒出入者名籍，伍人閱具，上籍副縣廷。事已，得道出入所。
出入盈五日不反（返），伍人弗言將吏，將吏弗劾，皆以越塞令論之。
（簡 494、495）

越塞闌關，論未有□，請闌出入塞之津關，黥爲城旦舂；越塞，
斬左止（趾）爲城旦；吏卒主者弗得，贖耐；令、丞、令史罰金四
兩。智（知）其請（情）而出入之，及假予人符傳，令以闌出入者，
與同罪。非其所□爲□而擅爲傳出入津關，以□傳令闌令論，及所
爲傳者。縣邑傳塞，及備塞都尉、官吏、官屬、軍吏卒乘塞者……
塞郵、門亭行書者得以符出入。（簡 488、489、490、491）

諸詐（詐）襲人符傳出入塞之津關，未出入而得，皆贖城旦舂；

〔註12〕《漢書》卷二十八《地理志》，頁 1603、1596、1539。
〔註13〕《張家山漢墓竹簡釋文》，文物出版社，2001 年，頁 210。

　　將吏智（知）其請（情），與同罪。（簡497）

　　　以城邑亭鄣反，降諸侯，及守乘城亭鄣，諸侯人來攻盜，不堅守而棄去之若降之，及謀反者，皆要（腰）斬。其父母、妻子、同產，無少長皆棄市。（簡2）

　　　□來誘及爲間者，磔。（簡3）

　　　捕從諸侯來爲間者一人，捧（拜）爵一級，有（又）購二萬錢。

　　不當捧（拜）爵者，級賜萬錢，有（又）行其購。（簡150）

關、塞、亭、鄣大量出現於領土國家形成的戰國時期，爲國境線上守土禦敵之所，如魏國武卒「守亭鄣者參列，」〔註14〕韓國有兵「守徼亭鄣塞。」〔註15〕漢代在邊防要塞設立關塞亭鄣駐軍防備外敵入侵，（太初三年）「秋，匈奴入定襄，雲中，⋯⋯行壞光祿諸亭鄣。」〔註16〕師古曰：「漢制，每塞要處別築爲城，置人鎮守，謂之侯城，此即鄣也。」在防禦關東諸侯王勢力的緣關地區不但修有關塞，還有標誌性的樹木（封刊）、竹木作成的藩籬、限制人員出入的壕溝，以及懲罰違法出關人員的律令——「越塞令」。緣關設施和律令說明這一封鎖線對西漢政府而言是必須重點防守的，顯示出一線分隔的雙方在地域上的對立狀態。

　　簡2的規定主要是針對關外三河地區的縣城，它們作爲封鎖線外圍固守戰略要地的防禦縱深地帶，設有敖倉和洛陽武庫，貯備了充足的戰略物資，承擔著諸侯王勢力攻擊時的防禦任務。漢王朝築有城、亭、鄣等防禦工事，用酷法防止人員越塞出關和堅守城邑、亭、鄣的官員投降諸侯，作爲封鎖線外圍的三河郡縣要隨時對付諸侯王勢力的攻擊，說明防備人員越塞出關和諸侯王勢力的攻擊對西漢政府的穩定是至關重要的。

　　《張家山漢墓竹簡·奏讞書》簡17～25記載徙處關中的齊人田氏在關中娶妻後無符傳出關被抓獲，丈夫以「誘漢民之齊國」論，妻子以「亡之諸侯論」，受到處罰。西漢初期關東諸侯王國不斷派遣間諜刺探情報，淮南王劉安之女劉陵曾「爲中詗（偵查）長安」〔註17〕；諸侯王「收納亡命」〔註18〕，

〔註14〕《戰國策新校注》卷二十一《魏一》，頁687。
〔註15〕《戰國策新校注》卷二十六《韓六》，頁813。
〔註16〕《漢書》卷六《武帝紀》，頁201。
〔註17〕《漢書》卷四十四《淮南屬王劉長傳》，頁2146。
〔註18〕《漢書》卷三十五《吳王劉濞傳》，頁1906、《淮南王劉長傳》，頁2141。

實即引誘漢朝統治區的人口流入關東。西漢政府設立要塞的任務之一是防止從東方諸侯國來刺探政治、經濟、軍事情報的間諜；防止引誘漢朝轄區人口流入諸侯國地區。人口是西漢王朝賦稅、地租、勞役、兵役的具體承擔者，是封建政府存在的載體，秦國曾經大力吸引三晉人口入秦來削弱敵國。漢初在多年大戰之後，人口稀少，人口流入關東本身對西漢政府就有釜底抽薪的破壞力，是西漢政府嚴厲禁止的。

《二年律令》中還有許多禁止黃金、銅等金屬和其他財物出關的律令。見（簡 75、簡 76）。

> 禁民毋得私買馬以出扞（扞）關、鄖關、函谷（關）、武關及諸河塞津關。其買騎、輕車馬、吏乘、置傳馬者，縣各以所買名匹數告買所內史、郡守，內史、郡守各以馬所補名爲久久（烙記號）馬，爲至告津關，津關謹以藉（籍）、久案閱，出。諸乘私馬入而復以出，若出而當復入者，出，它如律令。御史以聞，請許，及諸乘私馬出，馬當復入而死亡，自言在縣官，縣官診及獄訊審死亡，皆津關，制曰：可（簡 506、507、508）。

> 詐僞出馬，馬當復入不復入，皆以馬賈（價）訛過平令論，及賞捕告者。津關吏卒、吏卒乘塞者智（知），弗告劾，與同罪；弗智（知），皆贖耐。（簡 511）

簡 504、505、509、513、514、515、516、519 記載了關外郡和家在關外的政府官員在得到地方官府的認可後，可以在關中買馬；簡 520、521、522 是呂后外孫魯侯張偃及其屬官買馬關中的請求；簡 517 是長沙國請求買馬關中的記載。西漢政府對馬匹出關及買賣管理嚴格且細緻，其目的在於最大限度地減少馬匹流入諸侯王國地區。主要產於西北的馬是騎兵部隊不可缺少的配備，西漢王朝限制馬匹出關一方面滿足了朝廷用馬的需要，同時也制約了諸侯王國騎兵的發展。劉濞起兵時「吳少將桓將軍說王曰：『吳多步兵，步兵利險；漢多車騎，車騎利平地。』」〔註19〕可見朝廷限制馬匹出關削弱了諸侯王的騎兵發展，使朝廷在與諸侯王的對比中處於有利地位。

關塞和防禦縱深地帶構成的封鎖線和相關法律規定的封鎖內容均以強化自己、削弱對方的經濟、軍事實力和防止對方的間諜破壞爲目的，可以看到

〔註19〕《漢書》卷三十五《吳王劉濞傳》，頁 1914。

封鎖線兩邊的關係實質上是領土國家之間的嚴重對立關係。以關中爲基礎的西漢王朝與東方諸侯王勢力之間形成的對立地域態勢與戰國後期（秦昭王開始進行統一戰爭時期）秦與六國之間的關係極其相似，是一種以一國爲中心、列國並存的國家格局，與統一的集權制帝國是不同的。

西漢初期以漢王朝爲中心，以東方諸侯國臣服漢王朝的形式形成的國家格局與戰國末期的列國並存格局在本質上是相同的，即各有自己的國家政權、官僚機構、疆域、軍隊和其他統治系統，各國對一個最強大的國家表示臣服、入朝納貢、接受委派的官員、在軍事行動上保持一致，形成以一個強國爲中心，其他國家臣服於它的列國並存格局，而不是統一的國家體制。諸侯王與漢皇帝是大國之君與小國之君的關係，「（惠）帝與齊（悼惠）王（劉肥）燕飲太后前，置齊王上坐，如家人禮。」〔註20〕「（淮南王劉長）從上（文帝）入苑獵，與上同輦，常謂上『大兄』。」〔註21〕都是這種關係的反映。

西漢初期形成的漢王朝與關東諸侯王勢力之間的地域對立關係顯示出漢王朝的權力所能到達的地區只限於漢郡所在地，隨著反叛與征服的不斷進行，漢王朝的統治區域不斷擴張，到漢武帝時期以漢王朝爲中心的列國並存格局終於演變成爲西漢王朝對全國的統一的集權統治，帝國權力終於橫向貫徹到了全國。

由於行政體制的這一特點，使西漢初期國家權力在控制逃亡犯罪方面不能有效的覆蓋全國，大量民眾逃亡諸侯王轄區和諸侯王國屬官逃亡西漢王朝地區都是與當時的國家行政體制上的這種對立相聯繫的。西漢初期的政治格局在國家對逃亡犯罪控制方面造成了很大的影響。

二、秦漢郡縣關係變化

行政制度是一個國家進行犯罪控制和預防的基礎，是涉及面最廣，影響最大的犯罪控制機構。適合社會發展的地方行政體制是國家控制和管理民眾的基礎，也是防止人們的越軌意識轉化爲違法行爲的最重要的防線，在逃亡犯罪控制中有著不可替代的作用。

（一）秦朝縣的政治地位

縣出現於春秋時期，到戰國中後期，各國設縣更多，並普遍成爲政府的一

〔註20〕《漢書》卷三十八《齊悼惠王劉肥傳》，頁 1987。
〔註21〕《漢書》卷四十四《淮南厲王劉長傳》，頁 2136。

級地方行政機構。秦孝公十二年徙都咸陽，「並諸小鄉聚，集爲大縣，縣一令，四十一縣。」〔註22〕這種大規模的置縣活動是秦以縣爲基礎實行耕戰政策的開始。

秦縣在經濟、軍事、行政上有很多自主權。《睡虎地秦墓竹簡・金布律》（秦簡）：「官府受錢者，千錢一畚，以丞、令印印。不盈千者，亦封印之。」〔註23〕縣令、丞主管全縣賦稅的徵收和管理。此外，《秦簡・金布律》還規定了縣對官營畜牧業的管理、對手工業產品的生產、出售、對官府物品的借出等經濟行爲的管理，顯示出縣在經濟上有一定的自主權。

縣中貯藏著大量的糧食和芻稾，《秦簡・倉律》：

> 入禾倉，萬石一積而比黎之爲户。縣嗇夫若丞及倉、鄉相雜以
> 印之。〔註24〕

> 芻稾各萬石一積，咸陽二萬一積，其出入、增積及效如禾。
> 〔註25〕

《秦簡・效律》記載了縣級官府製做鎧甲、弓、弩、戈、戟的管理辦法，從原料的保管、工藝流程的監督、產品的入庫、分發、事故責任認定都有詳細的規定。秦縣中儲藏有大量的糧食、芻稾和武器，是商鞅變法以來秦以縣爲基礎實行耕戰政策的結果，這使縣具有了較強的軍事能力，支持了縣在軍事上的自主權和獨立性。

縣有縣卒，「（秦始皇九年）長信侯毐作亂而覺，矯王御璽及太后璽以發縣卒及衛卒、官騎、戎翟君公、舍人，將欲攻蘄年宮爲亂。」〔註26〕當時太后與嫪毐居於雍縣，「太后私與（嫪毐）通，絕愛之。有身，太后恐人知之，詐卜當避時，徙宮居雍。嫪毐長從。」〔註27〕正義：「雍故城在歧雍縣南七里，有秦都大鄭宮。」嫪毐所發當屬雍縣縣卒，屬於接受上級權力機關徵發進行軍事行動的正規兵員。《秦簡・秦律雜抄》：

> 縣毋敢包卒爲弟子，尉貲二甲，免；令，二甲。〔註28〕

〔註22〕《史記》卷五《秦本紀》，頁203。
〔註23〕《睡虎地秦墓竹簡》，頁55。
〔註24〕《睡虎地秦墓竹簡》，頁35。
〔註25〕《睡虎地秦墓竹簡》，頁38。
〔註26〕《史記》卷六《秦始皇本紀》，頁227。
〔註27〕《史記》卷八十五《呂不韋傳》，頁2511。
〔註28〕《睡虎地秦墓竹簡》，頁131。

　　　　稟卒兵，不完善（繕），丞、庫嗇夫、吏貲二甲，法（廢）。

〔註 29〕

確保縣卒數量是縣令的職責，隱匿縣卒爲弟子即私僕時，縣令、縣尉要受罰；
配給縣卒的武器質量不合格時，相關官吏都要受到懲罰，則縣卒的管理是由
縣令、縣丞、縣尉負責的。

　　秦政府有將武器借給縣住民的規定，《秦簡・工律》：

　　　　公甲兵各以其官名刻久之，……其叚（假）百姓甲兵，必書其
　　　　久，受之以久（久爲刻在兵器上的標記）。入叚（假）而而毋（無）
　　　　久及非其官之久也，皆沒入公，以齎律責之。〔註 30〕

縣中儲備著大量的武器，除發給縣卒外，縣城受到攻擊時，進入臨戰狀態下
的民眾也會得到政府儲藏的武器形成縣兵，在楚漢戰爭時期有關縣兵活動的
記載很多。

　　秦政府派出監御史監督郡守，郡發布《語書》那樣的文件指導縣的行動。
縣則自己製作集簿，期年上計於郡。這種一年一次的事後彙報，使秦縣和六
國地區的縣一樣在平時的行政事務處置上享有較高的自主權。

　　郡之出現基本與縣同時，戰國時期除齊以外各國已普遍置郡，秦統一六
國時共有三十六郡。戰國時期的郡、縣作爲地方行政機構，負有保境安民，
抵禦外敵進攻的責任，由此決定了郡、縣重視軍事上的建設，重視各自獨立
對敵防禦的能力。以後郡雖轄縣，但由於戰爭環境的影響，縣城一直具有較
強的軍事防禦能力，縣的自主權和獨立性並未消失，郡由於喪失了對縣的絕
對控制，影響到郡的政治、經濟、軍事實力，使郡的各種功能降低到縣的程
度，與大縣無異。

　　秦朝縣在政治、經濟上的相對獨立性，加上天下統一日短，各地鄉土情
結嚴重，尤其關東地區民眾與秦王朝之間存在著亡國之仇、破家之恨，每一
縣都有自己的地方利益，使關東地區各縣存在著失去作爲國家基層政權控制
地方社會、維護中央政權穩定的職能的隱患。雖然秦王朝法網嚴密，縣也具
有一定的軍事能力，但黥布、彭越、劉邦這些犯罪逃亡者結夥爲盜時卻沒有
看到地方政府出兵鎮壓的記載。秦王朝縣級政府對逃亡犯罪姑息放任的結

〔註 29〕　《睡虎地秦墓竹簡》，頁 134。
〔註 30〕　《睡虎地秦墓竹簡》，頁 71。

果，破壞了國家的總體利益，導致秦王朝對逃亡犯罪的完全失控，最終使國家政權崩潰。

（二）秦朝縣的軍事能力

戰國時期各國既有郡縣，同時也有封君的封地參雜其間，秦統一天下，遂廢除封國，將郡縣制推行到全國，以郡統縣，縣有蠻夷者別稱曰道，確立了對全國的集權管理。為了削弱六國地區縣的強大軍事功能，秦帝國不但拆毀關東諸侯原有的城郭，而且「收天下兵，聚之咸陽，銷以為鍾鐻，金人十二，重各千石，置廷宮中。……徙天下豪富於咸陽十二萬戶。」〔註31〕拆城郭、銷兵器、徙豪富的目的在於削弱蘊藏於縣城居民中組織軍隊進行武裝防禦的能力。

戰國縣在經濟上有較大的自主權，縣中又貯備著大量的軍備物資，郡對縣的監督也很鬆懈，加上長期戰爭環境的影響，使縣具有較強的自主性和相當的軍事能力，短期統一後的一系列措施不可能徹底消除縣的這種能力。秦末大亂及楚漢戰爭時期縣的活動充分顯示了這一點。項羽殺會稽守後，「（項）梁乃招故人所知豪吏，論以所為，遂舉吳中兵。使人收下縣，得精兵八千人，部署豪傑為校尉、候、司馬。」〔註32〕陳嬰為東陽縣令史，「東陽少年殺其令，相聚數千人，欲立長，無適用，乃請陳嬰。……縣中從之者得二萬人。……乃以其兵屬（項）梁。」〔註33〕蒯通說服范陽令徐公投降武臣後，「燕趙聞之，降者三十餘城，如通策焉。」〔註34〕張耳、陳餘認為若陳涉能得到地方擁護，就會「野無交兵，縣無守城。」〔註35〕都說明秦朝縣仍然擁有相當的軍事力量，縣令有防守縣城的軍事決策權。

劉邦、項羽都是利用各縣的兵力很快形成了強大的軍事集團，縣令、縣丞可以利用父老、豪吏、少年從縣的子弟中組織縣兵，進行軍事行動，顯示了秦的縣令、縣丞在危機時期動員縣住民從事縣城防衛的制度框架。縣中儲備的大量武器、糧食構成組織縣兵的物質基礎。劉邦集團將領的戰功記錄中有很多攻佔縣城和擊殺縣令、縣丞的記載，如樊噲曾斬縣令、丞一人〔註36〕，

〔註31〕《史記》卷六《秦始皇本紀》，頁239。
〔註32〕《漢書》卷三十一《項籍傳》，頁1797。
〔註33〕《漢書》卷三十一《項籍傳》，頁1798。
〔註34〕《漢書》卷四十五《蒯通傳》，頁2160。
〔註35〕《史記》卷八十九《張耳陳餘列傳》，頁2573。
〔註36〕《漢書》卷四十一《樊噲傳》，頁2070。

就是這一制度框架存在的證明。在劉邦集團勢力擴張的過程中，其主要將領多以縣令、縣公率兵參戰，如曹參爲戚公、周勃爲襄賁令、夏侯嬰爲滕令〔註37〕，劉邦讓他的屬下充當縣令使該縣的兵力爲己所用。項羽「令蕭公角擊彭越，越敗角兵。」〔註38〕孟康曰：「蕭令也，時令皆稱公」。灌嬰「擊破柘公王武軍於燕西，……東從韓信攻龍且、留公於假密。」〔註39〕師古曰：「柘，縣名。公者，柘之令也。燕亦縣名。留，縣名，公，留令也」。項羽部將也以縣令身份率軍參戰。縣令作爲獨立的軍事將領率縣兵參戰，顯示出縣軍事能力的強大，郡根本無力對縣實行有效統轄。秦末及楚漢戰爭時期是縣令的軍事指揮權極度壯大的時期，縣令率領由縣住民形成的戰鬥集團，不僅能防守縣城，而且可以參加征戰。

項羽進攻齊地遇到頑強抵抗時，「遂北燒夷齊城郭室屋，皆坑降卒，繫虜老弱婦女。徇齊至北海，所過殘滅。」〔註40〕將老弱、婦女等不能成爲直接兵力的人也加以處決，說明由縣兵進行的防禦戰中縣住民是不分男女老幼整體參與抵抗的。在秦末大亂和楚漢戰爭中，縣住民爲了保護他們的生命財產，在守城戰中協同作戰，守城失敗時，往往是室屋燒夷、人口殘滅，但如果以保護縣住民生命財產安全來約降，縣城則很容易投降。

秦朝的縣，尤其是關東地區的縣，在軍事上有較強的實力，加上政治上的離心傾向，結果，如秦漢之際社會大動亂時所看到的，各縣在面臨大規模犯罪逃亡者武裝攻擊時，不但不能全力鎮壓犯罪逃亡武裝，反而經常與之勾結，一個個縣城頃刻間落入逃亡武裝之手，壯大了反政府武裝集團的實力，這也是秦王朝雖然表面強大，在面對大量的犯罪逃亡時卻束手無策的根本原因。

（三）西漢初期的縣

西漢初期縣的經濟功能與秦縣十分相似，據《張家山漢墓竹簡·二年律令》：

> 官爲作務、市及受租、質錢，皆爲缿，封以令、丞印而入，與參辨券之，輒入錢缿中，上中辨其廷。質者勿與券。租、質、户賦、

〔註37〕《漢書》卷三十九《曹參傳》，頁 2013、《周勃傳》，頁 2051、《夏侯嬰傳》，頁 2077。
〔註38〕《漢書》卷一《高祖本紀》，頁 32。
〔註39〕《漢書》卷四十一《灌嬰傳》，頁 2081。
〔註40〕《漢書》卷三十一《項藉傳》，頁 1811。

　　　　園池入錢縣道官，毋敢擅用，三月一上見金、錢數二千石官，二千

　　　　石官上丞相、御史。（簡 429、430）

作務即縣所管轄的手工業，秦朝縣就有製作武器、弓弩、鎧甲和其他物品的傳統，西漢初期的縣也具有這些功能；質即抵押，是民眾借用官府器具、畜產所交納的費用，簡 433～435 記載了具體的經營情況。簡 436～438 記載了私人採鹽、採銀、採鐵、採金、採鉛，採丹、製作鐵器時，根據官私合作關係的不同向縣府交納不同的稅金。政府經營的手工業、市場交易稅、官有物品使用費、地租、開採鹽鐵金銀鉛丹、公有山川園林池沼等的收入均歸縣管理。這些收入的具體數字已經很難估計，若從武帝因為實行均輸平準、鹽鐵官營給政府帶來巨大的收入看，其數量當不會少。這些收入都存留在縣中，雖然不許隨便使用，但徵收、管理、上報數字均由縣令主管，郡的監督只依上報文簿，又是事後檢查，可以想見縣令在這些經濟收入的使用上還是有很大自主權的。

　　　　千石至六百石吏死官者，居縣賜棺及官衣。五百石以下至丞、

　　　　尉死官者，居縣賜棺（簡 284）。

簡 285～303 還記載了其他各種各樣的賞賜規定，賞賜物品有棺、衣、帛、絮、米、豚、酒、鹽、肉，賜物也可以折合金錢賞賜，其中向有爵百姓和低級官吏的賞賜都是由縣府支出的，縣府只有具備了相當的經濟實力，這些種類繁多又數量不菲的賞賜才有可能，這些都顯示出西漢初期縣經濟能力的強大。

　　西漢初期由於關東諸侯王勢力強大，中央政府始終處於高度戒備狀態，《張家山漢墓竹簡・二年律令》有大量禁止黃金、馬匹、武器、相關人員出入津關的規定。「制詔御史，其令扜（扞）關（江關）、鄖關、武關、函谷（關）、臨晉關，及諸其塞之河津，禁毋出黃金，諸奠（塡）黃金器及銅（簡 492）」。對關東諸侯王人員「來誘及為間者，磔（簡 3）」。除嚴密關禁外，非常強調與諸侯王勢力接境縣城的防禦能力，《二年律令》規定：「以城邑亭障反，降諸侯，及守乘城亭障，諸侯人來攻盜，不堅守而棄去之若降之，及謀反者，皆要（腰）斬。其父母、妻子、同產，無少長皆棄市（簡 2）」。對在諸侯王勢力攻擊時不堅守縣城的降敵者，制裁是非常嚴厲的。朝廷既然要求縣城積極防禦外敵的攻擊，自然會加強他們的軍事實力。470 簡規定：「縣有塞、城尉者、秩各減其郡尉百石。道尉秩二百石」則部分縣道沒有有塞、城尉為軍官。472 簡規定了縣中管理倉、庫的官吏秩俸，則縣中設有貯備糧食和武器的倉、庫，

貯備軍用物資。據《二年律令》：

> 入傾芻稟，傾入芻三石；上郡地惡，傾入二石；稟皆二石。令
> 各入其歲所有，毋入陳，不從令者罰黃金四兩。收入芻稟，縣各度
> 一歲用芻稟，足其縣用，其餘令傾入五十五錢以當芻稟。芻一石當
> 十五錢，稟一石當五錢（簡240、241）。

這些軍用物資的儲備是縣軍事力量的基礎。「（十年九月）代相國陳豨
反。……趙相周昌奏常山二十五城亡其二十城，請誅守尉。上曰：『守尉反
乎？』對曰：『不。』上曰：『是力不足，亡罪。』……（第二年，高祖下令）
諸縣堅守不降反寇者，復租賦三歲。」〔註41〕縣有防禦攻擊的能力，可與
《二年律令》的材料相應證。由於現實環境和西漢政府的提倡，西漢初期的
縣城仍具備較強的軍事能力，能夠進行獨立的防禦作戰。

西漢初期郡對縣的監督為不定期的都吏巡行，文帝元年，朝廷下令縣道
賜高年者肉、帛時，「二千石遣都吏循行，不稱者督之。」〔註42〕如淳曰：「律
說，都吏今督郵是也。」漢初類似的賞賜次數很多，屆時郡守派出都吏即大
吏進行監督，這種監督到武帝以後始形成專人、定期巡行的督郵察縣制度而
趨於嚴密。縣要定期上計於郡，「秋冬集課，上計於所屬郡國。」〔註43〕胡廣
曰：「秋冬歲盡，各計縣戶口耕田，錢穀入出，盜賊多少，上其集簿。」漢初
大吏監縣不是常設制度，有重大事情時才巡縣監督，縣上計是事後彙報，集
簿由縣令自己主持編寫。這種事後上報，依靠縣的上計材料，只看書面結果，
不問過程的監督檢查，其制約力度是極小的，換言之縣在行政上是有很大自
主權的。

西漢初期的縣在經濟、軍事、行政各方面都有著較大的自主權與獨立性，
是地方經濟、軍事、行政的中心。郡在制度上是縣的上級機關，但其作用主
要在鎮守地方、監督轄縣，地位與大縣無異，無法以其實力吸納縣的各種功
能，取代轄縣作為地方經濟、軍事、行政中心的地位，與西漢後期郡對縣在
各方面的絕對支配是截然不同的。這一特點也影響到西漢初期政府對犯罪逃
亡的控制。

〔註41〕《漢書》卷一《高祖本紀》，頁68。
〔註42〕《漢書》卷四《文帝紀》，頁113。
〔註43〕《後漢書》卷八十《邊韶傳》，頁2623。

（四）西漢初期的郡縣體制

　　陳豨反叛時常山郡各縣的獨立行動說明郡無力控制轄縣的活動，西漢初期縣仍然保持著秦和楚漢戰爭時期的特點。「柱天侯反於衍氏，進破取衍氏。」〔註44〕列侯在封地能夠舉兵叛亂，當然是以封地的縣中具有一定的軍事力量爲基礎的，這是支持縣城防衛行動的根本要素。縣在戰爭時期形成以保存自己爲目的的自律性戰鬥集團，在縣令，或者是縣內有勢力的父老豪傑領導下進行防衛行動，其政治傾向是服從於保證縣住民生命財產的安全這一前提的，與朝廷對縣的要求不會始終一致，所以朝廷才會有《二年律令》2號簡及相關條文規定，用重罰迫使縣令在縣城受到攻擊時忠於漢朝，不與犯罪武裝集團相勾結。

　　文帝前元三年（前177年）濟北王叛亂時，「濟北吏民兵未至先自定及以軍城邑降者，皆赦之，復官爵。」〔註45〕在叛亂發生時有「先自定」的縣城，即縣以自己的武裝抵抗濟北王的叛亂，也有參加叛亂但率先自己歸順朝廷的縣城。周勃回到封地後「歲餘，每河東守尉行縣至絳，絳侯勃自畏恐誅，常披甲，令家人持兵以見。其後人有上書告勃欲反，下廷尉，逮捕勃治之。……（薄太后）曰：絳侯綰皇帝璽，將兵於北軍，不以此時反，今據一小縣，顧欲反邪！」〔註46〕說明文帝時期縣軍事力量繼續存在和郡守、郡尉對轄縣的監督作用，但在需要軍事力量保衛地方的時候卻看不到郡的活動。

　　吳楚七國亂時吳軍進攻東海郡，「下邳時聞吳反，皆城守。（周丘）至傳舍，招令入戶，使從者以罪斬令。遂招昆弟所善豪吏告曰：『吳反兵且至，屠下邳不過食頃。今先下，家室必完，能者封候至矣。』出乃相告，下邳皆下。周丘一夜得三萬人，使人報吳王，遂將其兵北略城邑。」〔註47〕對於在強敵攻擊下的縣住民來說，或者連續抵抗被徹底消滅，或者降伏以圖活命，二者必居其一，結果在豪吏的鼓動下，下邳縣交出了三萬人的縣兵，與秦末及楚漢戰爭時的情況相同。吳王濞發表的文告中有「其以軍若城邑降者，卒萬人，邑萬戶，得如大將；人戶五千，得如列將；人戶三千，得如裨將；人戶千，得如二千石。」〔註48〕這是對降伏的城邑根據人口規模給予與捕獲敵人同樣

〔註44〕《漢書》卷三十九《曹參傳》，頁2015。
〔註45〕《漢書》卷四《文帝紀》，頁120。
〔註46〕《漢書》卷四十《周勃傳》，頁2056。
〔註47〕《漢書》卷三十五《吳王劉濞傳》，頁1915。
〔註48〕《漢書》卷三十五《吳王劉濞傳》，頁1911。

的獎賞，是將縣住民作為戰鬥主體看的。則景帝初年的縣，仍保持著秦以來縣的傳統，即以縣令或父老豪傑為中心，縣住民為了保全自己，在戰亂之際中央政府動向不定的情況下，就會轉化為自律性防衛戰鬥集團獨立行動，同樣失去了縣作為一級政府在控制逃亡犯罪上的功能。

西漢初期，縣在防禦諸侯王的進攻方面，是有一定效果的。吳楚七國亂時吳王部下桓將軍提出，「願大王所過城不下，直去，……大王徐行，留下城邑，漢軍車騎至，馳入梁楚之郊，事敗矣。」〔註49〕縣城對侵入的敵對勢力有抵抗、障礙和限制其迅速擴張的據點功能。直到景帝末年，郡對縣的掌握都是很有限的，郡確實是縣的上級機構，但郡和縣是各自獨立進行的軍事、政治活動的，其原因在於縣有較強的經濟、軍事能力和行政上的獨立性。這樣的縣在政府控制逃亡犯罪方面的影響是雙向的，如果犯罪武裝勢力弱於縣城的防守能力，縣會盡力防守，擊敗犯罪武裝，反之，為了地方利益，則會投靠犯罪武裝。

秦及漢初縣軍事力量強大的原因，還應該注意在基層存在著濃厚的農村公社遺存，存在以父老、豪傑為核心的自律性鄉里秩序。秦漢時期「一里八十戶，八家共一巷，選其耆老有高德者名曰父老，其有辯護（幹練有護衛能力）伉健者為里正。」〔註50〕被民眾推舉的三老在漢初被稱為「眾民之師」而受到尊敬，顯示出秦漢時期國家無力將統治貫徹到最基層時只有通過對這種自律性鄉里秩序的承認和強化達到統治地方的目的。《周禮·里宰》：「里宰，掌比其邑之眾寡，與其六畜、兵器，治其政令。以歲時合耦於鋤，以治稼穡，趨其耕耨，行其秩敘，以待有司之政令，而徵斂其財賦。」鄉里秩序中的父老是利用固有的血緣、地緣關係為國家統治服務的人員。顧炎武在《日知錄》卷8《法制》中說：「漢文帝詔置三老孝悌力田常員，令各率其意以導民焉。夫三老之卑，而使之得率其意，此文、景之所以至於移風易俗，黎民淳厚，而上擬於成、康之盛也」。在這種與後世迥異的自律性鄉里秩序中，富有戰鬥傳統的子弟被父老掌握和組織起來，形成統一行動的武裝集團，遇到外敵攻擊時即開展自主性防禦戰鬥。漢初實行的無為政策有利於維持這種使再生產健全進行的自律性縣鄉里秩序，加上防禦東方諸侯王勢力的需要，

〔註49〕《漢書》卷三十五《吳王劉濞傳》，頁1914。

〔註50〕《春秋公羊傳注疏》卷十六《宣公十五年》，北京大學出版社，1999 年，頁361。

中央政府默認了縣軍事力量的存在，通過制定相關法律和郡對縣的統御，使其朝有利於中央政府希望的方向發展。

還應該考慮秦的縣制特點，商鞅在大量置縣的同時，「令民爲什五，而相牧司連坐。……有軍功者，各以率受上爵；爲私鬥者，各以輕重被刑大小。……民勇於公戰，怯於私鬥，鄉邑大治。……而集小鄉邑聚爲縣。」〔註51〕在保持原有鄉里秩序的基礎上用什伍制將耕戰之民就地編成軍事集團。商鞅非常注意對縣城的防守，《商君書・兵守》說「守有城之邑，不如以死人之力與客生力戰。」即通過拼死守城以消耗攻城者，最後取得勝利。加上秦國以軍功作爲取得爵位和官職的主要途徑，也助長了縣住民的軍事作戰能力。

另外戰國以來的長期戰爭，三晉和齊地的縣城經常要依靠堅固的城市抵抗攻擊的敵軍，防禦戰加強了縣住民的防衛意識，也影響到當地父老和子弟的關係，從原來年齡階層的宗法秩序關係，轉變爲軍事指揮者與戰鬥者，即在危機時刻長者作爲軍事方面的指揮者，子弟在父老的指揮下編製成爲戰鬥員，使縣具有很強的軍事能力。秦統一隻有十幾年，和平日短，戰國以來形成的習慣和傳統依然存在，也是秦及漢初縣軍事力量強大的原因之一。

由於秦及漢初的縣有較強的軍事實力和以父老爲主幹的自律性鄉里秩序，當縣城面臨攻擊時，民眾很容易以父老豪傑爲軸心被動員起來形成保護鄉土利益爲目的的軍事集團，爲保護自己的生命財產據城自保或與攻擊者約降，使郡失去了強有力的支持而在軍事實力上與大縣無異。秦及漢初的郡不能保持對縣在經濟、行政、軍事上的絕對優勢，也就無法牢固控制縣，郡對縣的失控，也是國家對地方的失控。集權制國家的特徵是國家權力在橫向上完全貫徹到統治區的每一處，在縱向上完整貫徹到社會最低層，秦及漢初國家對縣的失控顯示了集權制帝國對地方控制上的不成熟，這是秦帝國在起義軍的衝擊下基層政權迅速瓦解和漢初一系列叛亂事變中縣城擺脫郡的轄制而獨立行動的重要原因。

縣城的獨立性對於國家政權而言，也就是地方社會的獨立和分裂性，這種分裂傾向也會影響到對逃亡犯罪的控制，最明顯的事例就是高祖時期代相陳豨發動叛亂，形成大規模犯罪逃亡武裝集團時，地方縣城紛紛投降。其中固然有縣城力量不足以抵抗叛軍的因素，但更重要的是縣城軍事實力的強大，再加上自律性鄉里秩序的存在，使縣城很容易爲了維護自己的地方利益

〔註51〕《史記》卷六十八《商君列傳》，頁2231。

而投向叛軍。就這一點而言，對國家預防和控制逃亡犯罪、尤其是大規模逃亡武裝集團是極爲不利的。只是由於西漢初年朝廷政治清明，統治者推行與民休息，社會矛盾相對緩和，逃亡犯罪不甚嚴重，所以看不到秦末那樣的現象。設若出現秦朝末年的大規模逃亡犯罪現象，其結果也不會有太大的區別。

（五）西漢後期及東漢時期郡縣體制變化

漢初郡對縣監督的加強始於文帝時期，「（文帝二年）九月，初與郡守爲銅虎符、竹使符」。〔註52〕以虎符確認郡守在地方上的軍事裁判能力，強化了郡守作爲地方軍事首腦的地位和對縣一級軍事力量的控制。《漢書‧周勃傳》中看到的郡守、郡尉行縣應該是爲防止具有高度軍事能力的縣的反叛爲目的的威儡行爲，這一時期郡對縣的統轄中，軍事監察是其主要任務。

吳楚七國叛亂平定，漢朝基本擺脫了諸侯王國的壓力，使從秦以來保有較強軍事力量的縣接受國家強制管理的條件在景帝末期形成了。《漢書‧景帝紀》載：

> 中元六年五月詔曰：夫吏者，民之師也，車駕衣服宜稱。……
> 車騎從者不稱其官衣服，下吏出入閭巷亡吏體者，兩千石上其官屬，
> 三輔舉不如法令者，皆上丞相御史請之。〔註53〕

這一詔令與兩年後頒佈的另一詔令的關鍵在於要求長吏（包含縣令）與閭里父老等地方勢力劃清界限，由長吏取代三老「民之師」的地位，開始加強政府對鄉里社會的監督。

從景帝到武帝時期，縣中以父老爲核心的自律性鄉里秩序逐漸遭到破壞，「當此之時，網疏而民富，役財驕溢，或至兼併豪黨之徒，以武斷於鄉曲。」〔註54〕由於豪民的兼併，小農開始衰落，「關東富人益眾，多規良田，役使貧民，可徙初陵，以強京師，衰弱諸侯，又使中家以下得均貧富。」〔註55〕「富人」即豪民，與漢初的豪傑一脈相承，現在成爲役使貧民、壓迫中家以下階層的人。「黃霸字次公，淮陽陽夏人也，以豪傑役使徙雲陵。」〔註56〕師古曰：「身爲豪傑而役使鄉里人也」。豪民「若至力農畜，工虞商賈，爲權利以成富，

〔註52〕《漢書》卷四《文帝紀》，頁118。
〔註53〕《漢書》卷五《景帝紀》，頁149。
〔註54〕《史記》卷三十《平準書》，頁1420。
〔註55〕《漢書》卷七十《陳湯傳》，頁3024。
〔註56〕《漢書》卷八十九《黃霸傳》，頁3627。

大者傾郡、中者傾縣，下者傾鄉里者，不可勝數。」〔註57〕隨著豪民階層的擴張和小農的沒落，縣鄉里社會開始分裂而喪失了自律性的鄉里秩序，出現嚴重對立，以小農爲主體的鄉里社會的穩定開始依賴上級權力從外部來強制編成鄉里社會秩序，「（趙廣漢爲京兆尹）威制豪強，小民得職。百姓追思，歌之至今。」〔註58〕爲保持基層社會的穩定，武帝時期開始利用酷吏出身的郡守彈壓豪民；刺史監郡，督察豪民；大量破壞地方秩序的豪民被徙往陵縣；督郵監縣也從武帝時期開始成爲制度。政府權力隨著對付豪民、保護小農的一系列政策運行開始深深地介入到分裂的縣鄉里社會中，「（召信臣爲南陽太守，興修水利）以廣灌漑，歲歲增加，多至三萬頃。民得其利，蓄積有餘。信臣爲民作均水約束，刻石立於田畔，以防分爭。」〔註59〕（宣帝五鳳元年）「詔曰：夫婚姻之禮，人倫之大者也；酒食之會，所以行禮樂也。今郡國二千石或擅爲苛禁，禁民嫁娶不得具酒食相賀招。」〔註60〕郡的控制深入到地方再生產的維持和民眾的日常生活，縣主持地方活動的核心地位被郡徹底取代，行政自主權逐漸喪失。

武帝時期實行的鹽鐵官營、均輸平準政策，使地方手工業、採礦業、冶鑄業、商業、賦稅、地租的徵收與管理完全納入中央政府的財政運作系統之中，中央政府的各種直屬機關深入地方，徹底控制了地方財政經濟，縣的經濟自主權被剝奪，經濟實力嚴重削弱。

武帝時期逐漸確定的察舉制度開始選拔符合政府要求、能夠領會政府意圖的人才作爲縣令、郡守，並派遣刺史加以監督，以適應社會內部情況變動和鄉里社會的要求。「（召信臣）以明經甲科爲郎，出補谷陽長。（遷南陽太守）其治視民如子，……（任荊州刺時）爲百姓興利，郡以殷富，賜黃金四十斤。」〔註61〕察舉制度除發掘地方人才以外，由於察舉權歸郡守，意味著進入中央政府的關鍵在於郡國，地方縣令們在督郵監督下以郡的評價作爲進入高層政府機關的階梯，縣令對郡的服從程度越來越高。郡有察舉權對郡國政府的屬僚特別有利，立足郡國，進入中央，成爲一條重要的通道，結果在鄉里社會

〔註57〕《史記》卷一百二十九《貨殖列傳》，頁3281。
〔註58〕《漢書》卷七十六《尹翁歸傳》，頁3206。
〔註59〕《漢書》卷八十九《召信臣傳》，頁3642。
〔註60〕《漢書》卷八《宣帝紀》，頁265。
〔註61〕《漢書》卷八十九《召信臣傳》，頁3641。

中處於領導地位的有聲望的人物被吸收到郡。郡對地方的吸引力增大，郡的屬僚在地方上受到尊敬，「武兄弟五人，皆爲郡吏，郡縣敬憚之。」〔註62〕顯示了武帝以後郡吏在鄉里社會中地位的提高，郡取代轄縣逐漸成爲地方政治、文化中心。

景帝到武帝時期的一系列變化，使縣住民中原有的戰鬥集團特徵發生了變化。武帝末年「盜賊滋起。南陽有梅免、百政……大群至數千人，擅自號，攻城邑，取庫兵，釋死罪，縛辱郡守都尉，殺二千石，爲檄告縣趣具食。小群以百數，掠鹵鄉里者不可稱數。」〔註63〕此類記載在武帝以後隨處可見，逃亡犯罪武裝攻擊縣城和官府，卻沒有看到縣的反擊。景帝以前，縣受到敵軍攻擊時縣住民全體作爲縣兵進行防禦作戰的情況已經看不到了。縣的軍事防禦能力大大降低了。其原因在於縣的經濟、行政自主權的嚴重削弱和自律性鄉里秩序破壞導致的縣鄉里社會分裂，縣住民從前所有的強固的一體性戰鬥集團的基礎消失了。有的反叛者奪取縣長吏的印綬自稱將軍號，似乎縣令與將軍是相當的，說明縣令爲將的概念繼續存在，但在鎮壓叛亂時只有持有節、虎符的中央政府的使者通過郡守才能調動軍隊進行大規模的軍事行動，地方軍事活動開始以郡守、國相爲軸心進行，縣被排除到了軍事行動之外，縣在防禦逃亡武裝集團攻擊中的作用基本消失了。

隨著文帝時期郡守軍事指揮權的強化，景帝時期國內和平實現和縣鄉里社會的分裂，作爲縣兵存在基礎的爲自律性鄉里秩序所維持的縣住民一體化逐漸消失後，縣令的軍事指揮權也就失去了基礎。地方行政中心逐漸移向郡，郡也成了地方一元性的軍事指揮中心，確立了對縣的絕對控制。縣住民戰鬥集團特徵喪失後，隨之出現了「今外郡之地或幾千里，列城數十，形束壤制，……今郡守之權非特六卿之重也，地幾千里非特閭巷之資也，甲兵器械非特棘矜之用也，以逢萬世之變，則不可勝諱也」〔註64〕的局面。戰國以來縣決定地方政治、軍事活動方向的能力完全被郡所取代，郡成了地方活動的絕對中心。

西漢郡對縣絕對優越性的確立不全是從上對郡的權限強化形成的。景帝時期出現的縣內部分裂造成縣鄉里秩序的崩潰成爲縣基層接受國家權力介入

〔註62〕《漢書》卷八十六《何武傳》，頁 3482。
〔註63〕《漢書》卷九十《咸宣傳》，頁 3662。
〔註64〕《漢書》卷六十四《嚴安傳》，頁 2813。

的基礎，爲對付豪強，基層縣鄉里社會要求上級權力介入。從武帝到成帝時期，爲阻止小民沒落和鄉里社會分裂，國家大力遷徙豪強，對鄉里社會的秩序進行再編制。察舉制度拓寬了地方有聲望者進入中央政府的途徑，通過對從鄉里選擇出來的人才的任用，保障了鄉里社會和國家的密切關係。在這一過程中，縣所具有的軍事能力的基礎消失了，郡對地方的吸引力加大，郡權力擴大的結果是郡守或國相對鄉里社會的強力介入。以武帝時期爲起點，從景帝以前相對鬆緩的控制轉移到武帝以後爲保護小農而對縣鄉里社會進行嚴密控制，郡變化成爲維持地方社會運營的中樞統治機構，實現了對縣在經濟、軍事、行政上的絕對控制。豪族階層大量進入郡政府後，郡逐漸受到地方勢力的制約，獨立性開始加強。東漢時期具有儒學素養的豪族階層形成後，地方社會上的州郡僚屬階層演變成士大夫豪族，他們佔據郡國政府的同時紛紛進入中央政府，影響到朝廷政策，出現了州郡獨立傾向。

隨著郡成爲地方管理的中心，縣的政治、軍事實力的衰落，對逃亡犯罪控制也產生了不同的影響，面對此起彼伏的小規模逃亡犯罪，縣、鄉里統治機構表現出無力與疲軟，無法對之進行有效的控制和鎮壓；另一方面，即使逃亡犯罪武裝佔據了縣、鄉，也不足以影響到整個地方社會的政治歸屬，只要郡一級統治機構進行有效鎮壓，縣、鄉地方社會很快就會崩潰。這就是西漢末年、東漢後期雖然在各地活動著大量的逃亡武裝集團，一度攻佔縣城，殺死縣令，但卻無法撼動漢王朝統治的根本原因。從根本上說，郡縣關係的這一變化有利於國家政權對大規模逃亡犯罪的控制。

第二節　秦漢鄉里制度

一、秦朝鄉里制度

秦王朝在地方社會管理上，主要依靠鄉官里吏，而這一管理體制則直接繼承了秦統一六國前的鄉里制度。由於秦國與關東六國社會發展進程的差別，使六國地區的鄉里社會與秦國轄區的鄉里之間存在著一定的差別，表現在宗族解體的程度和小農五口之家的普及程度上，這些差別在一定程度上影響到逃亡犯罪的發生和影響，影響到逃亡犯罪的空間分佈。秦王朝建立後，關東與關中地區的鄉里社會存在著較大的差別，這是秦王朝在鄉里管理上必

須面對的。

（一）秦鄉里社會的基本特徵

戰國時期各國普遍設里，里是最基層一級的行政機構，「老子者，楚苦縣厲鄉曲仁里人也。」〔註65〕則春秋末期楚國將地方行政機構區劃爲縣、鄉、裏。《墨子・號令》：「某縣某里其子，食家口二人，積粟六百石。」《墨子・尚同中》：「里長既同其裏之義，率某里之萬民以尚同乎鄉長。」則鄉里作爲地方基層行政機構應該是戰國時期的普遍情況。

里的設置格局基本與春秋時期相同，里中有門，《說苑・修文》記載說：「事畢出乎里門，出乎邑門，至野外。」就是明證。各里之間有院牆相隔，《秦簡・法律答問》：「越里中之與它里界者，垣爲完（院）不爲？巷相直爲院，宇相直者不爲院。」〔註66〕院，《說文》：「周垣也」。宇即屋宇。則里與里之間有巷相通，睡虎地秦墓竹簡整理小組解釋說：「估計律文對越院有處理規定，所以本文對越過兩里之間的牆垣算不算越院作了解釋。」這樣的估計是有道理的，里中設牆垣，設里門，其目的在於對居民加強管理，限制其隨意出入，目的在於加強對民眾遷移的控制。

隨著社會生產力的發展，社會變化的加劇，農村公社及宗法制宗族的逐漸解體，戰國時期里中居民的血緣性越來越弱，地緣性更加濃厚。

《莊子・則陽》：「少知問於大公調曰：何謂丘里之言？大公調曰：丘里者，合十姓百名，而以爲風俗也。合異以爲同，散同以爲異。……比於大澤，百材皆度，觀於大山，木石同壇，此之謂丘里之言。」丘里的構成是複雜的，不再是同宗同族而是十姓百家。風俗議論也不再是統一的，而是如大澤、大山一樣「百材皆度」、「木石同壇」，十分清楚地顯示出同里之人是由地緣關係形成的。

《禮記・雜記下》：「姑姊妹，其夫死，而夫黨無兄弟，使夫之族人主喪。妻之黨，雖親弗主，夫若無族矣，則前後家，東西家；無有，則里尹主之。或曰：主之，而附於夫之黨。」則同里之人有同族居住的，但也有不同族者，則左鄰右舍已經不一定是同族人了。《禮記・曲禮上》：「鄰有喪，舂不相；里有殯，不巷歌。」「鄭安平曰：臣里中有張祿先生。」〔註67〕居於同里之人並

〔註65〕　《史記》卷六十三《老子韓非列傳》，頁2139。
〔註66〕　《睡虎地秦墓竹簡》，頁231。
〔註67〕　《史記》卷七十九《范雎列傳》，頁2402。

不同姓，鄰里有喪事，已經不是發自內心的悲傷，而是一種出於禮節的哀傷，顯然已經不是同族人了。

邑里之人已經是人們交際的重要對象。《墨子‧明鬼下》：「內者宗族，外者鄉里，皆得如具飲食之。」人們開始將邑里之人與宗族、交友、故舊列為一個等級的人際關係範疇，明顯地將邑里之人與上述人及範疇分離開來，成為基於地緣關係的人際關係。

戰國時期里中居民之間有族黨存在。《荀子‧禮論》：「天子之喪動四海，屬諸侯。諸侯之喪動通國，屬大夫。大夫之喪動一國，屬修士。修士之喪動一鄉，屬朋友。庶人之喪，合族黨，動州里。」則州里之庶人中間有自己的「族黨」。《荀子‧樂論》：「故樂在宗廟之中，君臣上下同聽之，則莫不和敬。閨門之內，父子兄弟同聽之，則莫不和親。鄉里族長之中，長少同聽之，則莫不和順。」王引之《經義述聞》：「此似借長為黨。」則族黨之中有長有少，但有不同於閨門之內的父子兄弟組成的家族，則族黨應該是由血緣關係較親的幾個家族形成。家族在戰國時普遍存在的，「道曰：均地分力，使民知時也。……是故夜寢早起，父子兄弟不忘其功，為而不倦，民不憚勞苦。」〔註68〕這種父子兄弟構成的就是小家族。

上述小家族在秦國則為小家庭所取代。《史記‧商君列傳》記載商鞅在秦國變法時規定「民有二男以上不分異者，倍其賦。」在秦國基本上消滅了大家族，不過在戰國時期其他各國的改革變法中沒有看到類似的規定，大概在其他國家還存在著小家族。幾個小家族之間形成族黨，成為邑里之民的居住單位。

戰國時期里中設有里長，這一點和春秋時期相同，《墨子‧尚同上》：「是故里長者，里之仁人也。」《秦簡‧法律答問》「何謂衛（率）敖？衛（率）敖，當里典之謂毆（也）。」〔註69〕但由於戰國時期各國間戰爭的急劇增加，引起對人口的爭奪，各國對人口的控制變得空前嚴格，對居民的出入進行了嚴格的管理。同時戰國時期由於宗法制的解體，居民之間貧富分化的加劇，也影響到國家對鄉里社會的管理政策。《戰國策‧齊策六》：「貫珠者復見王曰：王至朝日，……乃布令求百姓之飢寒者，收穀之。乃使人聽於閭里。」閭里之中已有

〔註68〕《管子》卷一《乘馬》。
〔註69〕《睡虎地秦墓竹簡》，頁237。

飢寒者出現。「李斯喟然而歎曰：夫斯乃上蔡布衣，閭巷之黔首，上不知其駑下，遂擢至此。」〔註70〕也是以閭巷之人自稱。「閭巷之人，欲砥行立名者，非附青雲之士，惡能施於後世哉？」〔註71〕秦漢時期，閭巷之人是普通民眾最常見的稱呼了。

《管子‧立政》談到當時基層治安情況，「築障塞匿，一道路，博出入。審閭閈，慎管鍵，莞藏千里尉。置閭有司，以時開閉，閭有司觀出入者，以復於里尉。凡出入不時，衣服不中，圈屬群徒，不順於常者，閭有司見之，復無時。若在長家子弟、臣妾、屬役、賓客，則里尉以譙於遊宗，遊宗以譙於什伍，什伍以譙於長家。」這裡將監督對象分為兩類，一類為普通居民，對他們的監督與春秋時期一樣，另一類為長家的子弟、臣妾、屬役、賓客等隸屬於他們的人員，對這些人的監督是特殊的，顯示出里內居民已經出現嚴重分化，階級對立已然出現。戰國時期思想家的著作中多有記載：

> 故西施病心而矉其裡，其裡之醜人見而美之，歸亦捧心而矉其裡，其裡之富人見之，堅閉門而不出，貧人見之，挈妻子而去之走。（《莊子‧天運》）

> 昔者宋國有田夫，常衣蘊，僅以過冬，既春東，作自曝於日，不知天下有廣廈澳室，棉纊狐貉，顧謂其妻曰：負日之暄，人莫知者，以獻吾君，將有重賞。里之富室告之曰：昔人有美戎菽、甘泉莖、芹萍，子者，對鄉豪稱之，鄉豪取而嘗之，蜇於口，慘於腹、眾哂而怨之，其人大慚。子，此類也。（《列子‧楊朱》）

以上皆是寓言，故事不可全信，但莊子、楊朱均屬戰國人，其敘述的背景應該屬於戰國時期的情況，則里中已經出現貧人、富人、鄉豪是可以肯定的。

> 州里不鬲，閭閈不設，出入毋時，早晏不禁，則攘奪竊盜、供給殘賊之民，毋自勝矣。」「閭閈無闔，外內交通，則男女無別。（《管子‧八觀》）

> 夫善牧民者，非以城郭也。輔之以什，司之以伍。伍無非其人，人無非其裡，里無非其家，故奔亡者無所匿，遷徙者無所容。不求而約，不召而來，故民無流亡之意，吏無備追之憂。（達到）故主政可往於民，民心可繫於主。（《管子‧禁藏》）

〔註70〕《史記》卷八十七《李斯列傳》，頁2547。
〔註71〕《史記》卷六十一《伯夷列傳》，頁2127。

以上鄉里制度設計，其目的就在於充分發揮里作為地方小共同體的作用，通過里來對里中居民實行監督，管理，同時發揮小共同體內部成員互相救助的作用，以減少其逃亡。

秦統一六國後，原來在秦國實行的推行建立五口之家的政策被推廣到全國，關東地區的宗族勢力受到徹底的打擊，關東地區的小民和關中地區一樣失去了宗族的庇護，成為國家統治下的編戶齊民。

（二）秦鄉里管理的內容

1. 徭役管理

睡虎地秦簡《法律答問》：「當繇（徭），吏、典已令之，即亡弗會，為逋事。」〔註72〕《封診式》：「鄉某爰書：男子甲自詣，辭曰：士五（伍）居某里，以乃二月不識日亡去，……以甲獻典乙相診，今令乙將詣論。敢言之。」〔註73〕顯然鄉里民眾服勞役也是由鄉里管理的。《法律答問》：

> 匿敖童，及占癃（癃）不審，典、老贖耐。百姓不當老，至老
> 時不用請，敢為酢（詐）偽者，貲二甲；典、老弗告，貲各一甲；
> 伍人，戶一盾，皆遷（遷）之。〔註74〕

傅律是秦國關於傅籍的法律，規定要是在申報成童（應該服徭役的成年人）、免老（六十歲以後不再服徭役）上弄虛作假的話，不但里典、伍老要受罰，就是同伍的人也要每家罰一盾，且處以流放的懲罰。可見在鄉里管理之中徭役管理是十分重要的內容。秦漢時期，面對繁重的徭役兵役，小民經常以逃亡來躲避徵發，鄉里管理中的徭役管理存在著限制百姓以逃亡來躲避徭役徵發的成分，也屬於控制逃亡犯罪的制度內容。

2. 里內治安管理

《法律答問》：「賊入甲室，賊傷甲，甲號寇，其四鄰、典、老皆出不存。不聞號寇，聞當論不當。審不存，不當論。典、老雖不存，當論。」〔註75〕則里正對里內治安負有責任。《封診式·經死》：「爰書：某里典甲曰：里人士五（伍）丙經死其室，不智（知）故，來告。」〔註76〕里內發生治安案件，

〔註72〕《睡虎地秦墓竹簡》，頁 221。
〔註73〕《睡虎地秦墓竹簡》，頁 278。
〔註74〕《睡虎地秦墓竹簡》，頁 143。
〔註75〕《睡虎地秦墓竹簡》，頁 193。
〔註76〕《睡虎地秦墓竹簡》，頁 267。

里典負責上報有關機構。《封診式·穴盜》記載接到發生丟失棉衣案件的報案後，「令史某爰書：與鄉□□隸臣某即乙、典丁診乙房內。」〔註77〕則里典不但要上報而且要協助偵破。

> 鄉某爰書：以某縣丞某書，封有鞫者某里士五（伍）甲家室、妻、子、臣妾、衣器、畜產。……幾訊典某某、甲伍公士某某：甲黨（儻）有它當封守而某等脫弗占書，且有罪。某等皆言曰：甲封具此，毋（無）它當封者。即以甲封付某等，與里人更守之，侍（待）令。〔註78〕

查封犯罪人的財物，也由里典出面協助、作證、看守。顯示出里管理地方治安的職能。逃亡是各種犯罪的衍生物，維護鄉里治安的職能也發揮著控制逃亡犯罪作用。

3. 管理里內宗教活動

秦的鄉里管理中不但對居民的服役年齡嚴加控制，就是對居民的宗教活動也是嚴加控制的。《韓非子·外儲說右下》記載了這樣的故事：

> 秦昭王有病，百姓里買牛而家為王禱。……王曰：貲之人二甲。夫非令而擅禱，是愛寡人也。夫愛寡人，寡人亦且改法而心與之相循者，是法不立；法不立，亂亡之道也。不如人罰二甲而復與為治。

> 擅興奇祠，貲二甲。可（何）如為奇？王室所當祠固有矣，擅有鬼立（位）殹（也），為奇，它不為。〔註79〕

將韓非的說法與秦簡記載兩相映證，韓非的說法是有事實依據的。秦國是嚴禁鄉里民眾私自舉行宗教活動的，但里內宗教活動不是一家一戶可以進行的，應該是由里內集體進行，由里典組織的。嚴密的宗教管理可以限制反政府思想的傳播，減少由於百姓聚會形成犯罪集團的機會，對逃亡犯罪控制有著間接的作用。

4. 組織和領導生產

睡虎地秦墓竹簡《秦律十八種·廄苑律》：「以四月、七月、十月、正月膚田牛。卒歲，以正月大課之，最，此田嗇夫壺酉（酒）束脯，為旱（皂）

〔註77〕《睡虎地秦墓竹簡》，頁270。
〔註78〕《睡虎地秦墓竹簡》，頁249。
〔註79〕《睡虎地秦墓竹簡》，頁219。

者除一更，賜牛長日三旬；殿者，誶田嗇夫，罰冗皀者二月。其以牛田，牛減絜，治（笞）主者寸十。有（又）里課之，最者，賜田典日旬；殿，治（笞）卅。」〔註80〕「膚牛田」即定期評比耕牛，「田典」即里典。國家每年定期以里爲單位進行耕牛評比，耕牛飼養較好的受賞，最差的受罰，里典作爲實際管理者，全里成績好的話里典會得到十天的勞績賞賜，最差的話，里典要受鞭笞三十的懲罰。秦國自商鞅變法開始屬行耕戰之策，重視農業生產，而耕牛是最重要的生產工具，里典負責全里的生產管理由此可見一斑。

　　無以爲生是小民逃亡犯罪的重要原因，鄉里管理機構發揮著政府機關的作用，加強生產管理，增加糧食產量，固然是爲了適應國家農戰政策的需要，但糧食產量的增加，也會爲小民提供更多的衣食之資，減少小民因爲生計困難而逃亡犯罪的機會，也有預防逃亡犯罪的效果。

　　就秦王朝鄉里管理的內容來看，負責徭役、兵役徵發和里內治安對預防和控制逃亡犯罪的作用是直接的，而管理宗教活動，限制人們私自聚會和組織里內生產在預防和控制逃亡犯罪上的作用則是間接的。

（三）鄉里管理中的連坐原則

　　秦在對里內民眾的管理上還採取了連坐制。商鞅變法時規定：「令民爲什伍，而相牧司連坐。不告姦者腰斬，告姦者與斬敵首同賞，匿姦者與降敵同罰。」〔註81〕

　　《韓非子·制分》講到了實行連坐制用以防姦：「然則去微姦之道奈何？其務令之相規（窺）其情者也，則使相窺奈何？曰：蓋里相坐而已。禁尚有連於己者，理（里）不得不相窺，唯恐不得免……告過者免罪受賞，失姦者必株連刑。」人們爲了減輕自己的罪責受到國家的獎賞，就必然會努力監督別人，國家因此收到控制鄉里民眾逃亡犯罪的效果。

　　戰國時期的著作《鶡冠子·王鈇》也有關於連坐的記載：「伍人有勿故不奉上令，有餘、不足、居處之狀而不輒以告里有司，謂之亂家。其罪伍長以同。里中有不敬長慈少、出等異眾、不聽父兄之教，有所受聞不悉以告扁長，謂之亂里。其罪有司而貳其家。」研究者普遍認爲《鶡冠子·王鈇》是講述楚國制度的，這一記載也應該有戰國時期楚國鄉里管理中實行連坐的影子。

〔註80〕《睡虎地秦墓竹簡》，頁30、31。
〔註81〕《史記》卷六十八《商君列傳》，頁2230。

　　秦鄉里的管理涉及到經濟、生產、宗教、治安各個方面，在維護基層社會秩序方面，有著不可替代的作用，鄉里管理機構是秦朝控制逃亡犯罪的基層組織，是政府控制逃亡犯罪的基礎性制度。

二、漢代鄉里制度

　　漢代的地方基層組織爲鄉、裏，國家在鄉里設置管理機構和各種管理人員，以貫徹國家對鄉里社會的管理。《漢書・百官公卿表上》：「大率十里一亭，亭有長。十亭一鄉，鄉有三老、有秩、嗇夫、遊徼。三老掌教化。嗇夫職聽訟，收賦稅。遊徼徼循禁盜賊。」〔註82〕《後漢書・百官志》也有類似的記載：

　　　　鄉置有秩、三老、遊徼。本注曰：有秩，郡所署，秩百石，掌
　　一鄉人；其鄉小者，縣置嗇夫一人。皆主知民善惡，爲役先後，知
　　民貧富，爲賦多少，平其差品。三老掌教化。凡有孝子順孫，貞女
　　義婦，讓財救患，及學士爲民法式者，皆扁表其門，以興善行。遊
　　徼掌徼循，禁司姦盜。又有鄉佐，屬鄉，主民收賦稅。亭有亭長，
　　以禁盜賊。本注曰：亭長，主求捕盜賊，承望都尉。里有里魁，民
　　有什伍，善惡以告。本注曰：里魁掌一里百家。什主十家。伍主五
　　家，以相檢察。民有善事惡事，以告監官。〔註83〕

按上述記載，則鄉的主要官員爲三老、嗇夫、亭長、遊徼、鄉佐等。三老掌教化，職責比較特殊，這裡只考察其餘的鄉官執掌。

（一）嗇　夫

　　嗇夫主管訴訟、賦稅的徵收，是鄉級行政事務的主要承擔者，在鄉級政府之中最爲重要。「朱邑，廬江舒人也，少時爲舒桐鄉嗇夫，廉平不苛，以愛利爲行，未嘗笞辱人，存問耆老孤寡，遇之有恩，所部吏民愛敬焉。」〔註84〕朱邑所管顯然比較寬泛，顯示出總管一鄉行政的特點。「笞辱人」透露出嗇夫職責以獄訟爲主的消息，下引《漢書・韓延壽傳》等傳記的記載體現出作爲嗇夫主管獄訟，在地方社會發生民間糾紛時嗇夫負有直接責任。

　　　　（韓延壽）入守左馮翊。滿歲稱職爲眞。……行縣至高陵，民

〔註82〕　《漢書》卷十九（上）《百官公卿表》，頁742。
〔註83〕　《後漢書》志二十八《百官志（五）》，頁2624。
〔註84〕　《漢書》卷八十九《朱邑傳》，頁3635。

有昆弟相與訟田自言，延壽大傷之，曰：「幸得備位，爲郡表率，不能宣明教化，至令民有骨肉爭訟，既傷風化，重使賢長吏、嗇夫、三老、孝弟受其恥，咎在馮翊，當先退。」……因入臥傳舍，……一縣莫知所爲，令丞、嗇夫、三老亦皆自繫待罪。〔註85〕

　　暢本以鄉有秩補太守卒史。〔註86〕師古曰：鄉有秩者，嗇夫之類也。

東漢任光、鄭弘、鄭玄等人都曾做過鄉嗇夫。

　　按上述記載，則鄉嗇夫分爲由郡任命的和縣任命的兩種。由郡任命的嗇夫即有秩嗇夫，由縣任命的即嗇夫。有秩嗇夫有印，《後漢書·王充傳》注引《十三州志》曰：「有秩嗇夫，得假半章印。鄭玄注《禮記》曰：綸，今有秩嗇夫所佩也。」〔註87〕有秩嗇夫有時也稱作有秩，於是就有了有秩、嗇夫、有秩嗇夫三種稱呼。

　　後令史昭以爲鄉嗇夫，仁化大行，人但聞嗇夫，不知郡縣。〔註88〕

　　嗇夫孫性私賦民錢。〔註89〕

　　（第五倫）爲鄉嗇夫，平徭賦，理怨結，得人歡心。〔註90〕

《太平御覽》卷157《州郡部》引《零陵先賢傳》「（鄭產）爲白土嗇夫。漢末，產子一歲輒出一錢，民多不舉。產乃敕民勿得殺子，口錢自當代出，因名其鄉曰：更生鄉。」

　　恒以八月令鄉部嗇夫，吏、令史相襍案戶籍，副臧（藏）其廷。有移徙者，輒移戶及年籍爵細徙所，並封。留弗移，移不並封，及實不徙數盈十日，皆罰金四兩；數在所正、典弗告，與同罪。鄉部嗇夫、吏主及案戶者弗得，罰金各一兩。（《二年律令》簡328～330）

則鄉嗇夫、里典、里正還有登記管理戶籍的責任。

　　《居延漢簡》15·19：「永始五年閏月己巳朔丙子北鄉嗇夫忠敢言之義成

〔註85〕《漢書》卷七十六《韓延壽傳》，頁3213。
〔註86〕《漢書》卷七十六《張敞傳》，頁3216。
〔註87〕《後漢書》卷四十九《王充傳》，頁1651。
〔註88〕《後漢書》卷四十八《爰延傳》，頁1618。
〔註89〕《後漢書》卷六十四《吳祐傳》，頁2101。
〔註90〕《後漢書》卷四十一《第五倫傳》，頁1396。

里崔自當自言爲家私市居延謹案自當毋官獄徵事當得取傳謁移肩水金關居延縣索關敢言之。」〔註91〕簡 495‧12、505‧37A 所載內容與此相似，則嗇夫還負責爲鄉里民眾出行時申請通行證——傳。

嗇夫總管一鄉行政、賦稅差役、治安獄訟，是鄉里社會最重要的官員，有秩嗇夫由郡任命，是國家政權對鄉里社會實施控制的標誌。嗇夫可以「私賦民錢」，則嗇夫徵收賦稅的權利是不受鄉里社會制約的，其代表國家控制鄉里社會的性質是十分清楚的，通過控制戶籍、控制符傳等通行憑證來控制逃亡犯罪也是其職責範圍內的事。

（二）遊 徼

遊徼是管理鄉里治安的主要官員，由縣任命。《五行大義》引翼奉曰：「遊徼、亭長外部吏，皆屬功曹。」縣有功曹，爲先秦最主要的屬吏，總關各職能部門，被稱爲綱紀之吏。嚴耕望《秦漢地方行政制度‧縣屬吏條》考之甚明，遊徼是直屬於縣廷的派出官員，所以遊徼一般都稱作「某縣遊徼」。臧宮「少爲縣亭長、遊徼。」〔註92〕就是明證。

遊徼「禁姦盜」、「禁司姦盜」，管理鄉里治安是其主要職責，另外還要經常配合縣廷抓捕嫌疑罪犯。胡建作渭城令時，「客藏公主廬，吏不敢捕，渭城令建將令卒圍捕……，主使僕射劾渭城令、遊徼傷主家奴，建報亡他坐。」〔註93〕顯然遊徼也參加了由縣令組織的圍捕行動。「姑幕縣有群輩八人報仇廷中，皆不得……博口占檄文曰：府告姑幕令丞：言賊發不得，有書。檄到，令丞就職，遊徼王卿力有餘，如律令。」〔註94〕師古注曰：「遊徼職主捕盜賊，故云如律令。」郡府向縣廷下令追捕盜賊時一併提到了遊徼。

由於遊徼職責在於追捕盜賊，抓捕逃亡犯罪者，維持鄉里治安，所以對遊徼的人選有特殊的要求。《漢官儀》曰：「遊徼、亭長皆習設備五兵。五兵：弓弩，戟，楯，刀劍，甲鎧。」〔註95〕遊徼要具備一定的軍事才能。

（三）鄉 佐

鄉佐在漢簡中多稱「佐」。嗇夫乃鄉里社會中的最高官員，鄉佐是其副

〔註91〕《居延漢簡釋文合校》，頁 24。
〔註92〕《後漢書》卷十八《臧宮傳》，頁 692。
〔註93〕《漢書》卷六十七《胡建傳》，頁 2911。
〔註94〕《漢書》卷八十三《朱博傳》，頁 3401。
〔註95〕《後漢書》志二十八《百官志（五）》，頁 3624。

手，故多有嗇夫、鄉佐連稱的。

《後漢書‧張宗傳》注引《續漢書》：「鄉佐，主佐鄉收稅賦。」〔註96〕則收賦稅是其主要職責。賦稅是國家控制鄉里社會最主要的內容，所以鄉佐也是最主要的官員之一，由鄉佐陞遷者不乏其人。「（第五倫）爲宕渠令，顯拔鄉佐玄賀，賀後爲九江、沛二郡守。」〔註97〕同時，鄉佐作爲嗇夫之副手，有國家權力作後盾，在鄉里社會擁有一定的勢力。《後漢書‧張宗傳》記載「（張宗）王莽時爲縣陽泉鄉佐，會莽敗，義兵起，宗乃率陽泉民三四百人，起兵略地（同上）。」顯示出張宗在鄉里社會之中有較強的號召力。《後漢書‧周黨傳》記載了周黨的遭遇，「初，鄉佐嘗衆中辱黨，黨久懷之，後讀《春秋》，聞復仇之義，便輒講而還，與鄉佐相聞，期克鬥日。既交刃，而黨爲鄉佐所傷，困頓。鄉佐服其義，輿歸養之。數日方蘇，既悟而去。」〔註98〕敢於在稠人廣衆之中侮辱他人，則鄉佐平時橫行鄉里是可以想像得到的。鄉佐作爲嗇夫的助手，在控制逃亡犯罪方面起著重要作用。

（四）里正、閭佐、社宰、伍長、里監門

《後漢書‧百官志》有里魁，主管一里之事。里作爲地方基層單位出現很早，管理者在先秦時期又被稱作「里正」、「里長」、「里宰」等，秦簡之中多記作「里典」，都指的是管理一里之人。《後漢書‧百官志》記載里魁職責說：「里有里魁，民有什伍，善惡以告。本注曰：里魁掌一里百家。什主十家。伍主五家，以相檢察。民有善事惡事，以告監官。」〔註99〕里正負責協助上級監督里內居民，控制里內治安。「置里正、五長，相率以孝弟，不得舍姦人，閭里阡陌有非常，里輒聞知，姦人莫敢入界。」〔註100〕負責里內治安和民衆教化，正與《後漢書‧百官志》的記載相一致。西漢成帝永始、元延年間（前19～10年）長安治安混亂，「（尹賞）以三輔高第選守長安令，得一切便宜從事。……乃部戶曹掾史，與鄉吏、亭長、里正、父老、伍人，雜舉長安中輕薄少年惡子，無市籍商販作務，而鮮衣凶服被鎧捍持刀兵者，悉籍記之。得數百人。」〔註101〕這是里正參與鄉里治安活動的顯證。

〔註96〕《後漢書》卷三十八《張宗傳》，頁1275。
〔註97〕《後漢書》卷四十一《第五倫傳》，頁1397。
〔註98〕《後漢書》卷八十三《周黨傳》，頁2761。
〔註99〕《後漢書》志二十八《百官志（五）》，頁3624。
〔註100〕《漢書》卷七十六《韓延壽傳》，頁3211。
〔註101〕《漢書》卷九十《酷吏列傳》，頁3673。

　　　自五大夫以下，比地爲伍，以辨圍爲信，居處相察，出入相司。
有爲盜賊及亡者，輒謁吏、典。（《二年律令・戶律》簡 305）

　　　盜鑄錢及佐者，棄市。同居不告，贖耐。正典、田典、伍人不
告，罰金四兩，或頗告，皆相除。（《二年律令・錢律》簡 202）

里正、里典有監督、檢舉里內居民違法活動的責任。

　　《史記・陳涉世家》有「發閭左謫戍漁陽，九百人屯大澤鄉。」〔註 102〕
的記載，關於閭左之性質、職責出現了各種解釋，《史記・陳涉世家》索引
和《漢書・食貨志》認爲：「閭，里門也。言居在里門之左者，一切發之。
此閭左之釋，應最得之，諸家之義煩穢舛錯，故無所取也。」〔註 103〕《漢
書・晁錯傳》注引孟康曰：「秦時復除者居閭之左，後發役不供，復役之也。
或云直先發取其左也。」〔註 104〕以上兩種是傳統解釋。張漢東《未定稿》
1984 年第 27 期《閭左新解》認爲閭左即「閭佐」，是一種里職，可以認爲是
里正的副手。大概與鄉佐是鄉嗇夫的副一樣，協助里正處理里內事務。

　　社宰。秦漢時期鄉里有社，「（高祖）十年春，有司請令縣常以春二月及
臘祠稷以羊彘，民里社各自裁以祠。制約：可。」〔註 105〕里社有主持祭祀的
職責，里社祭祀也是一次大規模的里社娛樂活動。《荊楚歲時記》：「社日，四
鄰並結宗會社，宰牲牢，爲屋樹下，先祭社，然後享其胙。」分配祭肉的工
作由里宰承擔，「里中社，（陳）平爲宰，分肉甚均。」師古注曰：「宰，主切
割肉也。」〔註 106〕吃肉之後還要狂歡，「王修字叔治，北海營陵人也。年七歲
喪母，母以社日亡，來歲鄰里社，修感念母，哀甚。鄰里聞之，爲之罷社。」
〔註 107〕狂歡與哀悼親人的氣氛極不和諧，鄉里鄰人爲其孝行打動，停止了狂
歡。里宰在主持里社祭祀的同時大概還負責其他里社事務，《漢書・食貨志》
講到秦漢時期五口之家的開支時說：「（糧食）石三十，爲錢千三百五十，除
社閭嘗新春秋之祠，用錢三百，餘千五十。」即每戶要交納三百錢的里社祭
祀費用，這些費用的收取、管理、使用都由里宰負責。

　　伍長。《後漢書・百官志》本注曰：「什主十家，伍主五家。」前引《漢

〔註 102〕《史記》卷四十八《陳涉世家》，頁 1950。
〔註 103〕《漢書》卷二十四《食貨志》，頁 1126。
〔註 104〕《漢書》卷四十九《晁錯傳》，頁 2284。
〔註 105〕《漢書》卷二十五《郊祀志》，頁 1212。
〔註 106〕《漢書》卷四十《陳平傳》，頁 2039。
〔註 107〕《三國志》卷十一《魏書・王修傳》，頁 345。

書‧韓延壽傳》記載韓延壽爲地方郡守時，「又置里正、五長，相率以孝弟，不得舍姦人。」師古曰：「五長，同五之中置一人爲長也。」五長是民眾履行孝悌的表率，協助管理里內事務。《漢書‧黃霸傳》記載黃霸作潁川太守時「爲條教，置父老師帥五長，頒行之於民間。」顯示出伍長在地方管理中的重要性，而且父老師帥伍長都是在郡縣長官的干預之下設置的，帶有官方的性質。

　　里監門。「張耳陳餘乃變名姓，俱之陳，爲里監門以自食。兩人相對，里吏嘗有過笞陳餘，陳餘欲起，張耳攝之使受笞……秦詔書購求兩人，二人亦反用門者以令里中。」集解：張晏曰：「監門，里正衛也。」〔註108〕索引曰「門者即餘、耳也。自以其名而號里中，詐更別求也。」「酈食其，陳留高陽人也。好讀書，家貧落魄，無衣食業，爲里監門，然吏縣中賢豪不敢役，皆謂之狂生。」〔註109〕《二年律令‧戶律》簡308：「募民欲守縣邑門者，令以時開閉門，及止畜產放出者，令民共（供）食之，月二戶。」「守門者」就是里監門。由上述記載可以知道，爲里監門者多是貧困不能自存者，做里監門可以得到衣食之資，要協助里正辦理上級交待的公事，辦事不力會受到上級懲罰，屬於國家統治機關的神經末梢。

　　以上所述鄉里官員即所謂的鄉官里吏都與國家對鄉里社會的控制有密切關係。這些人有較嚴密的分工，主要管理賦稅徵收、鄉里訴訟、社會治安、民眾教化，顯示出國家對鄉里社會控制的嚴密。鄉官里吏有的直屬於郡縣，由郡縣直接任命，如嗇夫、遊徼等，大部分由鄉舉里選產生。鄉舉里選首先要有鄉里清譽，爲鄉里所稱，否則難以入選。陳湯家貧無節，「不爲州里所稱，」〔註110〕不能被推爲吏。此外，爲吏還有別的限制。韓信「貧無行，不得推擇爲吏。」〔註111〕高風「自言本巫家，不應爲吏」〔註112〕，《漢書‧食貨志》記載孝惠、高后時規定「市井子孫不得任官爲吏」，「無貲又不得宦，」〔註113〕家貧者、巫家、賈人皆不得擔任這些鄉官里吏，這也是漢代

〔註108〕《史記》卷八十九《張耳陳餘列傳》，頁2572。
〔註109〕《漢書》卷四十三《酈食其傳》，頁2105。
〔註110〕《漢書》卷七十《陳湯傳》，頁3007。
〔註111〕《漢書》卷三十四《韓信傳》，頁1816。
〔註112〕《後漢書》卷八十三《高鳳傳》，頁2769。
〔註113〕《漢書》卷二十四《食貨志》，頁1153。

鄉官里吏選拔的一大特點。漢代的鄉官里吏承擔著把政府統治意志貫徹到地方社會的責任，也負有控制基層社會逃亡犯罪的重要任務，是政府控制逃亡犯罪措施和政策的直接執行者。

三、秦漢鄉里治安機構

秦漢時期在鄉里還設有專門的治安機構——亭。秦漢時期鄉里管理中的其他機構人員雖然也負有控制逃亡犯罪的責任，但不是專門的治安機關，而亭作爲最基層的治安機構，亭長及其下屬專職負責地方治安管理，在逃亡犯罪控制方面起著重要的作用。

（一）亭的人員設置

亭的人員設置見於史籍和漢簡記載的主要有亭長、亭父、求盜、亭佐等，以亭部爲自己的管理範圍，負責地方治安管理。

1. 亭　長

鄉里除設有鄉官以外，還設有專門負責治安的亭，周振鶴《從漢代部的概念釋縣鄉亭里制度》（載《歷史研究》1995 年第 5 期）一文指出漢代亭部是專門的治安單位，與里是行政單位不同。亭部設亭，是專門的治安機構。「秦法十里一亭。亭有長，主亭之吏也。」〔註114〕《後漢書・百官志（五）》記載：「亭有亭長，以禁盜賊。」本注曰：「亭長，主求捕盜賊，承望都尉。」亭長由縣都尉管轄，職責是求盜賊，協助縣都尉處理刑事案件，追捕逃亡犯罪者應該也是他的職責之一。劉邦曾經作爲亭長替縣裏押送刑徒到酈山服役。《太平經》卷 86：「一閭亭有剛強亭長，尙乃一亭部爲不敢語，此亭長尙但吏之最小者也。」可見亭長權力之大。此外，亭長還要負責其他事宜。見於文獻和簡牘記載典型者如：

> 始元五年夏，罷天下亭母馬及馬弩關。」〔註115〕注引應劭曰：
> 「武帝數伐匈奴，再擊大宛，馬死略盡，乃令天下諸亭養母馬，欲令其繁孳子。又作馬上弩機關，今悉罷之。」

> （黃霸爲潁川太守時）使郵亭鄉官皆蓄雞豚，以瞻鰥寡貧窮者。師古曰：「鄉官者，鄉所治處也。」〔註116〕

〔註114〕《漢書》卷一《高帝紀》，師古注，頁 2。
〔註115〕《漢書》卷七《昭帝紀》，頁 222。
〔註116〕《漢書》卷八十九《黃霸傳》，頁 3629。

　　　　元延二年七月己酉，居延令尚丞忠，移過所過縣道河津關，遣
　　亭長王豐以詔書買騎馬酒泉。〔註117〕（170‧3A）

　　　　逢萌，家貧，給事縣爲亭長，時尉行過亭，萌侯迎拜謁，既而
　　擲楯歎曰：大丈夫安能爲人役哉。隨去之長安學，通春秋經。〔註118〕

則亭長不但負責治安，協助縣尉處理相關事務外，還負有養馬、買馬、養雞
豚、迎來送往的責任。

2. 亭　父

　　亭長以下有亭父，《漢書‧高帝紀》：集解注引應劭曰：「求盜者，舊時亭
有兩卒，其一爲亭父，掌開閉掃除；一爲求盜，掌逐捕盜賊。」〔註119〕一些
有名的官吏、學者早年都做過亭父，可見它是一個較爲常見的職位。

　　「任安，少孤貧困……代人爲求盜亭父。後爲亭長。」〔註120〕

　　「施延，少爲諸生，明於五經……後到吳郡海鹽，取卒月直，賃作半路
亭父以養其母」〔註121〕亭父之職責主要在於執行打掃迎送等雜役。

3. 求　盜

　　《漢書‧高帝紀》記載：「高祖爲亭長，乃昌（以）目竹皮爲冠，令求盜
之薛治。」〔註122〕按照應劭的說法，求盜乃亭長下屬，受亭長管轄。抓捕逃
亡罪犯是求盜的職責。張家山漢墓竹簡和文獻史料都有所反映：

　　　　淮陽守行縣緣新郪獄，七月己酉新郪信爰書：求盜甲告曰：從
　　獄史武備盜賊，武以六月壬午出行公梁亭，至今不來。〔註123〕

　　　　又欲令人衣求盜衣，持羽檄從南方來，呼言曰：南越兵入，欲
　　因以發兵。〔註124〕師古曰：求盜，卒之掌逐捕賊盜者。

獄史屬於縣緣的屬下，大概接受縣緣的安排，與求盜甲一起到公梁亭轄區追
捕盜賊，結果獄史武被人所殺，求盜也受到訊問。淮南王劉安準備謀反時就
打算派人穿上求盜的衣服，散佈南越兵入侵的謠言，好乘機起兵。大概求盜

〔註117〕《居延漢簡釋文合校》，頁271。
〔註118〕《後漢書》卷八十三《逢蒙傳》，頁2759。
〔註119〕《漢書》卷一《高帝紀》，頁6。
〔註120〕《史記》卷一百四《田叔列傳》，頁2779。
〔註121〕《後漢書》卷四十六《陳寵傳》，注引謝承《後漢書》，頁1557。
〔註122〕《漢書》卷一《高帝紀》，頁6。
〔註123〕《張家山漢墓竹簡釋文‧奏讞書》，頁98。
〔註124〕《漢書》卷四十四《淮南王劉長傳》，頁2150。

有標誌性的服裝，除專職抓捕盜賊外，還負責傳遞重要的軍事情報。

4. 亭　佐

亭長手下還有亭佐，作爲其維持地方治安的助手。「（劉）乾私出國，到魏郡鄴、易陽，止宿亭，令奴金盜取亭席，金與亭佐孟常爭言，以刃傷常，部吏追逐，乾藏逃，金絞殺之，懸其屍道邊樹。」〔註125〕陳寔「少作縣吏，常給事廝役，後爲都亭佐。」〔註126〕亭佐是亭長的副手，也是負責地方治安的基層官員之一。

（二）亭的治安功能

亭作爲鄉里社會的專門治安機構，其功能主要有以下幾類。

1. 抓捕犯罪分子和逃亡人員

亭作爲最基層的治安管理機構，對轄區出現的犯罪逃亡事件，要主動出擊，進行抓捕，這一點在簡牘材料和文獻史料中都有記載：

> 七月己酉新郪信爰書，求盜甲告曰：從獄史武備盜賊，武以六月壬午出行公梁亭，至今不來，不智（知）在所，求弗得，公梁亭校長丙坐以頌繫（繫），毋繫（繫）牒，弗窮訊。（經調查，是新郪縣掾信指使舍人蒼、餘與求盜大夫布一起殺死武。亭長丙與手下贅抓獲殺人者，由於蒼不是主謀，所以丙釋放了蒼。經上級審訊，判決如下）律，賊殺人，棄市，以此當蒼。律，謀賊殺人，與賊同法。以此當信。律，縱囚，與同罪。以此當丙、贅。當之，信、蒼、丙、贅皆當棄市。〔註127〕（《奏讞書》）

> 盜賊發，士吏、求盜部者，及令、丞、尉弗覺智（知），士吏、求盜皆以卒戍邊二歲，令、丞、尉罰金各四兩。令、丞、尉能先覺智（知），求捕其盜賊，及自劾，論吏部主者，除令、丞、尉罰。一歲中盜賊發而令丞尉所（？）不覺智（知）三發以上，皆爲不勝任，免之。（《二年律令》簡145）

> 侯史廉騂北亭長歐等八人、戍卒孟陽等十人，搜索部界中□亡人所依匿處，爰書相牽。〔註128〕（255·27）

〔註125〕《後漢書》卷十四《趙孝王良列傳》，注引《東觀紀》，頁559。
〔註126〕《後漢書》卷六十二《陳寔傳》，頁2065。
〔註127〕《張家山漢墓竹簡釋文》，頁98～99。
〔註128〕《居延漢簡釋文合校》，頁423。

　　　　虞延字子大，陳留東昏人也……少爲戶牗亭長。時王莽貴人
　　魏氏賓客放從，延率吏卒突入其家捕之。以此見怨，故位不升。
　　〔註129〕

這些案件都顯示出亭長根據自己的判斷有抓捕和釋放罪犯的自主權，對轄區
內的逃亡人口也要進行追捕。「捕律」是國家對亭部控制轄區犯罪的法律規
定。亭校長丙與屬下贅因爲「縱囚」被棄市，說明他們的行爲也受到上級的
嚴密監督。

2. 管理轄區治安

　　亭在平時負有執行宵禁和監督可疑人員的任務。秦漢時期，實行宵禁，
每到夜晚，無符傳者不許隨便行走。李廣被免官後，「居藍田南山中射獵，嘗
夜從一騎出，……還至亭，霸陵尉醉，呵止廣。廣騎曰：故李將軍。尉曰：
今將軍尙不得夜行，何乃故也！宿廣亭下。」〔註130〕《漢書·王莽傳》記載
大司空手下夜裏經過奉常亭，受到亭長盤查，因爲沒有符傳，無法通過，雙
方發生衝突，大司空手下以馬鞭抽打亭長，被亭長失手殺死，亭長畏罪逃亡，
郡縣發布文告進行追捕，最後得到王莽的特許，亭長被免予追究。〔註131〕亭
長負有執行宵禁規定和檢驗符傳的任務，所以即使達官貴人也在所難免。這
種嚴密的盤查，對追捕逃亡者的作用是顯而易見的。文獻和漢簡史料的記錄
都說明了這一點：

　　　　（延岑）衣虎皮襜褕，宿下邑亭，亭長白言：睢陽賊衣絳罽襜，
　　今宿舍疑是。乃發卒來，岑臥不動，吏謝去。〔註132〕

　　　　丞相上備塞都尉書，請爲夾溪河置關，諸漕上下河中者，皆發
　　傳，及令河北縣爲亭，與夾溪關相直。關出入、越之，及吏卒主者，
　　皆比越塞闌關令。丞相、御史以聞。制曰：可。〔註133〕（《二年律
　　令》簡523、524）

對於形迹可疑者亭長可以進行盤查和抓捕。在與諸侯王國和交界處和邊境地
區，亭負有的限制出入的權利就更加重要了，在這些地區，亭承擔著國境線

〔註129〕《後漢書》卷三十三《虞延傳》，頁1150。
〔註130〕《漢書》卷五十四《李廣傳》，頁2443。
〔註131〕《漢書》卷九十九《王莽傳》，頁4135。
〔註132〕《東觀漢紀》卷二十一《延岑》。
〔註133〕《張家山漢簡釋文》，頁210。

的保衛任務，負有控制逃亡罪犯逸出境外的職責。

秦漢時期，地方郡縣政府、各級鄉里設置了系統復雜的管理機構，爲全面控制逃亡犯罪奠定了堅實的物質基礎；各級機構的職責及其相應的制度規定，構成國家進行逃亡犯罪控制的一般法律基礎。政治制度和一般法律規定是秦漢時期逃亡犯罪控制制度中最重要的部分。

第三節　秦漢關津制度

作爲國家行政管理的制度之一，秦漢時期在國境線、內地重要的交通樞紐都建有關，在重要的水上交通要道設有津，並制定了嚴密的關津制度。關津主要用來盤查過往行人，控制重要的戰略物資出入。關、津制度在社會治安管理上有著不可替代的作用，也是秦漢時期控制逃亡犯罪的重要制度之一。

一、關津設置

關出現很早，是設在陸地邊界上的大門。《呂氏春秋·仲夏》：「門宮無閉，關市無索。」高誘注：「關，要塞也。」津即渡口，《說文》：「津、水渡也。」在重要的渡口也可以建立關隘，起到與陸地關一樣的作用。賈誼說：「秦兼諸侯山東三十餘郡，循津關，據險塞，繕甲兵而守之。」〔註134〕關、津是重要的戰略要地，是必須重點防守的。

秦漢時期著名的關隘，見於《張家山漢墓竹簡·津關令》的有扜關、郿關、武關、函谷關、臨晉關，見於漢簡的有玉門關、陽關、肩水金關等。見於《漢書·地理志》記載的有上黨郡的上黨關、壺口關、石研關、天井關，代郡的五原關、常山關，上谷郡的居庸關，弘農郡的陸渾關，鬱林郡有雍雞關，蒼梧郡的離水關、謝沐關、荔平關，牂柯郡的柱蒲關、進桑關等。雁門關更是防禦匈奴的前哨陣地。著名的渡口有白馬津、盟津等。

關津皆有一定的建築形式，包括主體建築及配套設施。關津的具體建築雖然難以見到，但有門以供出入是沒有問題，有塞牆以阻隔交通，或用壕溝、柵欄等代替。在已經發掘出的居延地區肩水金關遺址上，有關門遺跡，由兩座對峙如闕的長方形夯土樓組成，中間門道寬約五米，門口發現有燒殘的門樞、門臼，門道兩側還殘存四根半嵌在牆內的方、圓形木柱，下墊石塊，可能立柱頂

〔註134〕閻振益、鍾夏《新書校注》卷一《過秦下》，頁15。

部有過橋或者門樓建築。另外還發現了 2.8 米寬的牆基遺址〔註 135〕。《史記》、《漢書》中有「出關」而去的說法，則關一定有關門和其他配套的防治人員隨意出入的設施。張家山漢簡「津關令」中有「盜賊即亡人越關、垣離（籬）、格塹、封刊，出入界塞」的說法。垣籬，指土牆和和竹木等作的藩籬，格塹，指在邊界地區的深溝，封刊，作爲分界標誌的樹木。《周禮・地官》有「封人」一職，職責爲：「爲畿封而樹之。凡封國，設其社稷之壇，封其四疆。都邑之封域者亦如之。」注：「謂王之國外，四面五百里，各置畿限，畿上各爲溝塹，其土在外而爲封，又樹木而爲阻固。」疏：「漢時界上有封樹，故舉以言之。」從上述記載大概可以窺知秦漢時期的關的面貌。

　　居延漢簡尚見以繩索標界者〔註 136〕，稱「縣（懸）索」，《居延漢簡釋文合校》52・20：「縣索四里二百一十步縣索二里五十步幣絕。」懸索，即懸掛著的繩索，表示界線。居延都尉下屬關門，即稱「居延縣索關（15・18）」。〔註 137〕大概這樣的索關只出現在居延地區，沒有普遍性，在防止逃亡犯罪上沒有多大價值。《津關令》：

> 　　請爲夾礛河置關，諸漕上下河中者，皆發傳，及令河北縣爲亭，
>
> 與夾礛關相直。闌出入、越之，及吏卒主者，皆比越塞闌關令（簡
>
> 524）。

此令表明，設於渡口之關，分別於相對應的河兩岸構築檢查站，其一爲主關，對岸爲呼應之亭，不僅檢查過渡的行人、車馬，還檢查河中行駛的船隻。

　　除去邊境地區和水陸交通要道設立的關津以外，秦漢時期各地有眾多的城邑，封閉的圍牆和有限的可供出入的城門同樣對逃亡犯罪者有限製作用。「城門校尉掌京師城門屯兵，有司馬，十二城門侯。」〔註 138〕師古曰：「門各有侯。」這是西漢長安城的建制，城門侯主管城門治安，也應該有盤查行人、捉拿逃亡罪犯的職責。東漢沿襲了這樣的規定，「城門校尉一人，比二千石。本注曰：掌洛陽城門十二所。司馬一人，千石。本注曰：主兵。城門每門侯一人，六百石。」〔註 139〕雖然看不到城門侯主持追捕逃犯的記載，但依常理推測，主管城門的機構應該有這樣的責任。京師如此，其他城邑也

〔註 135〕薛英群《居延漢簡通論》，甘肅教育出版社，1991 年，頁 89～90。
〔註 136〕李均明《漢簡所反映的關津制度》，《歷史研究》，2002 年第 3 期。
〔註 137〕謝桂華、李均明《居延漢簡釋文合校》，文物出版社，1987 年，頁 24。
〔註 138〕《漢書》卷十九上《百官公卿表》，頁 737。
〔註 139〕《後漢書》卷一一七《百官四》，頁 3610。

應如此。眾多的城邑和城門管理機構也可以看作關津制度的一個組成部分，對秦漢時期的逃亡犯罪控制有著不可忽視的作用。

秦漢時期，在邊境地區和內地水陸交通要道，都設有關、津，用以控制行人出入，防止不法分子，加上數以千計的城邑，成為控制逃亡犯罪的物質基礎。

二、關津管理人員及其職責

關津設有管理機構及駐防人員，有軍人駐守。居延漢簡所見，肩水金關歸肩水都尉管轄。《漢書・地理志》所見陽關、玉門關皆設都尉，敦煌漢簡1108A 有「諸侯相關都尉」的說法〔註140〕。《漢書・百官表》：「關都尉，秦官。」〔註141〕又如《漢書・地理志》：牂柯郡之「進桑，南部都尉治，有關。」〔註142〕昭帝初即位，「霍光曰：幼主新立，以為函谷京師之固，武庫精兵所聚，故以丞相弟為關都尉，子為武庫令。……河南老弱萬餘人守關欲入上書，關吏以聞。」〔註143〕對重要的關，由皇帝派親信把守。都尉府為關津之領導機構，手下管理人員稱為關吏。關津的日常事務由關嗇夫及關佐等操持。關嗇夫為關門主持人，主持處理各種事務，關嗇夫手下有丞，協助關嗇夫處理事務。見於《居延漢簡釋文合校》和《敦煌漢簡釋文》的有：

> 六月辛未府告金關嗇夫久前移拘逐辟彙令使解事所行蒲封一
> 至今不到解何記到久逐辟詣（居延漢簡：183・15）

> 元年十一月壬辰朔肩水關嗇夫光以小官印兼行候事（居延漢簡：199・1）

> 元康元年七月壬寅朔甲辰關嗇夫廣德佐熹敢言之敦煌壽陵里
> 趙負趣自言夫訢為千秋隧長往遺衣用以令出關敢言之〔註144〕796

> 府告居延甲渠鄣候西卅關守丞匡十一月壬辰檄言居延都田嗇
> 夫丁宮祿福男子王歆等入關檄甲午日入到府匡乙末復檄言男子郭長
> 入關檄丁酉食時到府皆後宮等到留遲記到各推辟界中定吏主當坐者

〔註140〕甘肅文物考古研究所編《敦煌漢簡釋文》，甘肅人民出版社，1991 年。
〔註141〕《漢書》卷十九《百官公卿表》，頁 742。
〔註142〕《漢書》卷二十八《地理志上》，頁 1692。
〔註143〕《漢書》卷七十四《魏相傳》，頁 3133。
〔註144〕《敦煌漢簡》中華書局 1991 年版，頁 250。

名會月晦有教　建武四年十一月戊戌起府十一月辛丑甲渠守候　告
尉謂不侵候長憲等寫移檄到各推辟界中相付受日時具狀會月廿六日
如府記如律令〔註145〕（EPF 22・151A.B.C.D）

嗇夫在秦漢時期主要設在鄉里管理機關的低級官吏，則關津管理機關也設有
嗇夫一職，關佐爲嗇夫的副手。稱「丞」者通常爲縣、候官以及以上級別的
官府屬吏，故此簡所說關守丞當爲都尉府派駐之官員，監督通關事務。

　　敦煌玉門關設有關候，楊雄說西漢王朝有「東南一尉，西北一侯。」〔註
146〕孟康曰：「會稽東部都尉也，敦煌玉門關侯也。」此爲西漢時事。陽嘉四
年（135年）匈奴攻擊車師、漢朝「乃令敦煌太守發諸國兵及玉門關候、伊吾
司馬合六千三百騎救之。」，〔註147〕則玉門關候到了東漢繼續存在，還可以調
動屯兵作戰。西漢武帝以後陽關、玉門關爲絲綢之路咽喉要地，重要性不言
而喻，故管理機構及駐防人員當較一般關津龐大。

　　關津在軍事防禦、控制人員來往、緝拿罪犯、查驗違禁物品等方面起著
重要作用。秦漢時期的軍事鬥爭中，武關、函谷關、臨晉關經常是兵家必爭
之地。西漢中期以後，玉門關、陽關在控制軍事犯罪、地方治安方面依然有
作用。武帝時期，李廣利伐西域，「人少，不足以拔宛。願且罷兵，益發而復
往。天子聞之，大怒，使使遮玉門關，曰：『軍有敢入，斬之』。貳師恐，因
留屯敦煌。」〔註148〕玉門關成了拒絕將領私自退兵的防線。武帝時「時漢軍
正任文將兵屯玉門關，爲貳師後距，捕得生口，知狀以聞。上詔文便道引兵
捕樓蘭王。」〔註149〕玉門關守軍可以利用情報出動抓獲樓蘭王，可見其行動
能力之強。關津配備偵察騎兵，「肩水斥候騎士十人正月用食十七石四斗
（303・31）」。〔註150〕這也是關津能夠抓獲逃犯的重要因素。

三、秦漢時期的通關規定

　　關津平日的作用是控制人員往來，查驗違禁物品、緝拿罪犯。關津僅放

〔註145〕《居延新簡》，頁486。
〔註146〕《漢書》卷八十七《楊雄傳》，頁3568。
〔註147〕《後漢書》卷八十八《西域傳》，頁2930。
〔註148〕《漢書》卷六十一《李廣利傳》，頁2699。
〔註149〕《漢書》卷九十六《西域傳》，頁3877。
〔註150〕《居延漢簡釋文合校》，頁498。

行持有合法證件者出入。孟嘗君在逃出函谷關後，「即馳去，更封傳，變名姓以出關。」〔註151〕「更封傳」即更改傳的內容，換成別的姓名，好通過別的關津。

秦統一六國前後的符傳制度可以從《睡虎地秦墓竹簡》的相關記載中看到。「客未布吏而與賈，貲一甲。可（何）謂布吏，詣符傳於吏是謂布吏。」〔註152〕商人爲了牟利而流轉各地，自然要有符傳，每到一地先要把符傳交與官吏，才能交易，否則要罰一甲，從中大概可以看到秦的符傳管理規定。《睡虎地秦墓竹簡‧封診式》「遷子」條記載，官府接受了甲要求把自己的兒子斷足流放到蜀地的要求後，「令吏徒將傳及恒書一封詣令史，可受代吏徒，以縣次傳詣成都，成都上恒書太守處，以律食。法（廢）丘已傳，爲報，敢告主。」〔註153〕這裡的傳是執行押送任務的史和徒隸的通行憑證。《睡虎地秦墓竹簡》還有「傳食律」，官員外出公干時以傳爲通行憑證，按照傳上的規定在沿途傳舍之中享受相關待遇。

秦朝對符傳管理極其嚴格，「發僞書，弗智（知），貲二甲。今咸陽發僞傳，弗智（知），即復封傳他縣，它縣亦傳其縣次，到關而得，今當獨咸陽坐以貲，且它縣盡當貲？咸陽及它縣發弗智（知）者當皆貲。」〔註154〕傳即通行憑證，僞傳就是僞造的通行證，法律規定，各縣在檢查通行證的時候，如果因爲瀆職，沒有查出僞造的通行證而放行人過關的話，要像拆看僞造文書沒有發覺一樣，被「罰二甲」。如此，則各地政府機構都有檢查通行證件眞僞，查處無通行證而出行行人的職責，執行這一任務的極有可能是各地的城門管理機構。

出入關津須有通行證，不能用他人的傳、符出入關津，《二年律令‧津關令》：

> 御史言，越塞闌關，論未有□，請闌出入塞之津關，黥爲城旦
> 舂；越塞，斬左止（趾）爲城旦；吏卒主者弗得，贖耐；令、丞、
> 令史罰金四兩。智（知）其情而出入之，及假予人符傳，令以闌出
> 入者，與同罪。非其所□爲□而擅爲傳出入津關，以□傳令闌令論，

〔註151〕《史記》卷七十五《孟嘗君列傳》，頁2355。
〔註152〕《睡虎地秦墓竹簡》，頁231。
〔註153〕《睡虎地秦墓竹簡》，頁261。
〔註154〕《睡虎地秦墓竹簡》，頁176。

及所爲傳者。縣邑傳塞，及備塞都尉、關吏、官屬人、軍吏卒乘塞
者□其□其□□□□□日□□牧□□塞郵、門亭行書者得以符出
入。制曰：可。（簡 488、489、490、491）

則出入關津常見的證件爲傳、符。無符傳出入或者把自己的符傳私自借給別
人都屬於違法。符傳之中傳的使用最廣泛，《釋名·釋書契》：「傳，轉也，轉
移所在執以爲信也，亦曰過所，過所到關津以示之也。」《周禮·地官·司關》：
「凡所達貨賄者，則以節傳出之」，鄭玄注：「商或取貨於民間，無璽節者，
至關，關爲之璽節及傳出之，其有璽節亦爲之傳，傳如今移過所文書。」東
漢末以後，「傳」便稱做「過所」。傳分公務用傳及私事用傳，功能與申請手
續有別。

> 神爵四年十一月癸未，丞相史李尊，送獲（護）神爵六年戍卒
> 河東、南陽、穎川、上黨、東郡、濟陰、魏郡、淮陽國詣敦煌郡、
> 酒泉郡。因迎罷卒送致河東、南陽、穎川、東郡、魏郡、淮陽國並
> 督士卒傳漕。爲駕一封軺傳。御史大夫望之謂高陵，以次爲駕，當
> 舍傳舍，如律令。〔註155〕

> 元延二年七月乙酉居延令尚丞忠移過所縣道河津關遣亭長王
> 豐以詔書買騎馬酒泉敦煌張掖郡中當舍傳舍從者如律令。〔註156〕
> （170·3）

上述簡文是公務用傳的典型事例，公務用傳通常由縣級以上機構頒發，傳上
署有持行人應享受的待遇，如「爲駕一封軺傳」、「當舍傳舍」等。「一封軺傳」
是享用車馬的規定，「五年，田橫乘傳詣洛陽。」〔註157〕如淳注：「律，四馬
高足爲置傳，四馬中足爲馳傳，四馬下足爲乘傳，一馬二馬爲軺傳。急者乘
一乘傳。」師古曰：「傳者，若今之驛，古者以車，謂之傳車，其後又單置馬，
謂之驛騎。」傳舍，猶今招待所，傳舍按官爵等級提供膳食，《二年律令·傳
食律》：

> 丞相、御史及諸二千石官使人，若遣吏、新爲官及屬尉、佐以
> 上徵若遷徙者，及軍吏、縣道有尤急言變事，皆得爲傳食。車大夫
> 糲米半斗，參食，從者糲米，皆給草具。車大夫醬四分升一，鹽及

〔註155〕張德芳、胡平生編著《敦煌懸泉漢簡釋萃》，上海古籍出版社，2001 年，頁 45。
〔註156〕《居延漢簡釋文合校》，頁 271。
〔註157〕《漢書》卷一《高帝紀》，頁 57。

從者人各廿二分升一。食馬如律，禾之比乘傳者馬。使者非有事，
其縣道界中也，皆毋過再食。其有事焉，留過十日者，稟米令自炊。
以詔使及乘置傳，不用此律。縣各署食盡日，前縣以誰（推）續食。
食從者，二千石毋過十人，千石到六百石毋過五人，五百石以下到
二百石毋過二人，二百石以下一人。使非吏，食從者，卿以上比千
石，五大夫以下到官大夫比五百石，大夫以下比二百石；吏皆以實
從者食之。諸吏乘車以上及宦皇帝者，歸休若罷官而有傳者，縣舍
食人、馬如令。（簡 232～237）

> 永始五年閏月己巳朔丙子，北鄉嗇夫忠敢言之，義成里崔自當
> 自言：爲家私市居延。謹案自當毋官獄徵事，當得取傳。謁移肩水
> 金關居延縣索關。敢言之。閏月丙子，轆得丞彭，移肩水金關居延
> 縣索關，書到。如律令。掾晏令史建。〔註158〕

凡私事用傳，出行者先向所在鄉提出申請，經審核確實爲「毋官獄徵事」，即
非正在服勞役、兵役、刑役人員，再由鄉報所在縣、道批准發放。有的傳上
還署明「更賦給」，說明已服過勞役及納完稅。

皇家園囿所用傳，由國家指定相關縣、道發放，因故更改，須以詔令批
准，這在張家山漢墓竹簡《津關令》簡 513 到簡 522 中可以看到。用做通行
證的符，也稱「出入符」，如「始元七年閏月甲辰，居延與金關爲出入六寸符
券齒百從第一至千左居官右移金關符合以從事‧第八（65‧7）」。〔註159〕

這是從居延到金關之間通行用的符，只有編號，沒有通行人員的具體情
況。此類符大概用於出入同一轄區的人員使用。「縣邑傳塞，及備塞都尉、關
吏、官屬人、軍吏卒乘塞者……塞郵、門亭行書者得以符出入」即屬此類。
吏家屬出入關之符尙見如下形式：

> 永光四年正月己酉，槖佗呑胡隧長張彭祖符，妻大女，昭武萬
> 歲里□□年卌二。子大男輔，年十九歲，子小男廣宗，年十二歲，
> 子小女女足年九歲，輔妻南來年十五歲，皆黑色。〔註160〕（29‧2）

這一符文，署明隧長家屬的姓名、性別、關係、年齡、膚色等，以便過關時
核驗。符傳是常見的出入關憑證，高官及使者出行用「節」，也可以看作一

〔註158〕《居延漢簡釋文合校》，頁 24。
〔註159〕《居延漢簡釋文合校》，頁 113。
〔註160〕《居延漢簡釋文合校》，頁 44。

種通關憑證。師古曰：「節以毛爲之，上下相重，取象竹節，將命者持之以爲信。」〔註161〕《周禮・地官・掌節》：「凡通達於天下者，必有節，以傳輔之」，鄭玄注：「必有節，言遠行無有不得節而出者。輔之以傳者，節爲信耳，傳說所賣操及所適。」漢代曾經以繻爲出入憑證，如《漢書・終軍傳》：「初軍從濟南當詣博士，步入關，關吏予軍繻，軍問曰：『以此何爲？』吏曰：『爲復傳，還當以合符。』」〔註162〕張晏注：「繻，符也。書帛裂而分之，若券契矣。」蘇林注：「繻，帛邊也，舊關出入皆以傳，傳煩，因裂繻頭，合以爲符信也。」不過以繻爲傳者事例不多見，而且這種傳在過函谷關後似乎就不用了，否則，終軍棄繻而去就難以理解了。守關吏卒，須對出入人員進行查驗、登記，如《津關令》：

> 御史請諸出入津關者，詣入傳□□吏（？）里年長物色疵瑕見
> 外者及馬職（識）物關舍人占者，津關謹閱，出入之。縣官馬勿職
> （識）物者，與出同罪。制曰：可。（《二年律令》：簡499）

過關者首先把傳交給關吏查驗，關吏據以核對證件與人員物資是否相符。核對的內容包括個人身份、年齡、身體特徵、居住地及馬的標誌物等。即使是公務用馬，沒有標識的話也不能出關。關吏檢查時可能還要記錄傳上的內容，以便持用人返回時合對，關吏給終軍的一半繻就有這樣的作用。「門亭鄣河津金關毋苛止，錄復傳敢言之如律令／掾不害令史應四月甲戌入」，〔註163〕其中「錄復傳」就是抄錄傳上內容以備查驗。漢簡中有很多關吏對過關人員的紀錄，如：

> 當陽里唐並，年十九，七尺三寸，黃黑色，八月辛酉出。〔註164〕
> （62・34）

> 居延城倉佐王禹鞮汗里，年廿七，問禹，曰之櫟得視女病，十
> 月乙酉入〔註165〕（62.55）

> 戍卒梁國睢陽新□裏公乘孫□，年廿六，九月丙寅出，癸巳入。
> 〔註166〕（140.3）

〔註161〕《漢書》卷一《高帝紀》，頁22。
〔註162〕《漢書》卷六十四《終軍傳》，頁2819。
〔註163〕《居延漢簡釋文合校》，頁57。
〔註164〕《居延漢簡釋文合校》，頁110。
〔註165〕《居延漢簡釋文合校》，頁111。
〔註166〕《居延漢簡釋文合校》，頁231。

書佐忠時，年廿六，長七尺三寸，黑色，牛一車乘，第三百九
十八，出。〔註167〕（280・3）

長安假陽里閻丹，年十一，閻放復致北出，孫昌復致北出，
三月己巳南齒夫，入守亭長出，五月壬申北守亭長當出。〔註168〕
（502.2）

這裡有符的編號，如「第三百九十八」；有出關理由，「之礫得視女病」；更
多的是出入關的時間登錄。關吏逐月或逐季度統計上報出入關塞人員情況，
如：

出□□外塞，吏子葆使女廿五人，正月己卯盡三月丙子，百一
十八，日積二千九百五十人。

外塞吏子私從者奴大男十五人其一人二月戊寅盡六月乙巳百
冊八日，積百冊八人六人三月戊申盡六月乙巳百一十八日，積七百
八人。四人四月丁丑盡六月乙巳八十九日積三百五十六人四人五月
丁未盡六月乙巳五十九日積二百冊六人〔註169〕（294、295）

盤查、追捕逃亡罪犯是關津的重要職責，所以，有關追捕逃亡罪犯的情況皆
在關津張榜公佈，見於金關遺址的通緝令，如《居延漢簡合校》183・13：

詔所名捕，平陵萯里男子杜光字長孫，故南陽杜衍……黑色
肥大頭少髮……初亡時駕驪牡馬乘闌□車黃車茵張白車蓬騎驪牡
馬，因坐役使流亡□戶百廿三，擅置田監史不法，不道丞相御史□
執金吾家屬所，二千石奉捕。〔註170〕

關津機構所屬之吏卒，平時負有追捕逃亡犯罪者的責任，在追捕過程中視情況
不同，可以越界追捕罪犯而不以違法論處。如《二年律令》簡495記載：「相
國、御史請緣關塞縣道群盜、盜賊及亡人越關、垣離（籬）、格塹、封刊，出
入塞界，吏卒追逐者得隨出入服迹窮追捕。令將吏為吏卒出入者名籍，伍人閱
具，上籍副縣廷。事已，得道出入所。出入盈五日不反（返），伍人弗言將吏，
將吏弗劾，皆以越塞令論之。」凡出現群盜、盜賊及逃犯越關津分界線時，關

〔註167〕《居延漢簡釋文合校》，頁470。
〔註168〕《居延漢簡釋文合校》，頁599。
〔註169〕《敦煌懸泉漢簡釋萃》，頁29、30。
〔註170〕《居延漢簡釋文合校》，頁294。

津吏卒可以越界跟蹤追捕，但指揮官必須上報參加行動的吏卒名單，行動結束時，也必須從原來的出口進入，追剿時間不許超過五天，否則按《越塞令》的規定論處。關津守軍追捕逃亡罪犯的記載在漢簡中也有記錄。「本始元年九月庚子，虜可九十騎入甲渠止北隧，略得卒一人，盜取官三石弩一，稾矢十二，牛一，衣物去。城司馬宜昌將騎百八十二人從都尉追。(57‧29)。」〔註171〕這些「虜」可能就是大規模的逃亡犯罪者。

四、對違反關津管理規定的制裁

關津為國家地方管理的重要機構，負責勘驗符、傳，稽查非法出入人員，對於那些不服從關津管理，違法出入關津的人員，根據其情節輕重和觸犯法規的不同，會施以不同的懲處。

嚴懲闌出入關津者。秦漢有闌出入關津的犯罪規定，據《漢書‧汲黯傳》注引臣瓚曰：「無符傳出入為闌。」前引《二年律令‧津關令》簡488、489記載，越塞闌關者，黥以為城旦舂，越過邊塞地區的關津，則要斬去左趾為城旦舂；管理關津的吏卒因為失職出現逃亡犯罪，要處以耐刑。出現上述犯罪現象，主管的縣令、丞、令史都要罰金四兩。知道他人要非法出入關津，還把自己的符傳借給他人，協助其非法出入關津的人，要受到和非法出入關津相同的處罰。關津放行符傳規定不是從本關津出入的人員，也是放行非法出入者，要受到相同的處罰。

《二年律令‧津關令》簡495記載的：「越關、垣離（籬）、格塹、封刊，出入塞界」也是越塞闌關令的相關規定。「完城旦錢萬年，坐闌渡塞初元四年十一月丙申論，初元五年八月戊申以詔書施刑故戍卒居延市。」〔註172〕這類越塞闌關的案件記載在漢簡中記載很多。《二年律令‧奏讞書》簡17～27也有具體的案例記載：

> 十年七月辛卯朔癸巳，胡狀、丞憙敢讞（讞）之。劾（劾）
> 曰：臨蕾（淄）獄史闌令女子南冠繳（繦）冠，詳（佯）病臥車中，
> 襲大夫虞傳，以闌出關。今闌曰：南齊國族田氏，徙處長安，闌送
> 行，取（娶）為妻，與偕歸臨蕾（淄），未出關得，它如劾（劾）。‧
> 南言如劾（劾）及闌。‧詰闌，闌非當得取（娶）南為妻也，而取

〔註171〕《居延漢簡釋文合校》，頁102。
〔註172〕《居延漢簡釋文合校》，頁366。

（娶）以爲妻，與偕歸臨菑（淄），是闌來誘及姦，南亡之諸侯，
闌匿之也，何解？闌曰：來送南而取（娶）爲妻，非來誘也。吏以
爲姦及匿南，罪，毋解。・詰闌：律所以禁從諸侯來誘者，令它國
毋得取（娶）它國人也。闌雖不故來，而實誘漢民之齊國，即從諸
侯來誘也，何解？闌曰：罪，毋解。・問，如辭。・鞫：闌送南，
取（娶）以爲妻，與偕歸臨菑（淄），未出關，得，審。疑闌罪，
繫（繫）它縣論，敢讞（讞）之。・人婢清助趙邯鄲城，已即亡，
從兄趙地，以亡之諸侯論。今闌來送徒者，即誘南。吏議：闌與清
同類，當以從諸侯來誘論。・或曰：當以姦及匿黥舂罪論。十年八
月庚申朔癸亥，大（太）僕不害行廷尉事，謂胡嗇夫讞（讞）獄史
闌，讞（讞）固有審，廷以聞，闌當黥爲城旦，它如律令。

十年指高祖十年（前 197 年），胡，縣名，在函谷關內。臨淄獄史闌幫助女
子南冒用爵爲大夫，名爲虞的人的傳，裝病躲在獄史闌的車中出函谷關。關
吏抓獲他們，經過審問，是獄史闌到長安公幹，遇到南，兩人結爲夫妻，闌
出關時帶她一起出關。上報爰書中列舉了另一件闌出關案件，住在關內的奴
婢清，跟著兄長非法出關到趙地，最後以亡之諸侯論處。《二年律令》簡 3
記載：「來誘及爲姦者，磔。亡之□。」引誘漢王朝轄區人口到諸侯王國轄
區的要處以磔刑，獄史闌的所爲被認定爲誘使人口逃亡諸侯王轄區，廷尉最
後判獄史闌黥爲城旦，處罰是很嚴厲的，可能女子南要被處死。《居延新簡》：

迹候備盜賊寇虜爲職，乃丁亥新占民居延臨仁里趙良闌越塞，
驗問良，辭曰：今月十八日毋所食之居延博望亭部採胡於其莫，日
入後欲還歸邑中，夜行迷河，闌越甲渠卻適隧北塞天田出，案良闌
越塞天田出入，以此知而劾，無長吏使劾者狀具此，建武六年四月
己巳朔乙丑令□□一編敢言之。〔註173〕（EPT68.35-42）

這是一件上報居延都尉的爰書，居延臨仁里的趙良到居延博望亭部尋找食
物，天黑以後歸家途中，迷了路，從另一關口走出，按規定也是闌出關塞，
屬於犯罪。冒用他人符傳被抓獲，要處以贖城旦舂，關吏知道情況而不追究
著同罪。

相國上內史書言，請諸（詐）襲人符傳出入塞之津關，未出入
而得，皆贖城旦舂；將吏智（知）其請（情），與同罪。御史以聞。

〔註173〕《居延新簡》，頁 458。

制曰：可，以□論之。（《二年律令》：簡 497）

蜀守瀹（讞）：大夫犬乘私馬一匹，毋傳，謀令大夫武竊舍上造熊馬傳，箸（著）其馬職（識）物，弗身更，疑罪。廷報：犬與武共爲僞書也。（《奏讞書》簡 59）

竊舍，整理小組注：「疑指穿壁而盜。」大夫犬唆使大夫武偷竊上造熊馬的傳，並在其上寫下自用的標誌，構成僞造文書罪。《二年律令・賊律》：「爲僞書者，黥爲城旦舂。」詐僞符傳之刑罰，已遂者按闌出入關塞論處，即闌出入關津「黥爲城旦舂」、闌出入塞「斬左止爲城旦」；未遂者「贖城旦舂」。另外，稽查僞造符傳，私自將馬匹、黃金、兵器運往關外的犯罪也是關津的責任之一，在《二年律令・津關令》中規定得極爲詳細。

亡失符傳也要受到處罰。「亡久書、符券、公璽、衡羸（累），已坐以論，後自得所亡，論當除不當？不當。」〔註 174〕符，也是通行憑證之一，遺失的話也要受到追究。《二年律令・賊律》簡 52：「亡書、笥（符）券，入門衛（衛）木久（記），搴（塞）門、城門之蕭（鑰），罰金各二兩。」丟失符傳要罰金二兩。具體案例如：

建武泰年六月庚午，領甲渠候職門下督盜賊，敢言之新除第廿一隧長常業代體隧長薛隆，乃丁餔時到官不持府符，謹驗問隆，辭今月四日食時受府符，諸侯官行到遮虜河水盛浴渡失亡符水中，案隆丙寅受符丁卯到官，敢言之。〔註 175〕（EPF22・169～172）

隧長在渡河時將符遺失在河水中，最後還受到查問，雖然遺失符但沒有造成危害者，處罰不會太重，但須想法索回，懸泉漢簡有《失亡傳信冊》，錄之如下：

永光五年五月庚申，守禦史李忠隨當祀祠孝文廟，守禦史任昌年，爲駕一封軺傳，外百冊二。御史大夫弘謂長安長，以次爲駕，當舍傳舍，如律令（簡 866）。永光五年六月癸酉朔乙亥，御史大夫弘移丞相、車騎將軍、將軍、中二千石、二千石、郡太守、諸侯相：五月庚申，丞相少史李忠守禦史假一封傳信，監當祀祠（簡 867）孝文廟事。己巳，以傳信予御史屬澤欽，欽受忠傳信，置車笒（軨）中，道隨亡。今寫所亡傳信副移如牒。書到，二千石各明白布告屬

〔註 174〕《睡虎地秦墓竹簡》，頁 213。
〔註 175〕《居延新簡》，頁 488。

> 官縣吏民，有得亡傳信者，予購如律。諸乘傳驛駕廐令長丞亙案，
> 莫傳有與所亡傳同封弟者，輒捕擊（繫）（簡 688），上傳信御史府，
> 如律令。七月庚申，敦煌太守弘、長史章、守部候修仁行丞事敢告
> 部都尉卒人，謂縣官，官寫移書到，如律令。/椽登、屬建、佐政光
> （簡 869）。〔註 176〕

守禦史李忠所用通行證傳不幸遺失，御史大夫爲此專門下令追索，向全國公佈了遺失傳的副件，有發現原件者，立即拘押其證及人，報送御史府。

　　秦漢時期的關津有阻止行人隨便出入的建築，設有一套管理機構及駐防人員，其職能在戰時爲軍事防禦，平時則在控制人員往來、檢查違禁物品等方面起重要作用。行人必須憑證出入關津，常用憑證爲符、傳等，特殊情況以詔令特批。關吏卒例行檢查出入人員的證件及物品，逮捕闖關越塞罪犯，按期向上級彙報出入關情況。發生於關津的犯罪，主要是無證或用僞證非法出入、走私黃金及其他物品、關吏卒瀆職與失職等。嚴密的關津管理，對控制人員流動、物資流通，維護社會治安起著積極作用，同時也是國家控制逃亡犯罪的重要制度。

第四節　戶籍制度

一、秦漢戶籍制度

　　戶籍是隨著國家的產生而形成的一種行政管理制度，是指通過各級權力機構對其所轄範圍內的戶口進行調查、登記、申報，並按一定的原則進行立戶、分類、劃等和編制。它是統治者徵調賦役、落實行政管理、執行法律的主要依據，也是國家對人民實行道德教化、經濟剝削、人身控制的重要途徑。

　　戶籍制度起源於政權對人口管理的需要，按照宋鎮豪的說法，「史傳似乎表明，早在夏代，統治者已經有過人口統計之舉。」〔註 177〕葛劍雄則認爲商朝才出現較爲系統的人口統計活動，並在西周時期形成完善的制度。〔註 178〕戶籍制度的形成則要晚於人口統計制度，在戰國時期才完善起來。

　　學術界多根據《周禮》之《地官·司徒》和《秋官·司寇》關於戶籍制

〔註 176〕《敦煌懸泉漢簡釋粹》，頁 29。
〔註 177〕宋鎮豪：《夏商社會生活史》中國社會科學出版社 1994 年版，頁 93。
〔註 178〕葛劍雄：《中國人口史》（第一卷）復旦大學出版社 2002 年版，頁 217。

度的記載，同時以《史記‧周本紀》和《國語‧周語》有關「宣王料民於太原」的史料相佐證，推論戶籍制度開始於西周，〔註179〕《周禮》出於戰國時期，所載材料說明戰國時期的戶籍制度更為可靠；〔註180〕葛劍雄對此有詳細的辨析，指出「宣王料民於太原」是人口統計活動而非戶籍登記；關鍵是戶籍制度的推行要與上計制度相配套，沒有系統的上計制度，戶籍登記就難以落實，而完善的上計制度出現於戰國時期；因而，戶籍制度應該形成於戰國

〔註179〕趙秀蘭：《戶籍、身份與社會變遷》法律出版社 2004 年版，頁 21～25。《周禮》中的相關史料有：大司徒掌管「建邦之土地之圖與其人民之數。……凡建都鄙，制其地域而溝封之以其室數制之。不易之地家百畝、一易之地家二百畝，再易地家三百畝。」小司徒掌管「建邦之教法，以稽國中及四鄰、都、鄙之夫家。」遂人掌管「以土地之圖經田野。造縣鄙形體之法，五家為鄰，五鄰為里，四里為酇，五酇為鄙，五鄙為縣，五縣為遂，皆有地域而溝封之。使各掌其政令刑禁，以歲時稽其人民而授之田野。」遂大夫「以歲時稽其夫家之眾寡……歲終，則會政致事……三歲大比。」縣師「掌邦國都鄙稍甸郊里之地域，而辨其夫家人民田萊之數……三年大比，則以考群吏。」閭師「掌國中及四郊之人民、六畜之事。」司寇「司民，掌登萬民之數，自生齒以上，皆書於版。辨其國中，與其都鄙，及其郊野，異其男女，歲登下其生死。及三年，大比，以萬民之數詔司寇。司寇及孟冬祀司民之日，獻其數於王，王拜而受之，登於大府。內史、司會、冢宰貳之，以贊王治。」主張西周時期由戶籍管理制度的學者基本都以上述材料為依據作出判斷。

〔註180〕《周禮》的成書年代，學術界至少存在四種認識：《周禮》中包含著一部分西周時期的重要制度，這一點蒙文通先生早已論及。金景芳也認為：「《周禮》一書是東遷以後某氏所作。作者得見西周王室檔案，故講古制極為纖細具體。但其中也增入作者自己的設想。」（金景芳：《周禮》，《經書淺談》中華書局 1984 年版。）張亞初、劉雨認為：「《周禮》的作者在編書時一定是借鑒或參照了西周中晚期的職官系統，並吸取了其中對他有用的東西。」（張亞初、劉雨：《西周金文官制研究》，中華書局 1986 年版，頁 141。）《周禮》中也包含著春秋時期的一些制度，劉起釪對此作了深入研究，因而認為此書「至遲必成書於春秋時期（或其稍前），已錄自西周中後期以來逐漸完整的姬周系統的六官制資料，再加以條理系統以成書」（劉起釪《周禮》真偽之爭及其寫成的真實報告》，《古籍整理與研究》第 6 期）。《周禮》中也包含著不少反映戰國制度的史料，這也為古今戰國論者所指出，其中錢穆、郭沫若、顧頡剛諸先生論證甚詳（錢穆：《〈周官〉著作時代考》，《燕京學報》第 11 期，1932 年 6 月。郭沫若：《金文叢考‧周官質疑》。顧頡剛：《「周公制禮」的傳說和〈周官〉一書的出現》，《文史》第 6 輯。楊向奎：《〈周禮〉內容的分析及其製作時代》。後者為顧頡剛先生所引用）。彭林認為《周禮》成書於漢代（彭林：《〈周禮〉主體思想與成書年代研究》，中國社會科學出版社 1991 年版）總體而言，《周禮》一書基本框架可能參考了西周制度，但內容則是春秋戰國時期的東西。

初期。〔註 181〕相較而言，戶籍制度形成於戰國初期的結論更為可信。

春秋戰國是中國古代社會發生巨大變革的時代，隨著勞動工具的改善，尤其是鐵製農具的應用以及人口的增加，一家一戶為單位個體農戶逐漸增多，出現了「公田不治，私田大耕」的局面，西周原有的井田制下人口與土地配套的制度難以在維持下去。變革首先出現在兵役、賦役的徵收方式上，如魯國的「初稅畝」、齊國的「相地而衰徵」、秦國的「出租禾」，開始「因地而稅」，以土地為征稅對象。這就需要重新登記人口和土地，全新的戶籍制度應用而生。

秦國在獻公十年（前 375 年）「為戶籍相伍。」〔註 182〕「戶籍相伍」即通過戶籍將百姓按五戶一單位進行管理，建立了以「戶籍」為基礎的「伍」這一基層管理制度。秦孝公時期的商鞅變法使這種戶籍制度趨於嚴密，「以衛鞅為左庶長，卒定變法之令，令民為什伍，而相牧司連坐。……不告姦者腰斬，告姦者與斬敵同賞，匿姦者與降敵同罰。民有二男以上不分異者，倍其賦。……宗室非有軍功論，不得為屬籍。」〔註 183〕「什伍」，索隱曰：「劉氏云：五家為保，十家相連也。」「牧司連坐」，《索隱》：「牧司謂相糾發也。一家有罪而九家連舉發，若不糾舉，則十家連坐。」商鞅變法使秦國的戶籍制度與社會管理密切結合起來，為了完成什伍制度的編制，必須逐戶登記人口數。變法規定一個家庭中若有兩個成年兒子的，必須分為兩戶，此為「分戶令」。秦孝公十二年，「令父子兄弟同室內息者為禁。」〔註 184〕即禁止父子兄弟同室居住，進一步加強了成年男子必須分家的規定。賈誼說：「秦人家富子壯則出分，家貧子壯則出贅。」〔註 185〕顯然，商鞅變法時頒佈的「分戶令」被社會成員所遵守並成為習慣。此項法令要得到落實，必須有嚴密的監督，一旦發現違反規定者即給與嚴屬懲罰，要做到這一點，就必須有嚴格的、經常性的戶籍調查，政府必須準確掌握每一戶家庭中成年男子的數量、年齡。由此可以斷定，從商鞅變法開始，秦國的戶籍制度已經十分詳細，通過戶籍登記，政府準確掌握了每一戶家庭的人口情況。上述材料說明，秦國有專門的「宗室戶籍」，商鞅變法則新規定了王室成員只有建立了軍功後，

〔註 181〕葛劍雄：《中國人口史》（第一卷）復旦大學出版社 2002 年版，頁 218～230。
〔註 182〕《史記》卷六《秦始皇本紀》，頁 289。
〔註 183〕《史記》卷六十八《商君列傳》，頁 2230。
〔註 184〕《史記》卷六十八《商君列傳》，頁 2232。
〔註 185〕《漢書》卷四十八《賈誼列傳》，頁 2243。

才能被登記入「宗室戶籍」，享受王室成員的特權。

秦孝公十二年，秦國遷都咸陽，同時大規模調整了地方行政管理體制，「而集小鄉邑聚爲縣，置令、丞，凡三十一縣。」〔註 186〕要準確劃分縣的轄區範圍，必然要考慮到人口多寡以及具體分佈情況，兩年後秦國「初爲賦」（《史記·秦本紀》），按照戶口數徵收賦稅，「既出田租，又出口賦」，〔註 187〕賦稅的徵收也是以嚴格的戶口登記爲依據的。

秦王政十六年（前 231 年），「初令男子書年。」〔註 188〕將男子年齡作爲戶口登記的必備項目，「可能在此前秦國一些地方已經開始登記男子年齡，但秦王政十六年的規定無疑使年齡登記成爲一項普遍實行的制度。儘管秦國未必是最早實行年齡登記制度的諸侯國，但隨著它以後統一了六國，這一制度最終推行到了全國。……婦女與男子一樣在戶籍中登記年齡，也是順理成章之事。」〔註 189〕

《睡虎地秦墓竹簡》中沒有看到完整的戶籍記載，但有一份「爰書」（查封文書），其中有當事人家庭成員情況的記載，可以推測秦代戶籍登記的內容。「封有鞫者某里士五（伍）甲室、妻、子、臣妾、衣器、畜產。……妻曰某，亡，不會封。子大女子某，未有夫；子小男子某，高六尺五寸，臣某。妾小女子某。」〔註 190〕這份查封文書中的「某甲」、其妻都已經逃亡，查封時不在現場，其具體情況無從知曉，而之所以出現在查封文書中，則查封文書應該是以戶籍登記的內容爲依據做出的。一般情況下，判決書中出現的內容與戶籍登記的內容不一定一樣，但戶籍內容至少包括戶主姓名、家庭成員、性別、年齡、與戶主的關係、婚姻情況，甚至房屋、畜產都可能登記在內。《商君書·去強》篇主張國家應掌握「十三數」，即「竟內倉、口之數，壯男、壯女之數，老、弱之數，官、士之數，以言說取食者之數，利民之數，馬、牛、芻稾之數」，男女、老弱指性別、年齡，官、士、言說取食者、利民指職業，馬、牛、芻稾屬於財產。「十三數」包括社會成員的性別、年齡、職業及家庭財產，可以作爲理解秦朝戶籍登記內容的線索。

〔註 186〕《史記》卷六十八《商君列傳》，頁 2232。《史記·秦本紀》：「並諸小鄉聚，集爲大縣，縣一令，四十一縣。」與此不同。
〔註 187〕《漢書》卷二十四《食貨志》（上）顏師古注，頁 1137。
〔註 188〕《史記》卷六《秦始皇本紀》，頁 232。
〔註 189〕葛劍雄：《中國人口史》（第一卷）復旦大學出版社 2002 年，頁 229。
〔註 190〕《睡虎地秦墓竹簡》，頁 249。

　　有學者認爲，秦以五家爲單位進行戶籍登記，登記時間爲每年的三月和八月。〔註191〕張金光指出，秦戶籍按最基本的統計單位「戶」進行統計，在戶之上再編製成爲伍、裏、鄉、縣等級別的組織單位。他根據睡虎地秦簡中的一些律文規定，如《倉律》：「小隸臣妾以八月傅爲大隸臣妾」，《金布律》：「受（授）衣者，夏衣以四月盡六月稟之，冬衣以九月盡十一月稟之，過時者勿稟。後計冬衣來年。因有寒者爲褐衣……已稟衣，有餘褐十以上，輸大內，與計偕」，《秦律雜抄》：「省殿，貲工師一甲……省三歲比殿，貲工師二甲」，「漆園殿，貲嗇夫一甲……漆園三歲比殿，貲嗇夫二甲而法（廢）」等，推論「秦戶籍必當一年一度編審造籍」。根據張家山漢簡《二年律令・戶律》「恒以八月令鄉部嗇夫、吏、令史相雜案戶籍，副臧其廷」等律文，認爲固定在每年的八月案比造籍，但隨時在戶籍上添加諸如人口逃亡、遝事、乏搖等內容。〔註192〕

　　《里耶秦簡》「戶籍簡」爲我們提供了更爲詳細的秦朝戶籍信息。從發表報告的照片看，這些戶籍文書的書寫體例清晰而有系統。秦的戶籍簡牘是把戶內相關資料分欄記述，完整簡牘約爲 45、46 釐米，漢代一尺約爲今之 23 釐米，秦戶籍簡約爲合漢代 2 尺之長度。從照片看，分欄分項來記錄每戶的資料的同時，每簡都預留了增加資料的空間，所謂「生者著，死者削」。遇有新生嬰孩就書寫在空位之內，又或戶人出任伍長就要記錄作爲向上級問責的對象，可見這些戶籍簡牘的紀錄體例頗有系統。另一點，這批戶籍簡牘的第一欄所載的家人都應當是成年人，當中除戶人外，還有戶人的兒子和弟弟，爵位都是不更。還值得注意的是此一欄沒有記載兄長的例子，這表示戶人就是同戶的兄長，也許就是長兄。秦代分戶令謂「民有二男以上不分異者，倍其賦」，分異就是當達到政府所認定的法定成年年齡，男子就要分家。分家的意思比較複雜，從政府的觀點看，應該是另立新的戶籍，里耶戶籍簡牘的成年兄弟同籍，至少反映秦統治下到了成年的男子，不是一下子立刻分家，也不是實時另立新的戶籍。因此，第一欄所載戶人的弟或子，都是未分家立戶的成年男子。還有，這批戶籍簡牘都不見父親的登記，推測父親已死，或離異，相反，母親之名卻見於簡牘（三次：K42/46，K30/45，K13/48）。說明夫

〔註191〕萬川：《商鞅的户籍制度改革及其歷史意義》，《公安大學學報》，1998 年，第1 期。

〔註192〕張金光：《秦制研究》，上海古籍出版社，2004 年，頁 801。

死母親從子，在這裡似乎都是長子。第二欄的家人都是女性，包括戶人的妻子、妾和弟妻，她們是家中女成年人。至於第三、四欄，是戶人和其弟的未成年子、女，前面兩欄的戶口都需要負擔成人的賦役，而第三、四欄的未成年的子小上造、子小女子，則負擔兒童的口錢，年老的母親也列在此欄，因她們的賦役也與成年的子、大女不同。〔註193〕

《睡虎地秦墓竹簡》中有許多「伍」、「伍人」的記載，《屯表律》中還有「什伍」的記載，證明秦自商鞅變法之後，確實實行了以伍爲基礎的戶籍制度。爲了編制戶籍，官府還制定了一整套申報、遷移、除去戶籍的法律制度。《商君書·境內》：「四境之內，丈夫女子皆有名於上，生者著，死者削。」就是有關戶口登記的規定。《秦律雜抄》有「傅律」，顏師古注曰：「傅，著也。言著名籍，給公家徭役也。」〔註194〕《傅律》就是關於登記戶口準備服役的法律規定。

秦簡《倉律》：「隸臣欲以人丁粼者二人贖，許之。其老當免老，小高五尺以下及隸妾欲以丁粼者一人贖，許之，……邊縣者，復數其縣。」〔註195〕是說被贖回的隸臣，如果原籍在邊遠的縣，應將戶籍遷回原縣。里耶秦簡：「廿六年五月辛巳庚子，啓陵鄉□敢言之：都鄉守嘉言：渚里□□劾等十七戶徒都鄉，皆不移年籍，令曰移言，今問之劾等徒□書告都鄉曰：啓陵鄉未有枼（牒），毋以智（知）劾等初產至今年數□□□□謁令都鄉具問劾等年數，敢言之。……遷陵守承敦狐告都鄉主，以律令從事。建手。」〔註196〕因爲由啓陵鄉遷徙到都鄉的劾等17戶沒有移交登載年齡的籍簿，啓陵鄉負責人調查後答覆都鄉負責人，說在劾等戶遷徙時，曾以文書告知都鄉關於啓陵鄉沒有劾等人的年齡記載之事。都鄉因此將此事上報縣庭，縣庭告知都鄉依律行事，自行問詢登記劾等人的年齡。

張家山漢簡《二年律令·戶律》規定：「恒以八月令鄉部嗇夫、吏、令史相雜案戶籍，副臧其廷。」結合上述材料，可以判定秦的戶籍編審、登記以及管理是由縣、鄉兩級負責的。同時，秦律規定如果隱匿成童，或者申報殘疾情況不確實，則罪及里典、伍老。這說明里典、伍老掌握著案比的尺度，

〔註193〕黎明釗：《里耶秦簡：戶籍檔案的探討》中國史研究2009年第2期。

〔註194〕《漢書》卷一《高帝紀》，頁37。

〔註195〕《睡虎地秦墓竹簡》，頁54。

〔註196〕張春龍龍京沙：《湘西里耶秦代簡牘選釋》，《中國歷史文物》，2003年，第1期。

戶籍登記由他們具體操作。

《秦律雜抄》中有「遊士律」，規定「有爲故秦人出，削籍，上造以上爲鬼薪，公士以下刑爲城旦。」這裡的削籍不是人死後削去戶籍，而是基層小吏利用職務之便爲他人消掉戶籍，以方便其逃避政府的管理，方便其流動。

居民要遷徙戶口，必須向官府辦理更籍手續，遷移才能生效。《法律答問》：「甲徙居，徙數謁吏，吏環，弗爲更籍。今甲有耐、貲罪，問吏可（何）論？耐以上，當貲二甲。」〔註197〕「數」就是戶籍，「環」就是推託。是說甲要遷徙，請求吏辦理手續，吏推託不辦，致使甲受到耐罪和罰金處分，結果，吏也受到牽連處罰。大概更籍不僅是辦理有關的戶籍變更手續，可能還有遷移證明之類的東西。《秦律雜抄》遊士律：「遊士在，亡符，居縣貲一甲。」遊士，就是無固定住址的遊食之士，亡符就是沒有身份證明，流動人口尚且需要身份證明，則遷移戶籍自然也少不了證明，顯示出秦戶籍制度對隨便遷移的限制，與《商君書·墾令》：「令民無得擅徙」的規定是一致的。

秦簡《魏戶律》規定「假門逆旅、贅婿、後父、勿令爲戶。」說明商人、開旅店者、贅婿、後父在魏國不能獨立立戶，大概這樣的規定在秦國也是有效的。在秦國，政府根據戶籍推行「民有二男以上不分異者，倍其賦」和「大小戮力本業耕織致粟帛多者復其身」〔註198〕的政策。秦的戶籍制度是政府向民眾徵發徭役的基礎和課取賦稅的依據，也是控制平民，阻止其任意遷徙和隨意逃亡的法律依據。戶籍制度對於鞏固秦王朝的統治起著槓桿的作用，是最重要的社會控制措施之一。

漢承秦制，劉邦進入咸陽之後，蕭何「收秦丞相御史律令圖書藏之。沛公具知天下厄塞，戶口多少，強弱處，民所疾苦者，以何得秦圖書也。」〔註199〕西漢王朝繼承了秦的戶籍制度，漢高祖五年（前202年）夏五月，高祖下詔：「民前或相聚保山澤，不書名數，今天下已定，令各歸其縣，復故爵田宅，吏以文法教訓辨告，勿笞辱。」〔註200〕「名數」即戶籍。西漢法律規定「諸無名數者，皆令自占書名數，令到縣道官，盈卅日，不自占書名數，皆耐爲隸臣妾，錮，勿令以爵、賞免，舍匿者與同罪。以此當平。」〔註201〕三十日

〔註197〕《睡虎地秦墓竹簡》，頁213。
〔註198〕《史記》卷六十八《商君列傳》，頁2230。
〔註199〕《漢書》卷三十九《蕭何傳》，頁2006。
〔註200〕《漢書》卷一《高帝紀》，頁54。
〔註201〕《張家山漢墓竹簡》，頁97。

內日不登記戶口，要被處刑，而且不能以爵位、賞賜抵消懲罰。可見戶籍登記制度之嚴密，頁顯示出脫籍逃亡現象之嚴重。

　　西漢王朝建立後，蕭何又在秦律的基礎上，制定了漢朝的《戶律》。《唐律疏議・戶婚律》疏：「議曰：戶婚律者，漢相蕭何承秦六篇律後，加廐、戶、興三篇，爲九章之律。訖至後周，皆名戶律，北齊以婚事附之，名爲婚戶律。隋開皇以戶在婚前，改爲戶婚律。」西漢的戶律由蕭何制定，專門規定戶籍之事，爲九章律的一部分，一直沿用至唐。

　　漢代戶籍一般在居住地縣級政府機關登記，但一些有特殊身份的人員具有特殊的戶籍，與常人不同。特殊戶籍顯示出與一般人不同的身份、地位、特殊待遇，犯罪時往往會得到削籍處理，在一定程度上抵消犯罪應受的刑罰處罰。

　　秦國有專門爲宗室成員建立的「屬籍」。商鞅變法時規定「宗室非有軍功論，不得爲屬籍。」宗室屬籍的建立是以血緣爲依據的，只是在商鞅變法時做了新的規定。秦政府設有專職「宗正」，「宗正，秦官，掌親屬，有丞。」〔註202〕漢因秦制「宗正，卿一人，中二千石。本注曰：掌序錄王國嫡庶之次，及諸宗室親屬遠近，郡國歲因計上宗室名籍。若有犯法當髡以上，先上諸宗正，宗正以聞，乃報決。」〔註203〕通觀上述記載，可以判斷秦漢時期宗正的職掌，就是管理居住於全國各地的宗室成員的戶籍登記以及平時的管理事宜。郡國上計的內容中，也包括宗室屬籍的名籍；若宗室成員犯處以髡刑以上的罪，要先上報宗正，最後由皇帝裁決。秦漢戶籍中身份等級最高的是皇族成員的宗室屬籍，無論是居於京師的皇族，還是散居各郡國的宗室成員的戶籍都歸宗正掌管，各地要按時上報宗室戶籍，是爲上計制度的重要內容。並非所有皇族及後裔都具有宗室屬籍，謀反者及其家屬、無節行者、五服之外者不具備宗室屬籍。不僅有皇族血統者有宗室屬籍，與皇室有姻親關係者也可有宗室屬籍，或稱之「準宗室屬籍」。宗室也不單純是個自然的血緣或姻緣概念，還可以是人爲刻意製造而成，即宣佈沒有皇族血統的人爲宗室。秦漢宗室有屬籍者數量相對有限，沒像宋明那樣出現宗室泛濫爲患的局面，因而被後世稱道。〔註204〕

〔註202〕《漢書》卷十九上《百官公卿表》，頁730。
〔註203〕《後漢書》卷一百一十六《百官志》，頁3589。
〔註204〕劉敏：《秦漢戶籍中的「宗室屬籍」》河北學刊2007年第6期。

官員則登記在「宦籍」。「（趙）高有大罪，秦王令蒙毅法治之。毅不敢阿法，當高罪死，除其宦籍。」〔註205〕蒙毅將趙高定爲死罪，隨即消除了他的「宦籍」。秦律規定：「吏從事於官府，當坐伍人不當？不當。」「大夫寡，當伍及人不當？不當。」吏和具有大夫身份的人，不受什伍連坐規定約束，不與一般平民遍爲同伍。在官府服役的官吏和大夫等高爵者應該屬於「宦籍」。《秦律雜抄・除弟子律》：「當除弟子籍不得，置任不審，皆耐爲侯（候）。使其弟子嬴律，及治（笞）之，貲一甲；決革，二甲。」秦有「以吏爲師」的規定與師對稱即爲弟子。律文顯示秦有專門的弟子籍。此外，秦針對游學之人專門建有戶籍，《秦律雜抄》規定：「遊士在，亡符，居縣貲一甲；卒歲，責之。」〔註206〕遊士游學，必須在政府登記註冊，獲得居住憑證「符」方可在各地逗留，不能依規定稽查登記遊士，地方官府要受到相應的懲罰。

漢朝史料未見「宦籍」記載，但官員有專門的戶籍登記應該是可信的。

秦漢時期影響最大的特殊戶籍是「市藉」。秦獻公七年（公元前378年），秦「初行爲市。十年，爲戶籍相伍。」〔註207〕獻公七年秦國開始設立政府管理的市場；十年，開始戶籍登記。市之設立與戶籍登記相結合，蘊含著市籍出現的契機。秦簡《金布律》規定「賈市居列者及官府之吏，毋敢擇行錢、布；擇行錢、布者，列伍長弗告，吏循之不謹，皆有罪。」〔註208〕列，市肆。《漢書・食貨志》：「小者坐列販賣。」注：「列者，若今市中賣物行也。」按照簡文意思，市場上從事經營活動的商賈也被編爲伍，有專門的伍長進行管理。秦簡《爲吏之道・魏戶律》：叚（假）門逆呂（旅），贅婿後父，勿令爲戶，勿鼠（予）田宇。三枼（世）之後，欲士（仕）士（仕）之，乃（仍）署其籍曰：故某慮贅婿某叟之乃（仍）孫。」〔註209〕根據簡文規定，商人沒有單獨立戶的資格，而且登記在市籍的人，其子孫經過三世之後方可爲官。魏戶律制定在魏安釐王二十五年（公元前252年）左右，秦簡抄錄這一規定，證明它被秦律沿用。從律文看，商人的社會地位低於一般人，市籍成爲一種身份卑賤的標誌。

晁錯的上書中提到秦朝的「謫戍」制度時說：「秦民見行，如往棄市，因以謫發之，名曰『謫戍』。先發吏有謫及贅婿、賈人，後以嘗有市籍者，又後

〔註205〕 《史記》卷八十八《蒙恬列傳》，頁2566。
〔註206〕 《睡虎地秦墓竹簡》，頁27、129、130。
〔註207〕 《史記》卷六《秦始皇本紀》，頁289。
〔註208〕 《睡虎地秦墓竹簡》，頁57。
〔註209〕 《睡虎地秦墓竹簡》，頁293。

以大父母、父母嘗有市籍者，後入閭，取其左。」〔註210〕賈人自然登記在市籍之中，但有些商人改行不再從事商業時，戶籍當不再屬於市籍，於是有「嘗有市籍者」、「大父母、父母嘗有市籍者」的說法。市籍不是世襲的，所以有大父母、父母屬於市籍而本身卻不屬於市籍的人；戶主從事商業活動屬於市籍，其家庭成員也應該登記於「市籍」之中。屬於「市籍」的社會成員被稱為「市井子孫」，直到漢文帝時期還有市井子孫不得擔任官吏的規定。「武兄弟五人，皆為郡吏，郡縣敬憚之。武弟顯家有市籍，租常不入，具數負其課。」〔註211〕何武弟弟何顯擔任郡吏，但卻屬於「市籍」。

　　漢代在對民戶的戶籍管理上一如秦朝，每年八月案比是對全民的檢視，登記戶籍由上計吏送交京師，漢簡中也多少可以看到一些戶籍的面貌。徐幹《中論·民數》說：「治平在庶功興，庶功興在事役均，事役均在民數周，民數周為國之本也。」審明戶籍就可以掌握民眾情況，制定相應的方針政策。反之，如果民眾流亡，戶籍混亂，會直接影響到國家政治。《中論·民數》：「迨及亂君之為政也，戶口漏於圖版，夫家脫於聯伍，避役逋逃者有之，棄捐者有之，浮食者有之，於是姦心竟生，偽端並作矣，小則盜竊，大則攻劫，嚴刑峻法，不能救也。」會對國家政治造成重大影響。

　　漢代與秦朝戶籍基本相似，不過漢代戶籍名稱在居延漢簡中為「名籍」，在史籍中往往稱為「名數」，高帝五年二月詔曰：「民前或相聚保山澤，不書名數。」師古注：「名數，戶籍也。」《漢書·石奮傳》、《後漢書·明帝紀》、《章帝紀》、《和帝紀》中都有「無名數」、「流人無名數欲占者」等說法。「無名數，若今之無戶籍。」〔註212〕則「名數」就是漢代的戶籍。秦代稱一般民眾為「百姓」，多見於秦簡；又稱為「民」、「庶民」、「黔首」見於《史記·秦始皇本紀》。漢代第一次使用「編戶民」的名稱，呂后說：「諸將與帝為編戶民。」〔註213〕「編戶民」也就是「庶民」的代名詞。又有「齊民」一說，「漢初，齊民無蓋藏」〔註214〕，則齊民就是編戶民。

　　《張家山漢墓竹簡》之《二年律令》有「戶律」，反映了漢代的戶籍制度。

　　關於戶口登記，「戶律」規定：「民皆自占年。小未能自占，而毋父母、

〔註210〕《漢書》卷四十九《晁錯傳》，頁2288。
〔註211〕《漢書》卷八十六《何武傳》，頁3482。
〔註212〕《史記》卷一百零三《萬石張叔列傳》，頁2768。
〔註213〕《史記》卷八《高祖本紀》，頁392。
〔註214〕《史記》卷三十《平準書》，頁1417。

同產爲占者，吏以□比定其年。自占、占子、同產年不以實，三歲以上，皆耐。產子者恒以戶時占其□□罰金四兩。」〔註215〕戶籍登記採取自占的方式，即自行申報年齡，年幼、無父母不能自行申報者，由政府官員依照一定標準確定年齡。故意誤報年齡三歲以上者，要處以耐刑。新生兒出生後要及時申報戶籍。

關於戶籍登記辦法。「恒以八月，令鄉部嗇夫、吏、令史相襍案戶籍，副臧（藏）其廷。有移徙者，輒移戶及年籍爵細徙所，並封。留弗移，移不並封，及實不徙數盈十日，皆罰金四兩；數在所正、典弗告，與同罪；鄉部嗇夫、吏主及案戶者弗得，罰金各一兩。」〔註216〕每年八月，鄉部嗇夫、吏、令史等官員要登記所部戶籍，一式兩份，上報朝廷。

關於戶籍保管。「民宅圂戶籍、年細籍、田比地籍、田命籍、田租籍，謹副上縣廷，皆以篋若匣匱盛，緘閉，以令若丞、官嗇夫印封，獨別爲府，封府戶；節（即）有當治爲者，令史、吏主者完封奏（湊）令若丞印，嗇夫發，即襍治爲；臧（藏）府已，輒復緘閉封臧（藏），不從律者罰金各四兩。其或爲（詐）僞，有增減也，而弗能得，贖耐。官恒先計讎，□籍□不相（？）復者，斀（繫）劾論之。民欲先令相分田宅、奴婢、財物，鄉部嗇夫身聽其令，皆參辨券書之，輒上如戶籍。有爭者，以券者從事；毋券書，勿聽。所分田宅，不爲戶，得有之，至八月書戶。留難先令、弗爲券書，罰金一兩。」〔註217〕戶籍保管在縣政府，戶籍登記的內容是百姓分家的依據。

關於立戶的原則。「民大父母、父母、子、孫、同產、同產子，欲相分予奴婢、馬牛羊、它財物者，皆許之，輒爲定籍。孫爲戶，與大父母居，養之不善，令孫且外居，令大父母居其室，食其田，使其奴婢，勿貿賣。孫死，其母而代爲戶。令毋敢遂（逐）夫父母及入贅，及道外取其子財。諸（？）後欲分父母、子、同產、主母、叚（假）母，及主母、叚（假）母欲分孽子、叚（假）子田以爲戶者，皆許之。孽子皆☐，寡夫、寡婦毋子及同居，若有子，子年未盈十四，及寡子年未盈十八，及夫妻皆癃（癃）病，及老年七十以上，毋異其子；今毋它子，欲令歸戶入養，許之。子謁歸戶，許之。爲人

〔註215〕《張家山漢墓竹簡》（釋文修訂本），頁53。
〔註216〕《張家山漢墓竹簡》（釋文修訂本），頁54。
〔註217〕《張家山漢墓竹簡》（釋文修訂本），頁54。

妻者不得爲戶。民欲別爲戶者，皆以八月戶時，非戶時勿許。」〔註218〕根據律文，只要家庭內部的成年男性要求分家，政府一律允許；分家後，父母、祖父母年老不能自存時，子孫還可以要求歸家並戶。

二、遷移管理規定

秦朝規定，離家外出的人員必須取得官方批准的文書——「符」。商鞅變法對民眾的出行也做了嚴格的限制，民眾外出需持有官府頒發的「驗」旅店才能接納，否則，會被拒之門外。孝公死後，「公子虔之徒告商君欲反，發吏捕商君。商君亡至關下，欲舍客舍。客人不知其是商君也，曰：『商君之法，舍人無驗者坐之。』」〔註219〕「驗」即通行憑證，類似於後來的的「符」、「傳」。

《睡虎地秦墓竹簡》「遊士律」規定：「遊士在亡符，居縣貲一甲，卒歲，責之。有爲故秦人出，削藉，上造以上爲鬼薪，公士以下刑爲城旦。」〔註220〕在，居住；符，《說文》：「信也，漢制以竹長六寸，分而相合。」簡文是說言談游說之人居留而無符，所在縣的相關官員要罰一甲；遊士無符而居住滿一年，相關官員要受到「誅責」。秦朝政權有系統的出行憑證管理規定，違反規定，有關官員要受到處罰。

漢代，人們出行必須有符傳作爲憑證。「無符傳出入爲闌也。」〔註221〕符傳類似於唐代的「過所」。漢文帝十二年（前168年）三月下令：「除關無用傳。」〔註222〕張晏曰：「傳，信也，若今過所也。如淳曰：兩行書繒帛，分持其一，出入關，合之乃得過，謂之傳也。」師古曰：「古者或用棨，或用繒帛。棨者，刻木爲合符也。」從張家山漢簡《二年律令》的簡文看，西漢建立以來對關東諸侯王的防備十分嚴密，文帝以藩王入繼大統，地方諸侯王難免覬覦皇位，加強對諸侯王的防備是自然的。經過文帝十多年的勵精圖治，相繼鎮壓了一些諸侯王勢力的叛亂，漢王朝中央政府的統治已經比較穩定，所以才有取消入關符傳的命令，這些關口可能是《二年律令》中出現的那些與諸侯王轄區交界處的關隘。但出關用傳的規定在漢景帝時期再次恢復，景

〔註218〕《張家山漢墓竹簡》（釋文修訂本），頁55～56。
〔註219〕《史記》卷六十八《商君列傳》，頁2236。
〔註220〕《睡虎地秦墓竹簡》，頁130。
〔註221〕《漢書》卷五十《汲黯傳》，頁2321。
〔註222〕《漢書》卷四《文帝紀》，頁123。

帝四年（前 153 年）「復置諸關用傳出入。」〔註223〕注引應劭曰：「文帝十二年除關無用傳，至此復用傳。以七國新反，備非常。」這次恢復出入用傳制度後，終兩漢之世，這一制度可能一直在執行。王莽曾經下令：「吏民出入，持布錢以副符傳。」〔註224〕師古曰：「舊法，行者持符傳，即不稽留。今更令持布錢，與符相副，乃得過也。」

所有長途旅行者都必須有符傳，作爲通行的憑據，各地關卡要負責對行人的符傳進行檢查，沒有符傳者不得通行。

> 初，（終）軍從濟南當詣博士，步入關，關吏予軍繻。軍問：以此何爲？吏曰：爲復傳，還當以合符。軍曰：大丈夫西遊，終不復傳還。棄繻而去。」〔註225〕蘇林曰：「繻，帛邊也。舊關出入皆以傳。傳煩，因裂繻頭合以爲符信也。

也有因爲沒有符傳被阻止不得通行的事例，「大司空士夜過奉常亭，亭長苛之，告以官名，亭長醉曰：寧有符傳邪？」〔註226〕結果，因爲沒有符傳與亭長發生了衝突。沒有符傳，私自出行就是違反規定，要受到處罰。

漢代政府在編戶齊民的戶籍遷移方面有許多規定。漢簡記載：

> 建平五年八月戊□□□□廣明鄉嗇夫宏假佐玄，敢言之：善居里男子丘張自言與家買客田居延都亭部，欲取檢，謹案張等更賦皆給，當得取檢謁移居延如律令，敢言之〔註227〕（505‧37A）

這是一個典型的戶籍遷移證明，可以明白四個問題，第一，鄉嗇夫和假佐掌管一鄉居民戶籍遷移，百姓要遷移戶籍，必須經過「鄉嗇夫」的批准，並由「假佐」辦理手續；二，遷移者必須自己提出申請，說明遷移理由；三、居民必須是交納了更賦之後才能辦理遷移手續；四，一經批准遷移，就由所在鄉向遷入鄉開具證明，即「當得取檢謁移居延」，遷移才能生效。

無官府頒發的符傳遷徙即爲「脫籍逃亡」。《唐律》之《戶婚律》共四十六條，戶口、婚姻兩類。有關戶籍登記條款規定：「諸脫戶者，家長徒三年；無課役者，減二等；女戶，又減三等。脫口及增減年狀，以免課役者，一口徒一年，二口加一等，罪止徒三年。其增減非免課役及漏無課役口者，四口

〔註223〕《漢書》卷五《景帝紀》，頁 143。
〔註224〕《漢書》卷九十九《王莽傳》，頁 4122。
〔註225〕《漢書》卷六十四《終軍傳》，頁 2819。
〔註226〕《漢書》卷九十九《王莽傳》，頁 4135。
〔註227〕《居延漢簡釋文合校》，頁 607。

為一口，罪止徒一年半；即不滿四口，杖六十。諸里正不覺脫漏增減者，一口笞四十，三口加一等；過杖一百，十口加一等，罪止徒三年。若知情者，各同家長法。諸州縣不覺脫漏增減者，縣內十口笞三十，三十口加一等；過杖一百，五十口加一等。州隨所管縣多少，通計為罪。各罪止徒三年。知情者，各同里正法。諸里正及官司妄脫漏增減以出入課役，一口徒一年，二口加一等。贓重入己者，以枉法論，至死者加役流；入官者坐贓論。諸私入道及度之者，杖一百；已除貫者，徒一年。本貫主司觀寺三綱知情者，與同罪。若犯法合出觀寺，經斷不還俗者，從私度法。即監臨之官，私輒度人者，一人杖一百，二人加一等。」〔註 228〕從漢至唐，脫籍行為始終是受到嚴懲的犯罪行為，也反證了戶籍制度的目的就在於限制民眾的逃亡。

「脫籍逃亡」在秦簡中已有反映。《法律答問》：「女子甲去夫亡，男子乙亦闌亡。相夫妻，甲弗告請（情），居二歲，生子，乃告請（情），乙即弗棄，而得，論可（何）毆（也）？當黥城旦舂。」〔註 229〕脫籍、逃亡、相夫妻、知情不報，都被秦律規定為犯罪行為，要被處以城旦舂的重刑。

《張家山漢墓竹簡》的材料證明了漢政權對秦朝戶籍制度的繼承情況。《奏讞書》（四）說：「律，取（娶）亡人為妻，黥為城旦，弗智（知），非有減也。」〔註 230〕類似記載在《睡虎地秦墓竹簡》、《張家山漢墓竹簡》中出現次數較多。在秦漢時期，法律沒有規定普通人「相夫妻」屬於違法，那麼娶亡人為妻受到懲罰的根據在於接納、收留脫籍逃亡人口。

隱匿脫籍逃亡人口屬於犯罪要受到懲罰，在有關案例中也可以看到。文帝時期，淮南王收羅亡命，驕奢不法，文帝讓薄昭寫信勸誡，薄昭信中說：「亡之諸侯，遊宦事人，及舍匿者，論皆有法。其在王所，吏主者坐。今諸侯子為吏者，御史主。為軍吏者，中尉主。客出入殿門者，衛尉大行主。諸從蠻夷來歸誼及以亡名數自占者，內史縣令主，相欲委下吏，無與其禍，不可得也。王若不改，漢係大王邸，論相以下，為之奈何？夫墮父大業，退為布衣所哀，幸臣皆伏法而誅，為天下笑，以羞先帝之德，甚為大王不取也。」〔註 231〕即是說，脫籍逃亡到諸侯國的人員、收留逃亡者的諸侯，法律都有

〔註 228〕劉俊文點校：《唐律疏議》法律出版社 1999 年版，頁 252～256。
〔註 229〕《睡虎地秦墓竹簡》，頁 223。
〔註 230〕《張家山漢墓竹簡》（釋文校訂本）文物出版社 2006 年版，頁 94。
〔註 231〕《漢書》卷四十四《淮南厲王劉長傳》，頁 2139。

專門的處罰規定。漢初諸侯王國比照漢朝設置官吏，淮南王收留亡命，向把罪責推到下屬身上逃脫懲罰是辦不到的，淮南王自己也要負連帶責任。其中「諸從蠻夷來歸誼及以亡名數自占者」，是指從境外逃到漢朝或邊遠地區少數民族成員逃亡到內地，不論那種情況，都必須到縣政府登記戶籍。

收留脫籍逃亡人口要受到處罰還有案例可以證明。《漢書・王子侯表》（上）胡孰傾侯聖「坐知人脫亡名數，以爲保，殺人，免。」保，即傭人。聖被免侯的罪狀有二，一是收留脫亡名數之人爲傭，二是殺人。兩種都屬於犯罪，並罰而免侯。

秦漢時期設置如此嚴密的戶籍制度，目的就是限制那些私自脫離戶籍、違反戶籍制度遷移的「亡命」行爲，師古曰：「命者，名也。凡言亡命，謂脫其名籍而逃亡。」〔註232〕戶籍制度也是控制逃亡犯罪的重要制度之一。

三、「名田宅」制度

與戶籍制度密切聯繫，但有些微區別的是漢代的「名田宅制度」。《漢書》卷一《高帝紀》下漢五年（公元前 202 年）五月條有一段文字，學術界習慣稱爲「高帝五年詔」。「諸侯子在關中者，復之十二歲，其歸者半之。民前或相聚保山澤，不書名數，今天下已定，令各歸其縣，復故爵田宅，吏以文法教訓辨告，勿笞辱。民以飢餓自賣爲人奴婢者，皆免爲庶人。軍吏卒會赦，其亡罪而亡爵及不滿大夫者，皆賜爵爲大夫。故大夫以上賜爵各一級，其七大夫以上，皆令食邑，非七大夫以下，皆復其身及戶，勿事。又曰：七大夫、公乘以上，皆高爵也。諸侯子及從軍歸者，甚多高爵，吾數詔吏先與田宅，及所當求於吏者，亟與。爵或人君，上所尊禮，久立吏前，曾不爲決，甚亡謂也。異日秦民爵公大夫以上，令丞與亢禮。今吾於爵非輕也，吏獨安取此。且法以有功勞行田宅，今小吏未嘗從軍者多滿，而有功者顧不得，背公立私，守尉長吏教訓甚不善。其令諸吏善遇高爵，稱吾意。且廉問，有不如吾詔者，以重論之。」詔書以「又曰」爲界，分爲兩個部分。前一部分是班固對高帝五年詔原文的摘錄。嚴格來說，「高帝五年詔」只能是「又曰」前面的部分，詔書的內容只能以此爲基礎進行討論。「又曰」以後部分是朝廷在高帝五年詔以後，針對優待高爵者政策執行中出現的各種問題所發布的詔令摘錄或者對這些詔令加以鎔鑄寫成。就

〔註232〕《漢書》卷三十二《張耳陳餘傳》，頁 1829。

時間而言，一定是定都長安之後，至少是有關相同問題發布了三個以上詔令之後，又追加的詔令內容的鎔鑄。〔註233〕

使學者們將高帝五年詔與《二年律令・戶律》田宅律文聯繫起來的是高帝五年詔的「諸侯子及從軍歸者，甚多高爵，吾數詔吏先與田宅，及所當求於吏者，亟與」部分，一般論著將「與田宅」理解為授予「田」與「宅」。「且法以有功勞行田宅」的「行田宅」也被解作授予「田」與「宅」。授予田宅由於與「書名數」結合在一起，因而被稱為「名田宅」制度，實際是登記戶籍、授予耕地、獲得宅地三者的結合。「名田宅」制度的具體內容為：名田分六個檔；田宅的名有是以戶為單位，數量按照戶主的爵位身份確定；田宅在家族內可有條件地進行分割和繼承；田宅可有條件地進行轉讓或買賣；以爵位名田宅的制度是以國家擁有對田宅的控制和收授權利為前提的，國家對不夠田宅標準的人按照一定的原則進行給授，對依律多占田宅的人則予以收回；國家授給並不是民戶獲取田宅的唯一渠道，自行獲得是當時人們取得田宅更為常見和重要的手段；兩漢政府的「賜民公田」、「賦民公田」、「假民公田」等與授田更為接近。〔註234〕

（一）賜宅情況

《二年律令・戶律》313～316簡規定：「宅之大方卅步。徹侯受百五宅，關內侯九十五宅，大庶長九十宅，駟車庶長八十八宅，大上造八十六宅，少上造八十四宅，右更八十二宅，中更八十宅，左更七十八宅，右庶長七十六宅，左庶長七十四宅，五大夫廿五宅，公乘廿宅，公大夫九宅，官大夫七宅，大夫五宅，不更四宅，簪裊三宅，上造二宅，公士一宅半宅，公卒、士五（伍）、庶人一宅，司寇、隱官半宅。欲為戶者，許之。」

上述數據就是有爵者獲得「宅」的面積規定。漢代的普通住宅形式是一堂二內，面積大約在30～40平方米。「宅之大卅步」，一步6尺，一漢尺＝0.23米，一步＝1.38米，30步＝41.4米，方三十步的宅之面積約為1713.96平方米，相當於2.6市畝，徹侯105宅，折合273市畝。這樣大的面積，居住之餘，進行農業經營也完全有條件，「宅」是包括園圃、庭院的，〔註235〕

〔註233〕張功：《高帝五年詔考論》，《首都師範大學學報》2011年第6期。
〔註234〕楊振紅《秦漢名田宅制說》中國史研究2003年第3期。
〔註235〕《孟子・梁惠王》：「五畝之宅，樹之以桑，五十者可以衣帛也。雞豚狗彘之

稱作「田宅」當不爲過。「田宅」就是居住用地，「與田宅」、「行田宅」是與戶口登記結合在一起的住宅規劃行爲，其目的在於確定戶口登記內容中的「何里」問題。高帝五年詔中「與田宅」、「行田宅」的規定只與上述宅地面積有關，而不是一般理解的授予「田」、「宅」。

漢高祖十二年三月詔書說：「爲列侯食邑者，皆佩之印，賜大第室。」〔註236〕孟康曰：「吏二千石，徙之長安，受小第室。入蜀漢定三秦者，皆世世復。」西漢建立之初，對功臣貴族住宅的位置、規格是有一定規劃的，有「邸第百餘，皆高帝一切功臣」〔註237〕的說法。夏侯嬰「自上初起沛，常爲太僕從，竟高祖崩。以太僕事惠帝。惠帝及高后德嬰之脫孝惠、魯元於下邑間也，乃賜嬰北第第一，曰『近我』，以尊異之。」〔註238〕師古曰：「北第者，近北闕之第，嬰最第一也。故張衡《西京賦》云『北闕甲第，當道直啓』。」既有第一，當然有第二、第三，這種安排既有位置上的，也有面積上的。上述賜宅面積規定就是這一規劃的證據。至於對較低爵位者的賜宅規定，更多的是出於建立戶籍的需要，在復故爵田宅的基礎上，對於重新定居的人員進行登記時在固定區域分配給他們宅地，賜宅地與戶口登記是融爲一體的。《二年律令・戶律》律文規定，先著籍者先賜宅，同時著籍者，爵位高者先受宅。因爲民戶受宅之後，才可以確定戶口登記的住址「何里」的內容。「受宅」是立戶的先決條件。「受田宅，予人若賣田宅，不得更授。」每戶只能有一處宅地。「欲益買宅，不比其宅，毋許。」即使原有宅地不足規定數，如果新宅地與固有宅地不能連爲一處的話，也不能買入新宅，因爲一戶住民不能有兩處地址。《戶律》323～324簡：「諸不爲戶，有田宅附令人名，及爲人名田宅者，皆令以卒戍邊二歲，沒入田宅縣官。爲人名田宅，能先告，除其罪，有（又）畀之所名田宅，它如律令。」規定「不爲戶」冒領田宅和爲他人冒領田宅屬於違法。其行爲破壞了國家的戶籍登記制度和賦稅徵收制度。

（二）一夫百畝的眞相

戰國秦漢時期，人們多用「五口之家，耕田百畝」來概括小農家庭的生

畜，無失其時，七十者可以食肉也。」在傳統觀念中，種植桑麻、飼養家畜等的用地也包括在「宅」的範圍之內，也可作爲理解「田宅」的線索。

〔註236〕《漢書》卷一《高帝紀》（下），頁78。
〔註237〕《漢書》卷三十五《荊王劉賈傳》，頁1901。
〔註238〕《漢書》卷四十一《樊噲傳》，頁2079。

產能力。《漢書・食貨志》載李悝語：「今一夫挾五口，治田百畝，歲收一石
半，為粟百五十石。」李悝所言乃戰國時期的小農，也可以用來研究秦漢小
農。「一夫」即指戶主、家長，常指一個小經濟單位，即一家。「一夫治田百
畝」之說多見於戰國秦漢時人的議論之中。

　　《管子・治國篇》：「常山之東，河汝之間，……中年畝二石，一夫為粟
二百石。」則一家墾田也是百畝。《管子・巨乘馬》：「一農之量，壞百畝也。」
「一農」即「一夫」，與一家相當。

　　《管子・山權數》：「地量百畝，一夫之力也。」《管子・揆度》：「百乘之
國，東西南北度五十里。……百乘為耕田萬頃，為戶萬戶，為開口十萬人。」
（以下千乘之國、萬乘之國，戶數與墾田數的比例與此同）萬戶耕田萬頃，
則一戶耕一頃即百畝。《管子・輕重甲》：「一農之事，終歲耕百畝。」《漢書・
食貨志》載晁錯語：「今農夫五口之家，其服役者不下二人，其能耕者不過百
畝，百畝之收不過百石。」上述記載均指關東地區。《漢書・食貨志》中：「古
者建步立畝，六尺為步」；《儀禮・鄉射禮》疏中也說：「六尺為步：弓之古制
與步相應」，都是指戰國關東地區的畝制。戰國秦漢時期的畝制十分複雜，在
漢武帝以前，故秦國和楚國地區實行 240 方步的大畝制，關東地區則仍然使
用 100 方的小畝制，但在官方的統計數據和日常的畝制計算中，人們慣用的
都是 100 方步為畝的小畝制。武帝以後則統一為 240 方步的大畝制，這大概
是學術界基本的看法。秦漢一尺長 0.23 米，六尺為步、畝步長 1.38 米，一畝
一百方步，畝積為 190.44 平方米，合市畝 0.28 畝。《漢書・食貨志》載武帝
時趙過用耦犁，「率十二夫為田一井一屋，故五頃」。這裡的五頃是大畝，大
畝五頃合小畝 1200 畝，正好是一井一屋即 12 夫之數，也是按一夫百畝來計
算的。

　　《漢書・趙充國傳》記載武帝時屯田卒每人平均耕地 20 畝。為了多生產
糧食，必須讓屯田士兵耕種的面積達到最大值，一個農業勞動力耕種 20 大畝
＝48 小畝。

　　《管子・禁藏》：「富民有要，食民有率，率三十畝而足於卒歲，歲兼美
惡，則人有三十畝。」五口之家耕田 150 畝，似乎與「一夫百畝」差別較大。
寧可先生認為「從產量上看，畝產一石，當是小畝，一家五人，一人 30 畝，
則共需墾田 150 小畝。這是一個理想的標準，當比實際情況為高。如果照《管
子》書中其他地方的估算法，婦女與兒童比成年男子消費為低的話，則一戶

墾田畝數也就接近 100 小畝了。」〔註239〕另外,《禮記・王制》有「東田」,鄭注;「古者百畝,當今(東田)百五十六畝二十五步」,「東田」是保持商代遺俗的東方齊國的一種有別於他國的特殊畝制。「東田」150 畝折合小畝將近 100 畝,畝產一石半,與李悝計算的產量一致。

五口之家耕種一百小畝之田,1 小畝=0.28 市畝。在正常的生產力水平下,「100 小畝可能更接近於秦漢時每戶墾田的實際平均數字。即:每戶兩個勞動力墾田 100 小畝=41.66 大畝=28.8 市畝,每個農業勞動力墾田 50 小畝=20.83 大畝=14.4 市畝,每個農業人口墾田 20 小畝=8.332 大畝=5.76 市畝。」〔註240〕這一推論是可靠的。秦及漢初,人地關係中,可耕地面積遠遠大於農業勞動力的耕作需要,還不存在人稠地狹,耕地不足導致人們無地可開墾的問題。就是說,五口之家所能耕作的土地面積的極限值是 100 小畝=41.66 大畝=28.8 市畝。

秦國在商鞅變法時,採用 23.1 釐米長的中原銅尺,而且按照秦人計數尚六的要求,規定六尺為步,「弓過六尺有誅」。《說文》:「畮,六尺為步,步百為畝,秦田二百四十步為畝。」《風俗通義》佚文:「秦孝公以二百四十步為畝。」規定以二百四十方步為畝,與六國地區百步為畝的周制相對。這是一種特殊的畝制,人稱「秦田」、「商鞅田」。《通典・州郡四・雍州》「風俗」:「按周制,步百為畝,畝百給一夫(即一傾也)。商鞅佐秦,以一夫力餘,地利不盡,於是改制二百四十步為畝,百畝給一夫矣。又以秦地曠而人寡,晉地狹而人稠,誘三晉人發秦地利,優其田宅,復及子孫。」按杜佑的說法,畝制的擴大是為了招誘三晉之民流入秦國從事農墾。

秦國自商鞅變法以後的畝制在出土簡牘中也有反映。1979 年四川青川戰國墓出土木牘,有秦武王命令更修田律的記載:「二年十一月己酉朔朔日,王命丞相戊(茂)、內史匽:囗囗更修為田律:田廣一步,表八則為畛,畝二畛,一百(陌)道,百畝為頃,一千(仟)道,道廣三步。封高四尺,大稱其高。捋(埒)高尺,下厚二尺,以秋八月,修封捋(埒),正強(疆)畔,及癹千(仟)百(陌)之大草,九月,大除道除陰(澮)。十月為橋,修陂隄,利津□,鮮草,雖(雖),非除道之時,而有陷敗不可行,相為之□□。」〔註241〕

〔註239〕寧可:《有關漢代農業生產的幾個數字》,北京師院學報 1980 年第 2 期。
〔註240〕寧可:《有關漢代農業生產的幾個數字》,北京師院學報 1980 年第 2 期。
〔註241〕四川省博物館,青川縣文化館:《青川縣出土秦更修田律木牘》,文物,1982

上述律文學術界稱爲《更修爲田律》，其中，「二年」是武王二年（前 309 年），丞相戊即丞相甘茂，內史掌管賦稅徵收、積儲、使用。「畛」指一畝田兩端所開小道，所以說「畝二畛」。「陌道」指一畝田旁邊的道路，也就是畝與畝之間的道路。所謂「田廣一步，袤八則爲畛」，是說「畛」寬一步，長「八則」。「則」是「卅步」。1977 年安徽阜陽雙古堆西漢墓中出土竹簡有「卅步爲則」的記載，所說「田廣一步，袤八則」之「八則」二百四十步，這樣寬一步，長二百四十步，正合二百四十步爲畝的制度〔註 242〕。

　　擴大畝制，是否就意味著小農耕作面積擴大？應該不是。單位農業勞動力所能耕作的土地面積大小受農業生產力水平和耕作習慣的制約。戰國時期秦與關東各國在農業生產力水平和農業耕作習慣方面沒有太多的不同。百步爲畝擴大爲二百四十步爲畝更多的是一種經濟制度設計，是爲了促使小農多耕土地，多產糧食。二百四十步爲畝的畝積爲：（0.23 米×6）2×240＝461.04 平方米，合 0.69 市畝。原先土地按一百方步爲畝計算，今按二百四十步爲畝計算，即 100 畝只算 41.66 畝（100÷2.4）。若按畝征稅，則這 41.66 可稱爲「負擔畝」，在每畝租稅數量不變的情況下，地稅就按 41.66 畝而不按百畝徵收，則農民負擔可減輕一半多；若以傾計徵，則耕地面積擴大 2.4 倍而稅額不變，也於耕作者有利。百步爲畝的畝制與二百四十步爲畝的畝制，是兩種不同的計稅基數。在稅額固定的前提下，計稅基數越大，稅率越低，勞動者所得比例越大。

　　在張家山漢墓竹簡《二年律令·田律》：「田廣一步，袤二百卌步，爲畛，畝二畛，一佰（陌）道；百畝爲頃，十傾一千（仟）道，道廣二丈。恒以秋七月除千（仟）佰（陌）之大草，九月，大除道□阪險；十月，爲橋，修波（陂）堤，利津梁，雖非除道之時而有陷敗不可行，輒爲之，鄉部主邑中道，田主田道。道有陷敗不可行者，罰其嗇夫、吏主者黃金各二兩。」這段律文與青川木牘中的律文極其相似，則《二年律令》中的畝制也是沿用商鞅變法後確立的二百四十步爲畝的規定，對《二年律令》中與耕地面積有關的數據都應該以二百四十步爲畝的大畝計算。這一畝制在文獻中也有記載，《齊民要術》卷一引《氾勝之書》的區田法：「以畝爲率，令一畝之地，長十八丈，廣四丈八尺。」六尺爲步，四丈八尺爲八步，十八丈爲三十步，也是以二百四

　　　　年第 2 期。
〔註 242〕楊寬《釋青川秦牘的田畝制度》文物，1982 年第 7 期。

—287—

十步爲畝的畝制。

漢初授田制中的畝制爲：1 大畝＝2.4 小畝＝0.6915 市畝；平民家庭授田 1 傾＝100 大畝＝240 小畝＝69.15 市畝；每個農業勞動力耕作的土地面積＝50 大畝＝120 小畝＝39.58 市畝；每個農業人口耕作的土地面積＝20 大畝＝48 小畝＝13.85 市畝。授田制度設計的農民耕作量是實際最大耕作量的 2.4 倍。在生產力沒有質的飛躍的情況下，五口之家沒有能力耕作 100 大畝的土地，政府爲每戶農民授田 1 傾是沒有意義的。240 步爲畝的百畝之田接近 70 市畝左右。秦漢時期，北方已經出現禾、多麥、大豆輪作復種的二年三熟制。南方，部分地區也出現了雙季稻。單以收穫多小麥算，一個勞力一天可以拔一畝小麥，五口之家 2 個勞力，收穫百畝小麥要 35 天以上，其中還不包括運輸、脫粒、晾曬、儲藏。《孟子・告子上》說種麥「播種而耰之，其地同，樹之時又同，浡然而生，至於日至之時，皆熟矣。」農諺曰「龍口奪食」，小麥成熟後，若不及時收割，就會散落田間或腐朽變質，小麥成熟收割期不能超過旬日，以此推算，五口小農是不可能完成百畝大田的耕種任務的。另外，漢代每市畝平均產粟在 140 斤（麥 150 斤）〔註243〕，總產量 150 石×27＝4050 斤；口糧 90 石×27＝2430 斤占 60%；種子、少量飼料 10 石 270 斤 6.6%，五口之家糧食消耗占總產量的 66.6%，餘糧率在 33%左右。同樣的畝產量，按大畝計算，則總產量擴大 2.4 倍＝360 石×27＝9720 斤；口糧 90 石＝2430 斤占 25%；種子 24 石 648 斤占 0.7%；五口之家糧食消耗占總產量的 25.7%，餘糧率近 75%。這樣高的糧食剩餘率在古代社會是絕難出現的〔註244〕。五口之家

〔註243〕關於漢代糧畝產，看法較多，如寧可《漢代農業生產漫談》（《光明日報》1979 午 10 月 4 日），《有關漢代農業生產的幾個數字》（《北京師範學院學報》1980 年第 2 期）估計爲「正常年景一般田地每市畝平均約產粟 140 市斤（產麥約 150 市斤）；張澤咸、郭松義《略論我國封建時代的糧食畝產》（《中國史研究》 1980 年第 2 期）認爲戰國秦漢時期一般畝產在 100 市斤上下；胡戟《從耕二餘一說起》（《中國農史》1983 午第 4 期）估計爲每市畝約產粟 117 市斤（麥 125 市斤）；楊際平《從東海郡「集簿」看漢代的畝制、畝產與魏晉田租額》 （《中國經濟史研究》1998 年第 2 期）認爲畝產在 70 斤上下。寧可先生論述翔實，結論較爲公允，本文采之。

〔註244〕這一結論是在勞動生產力不變，投入單位耕地的勞動量不變的情況下得出的，若是出現了更先進的生產工具，大大提高了農業勞動生產力，如機械化等，則另當別論。若減少單位耕地投入的勞動量，採取更加粗放的耕作方式，或者採取西歐中世紀的三圃輪耕方式，也可以擴大耕種面積，但糧食的剩餘率不會有提高（見前揭寧可文），而且，戰國秦漢以降，農業生產的發展趨勢

的耕作極限是 100 小畝，則給五口之家授予百畝（大畝）之田就喪失了實際意義。

（三）漢初的人地比例考

土地分配製度存在的前提是土地資源具有稀缺性，想要獲得必須付出相應的代價。考察漢初可耕地面積與農業勞動力的比例，可以弄清楚漢初社會是否存在耕地資源稀缺問題。

秦朝全國人口在三千萬人左右，〔註 245〕秦漢之際的戰亂導致人口銳減。劉邦初定三秦，即令「關中卒從軍者，復家一歲」；高祖二年兵敗彭城後，蕭何「發關中老弱未傅者悉詣軍」，過度徵發導致「關中大饑，米斛萬錢，人相食」。〔註 246〕劉敬建議漢高祖遷徙六國豪強入關中時說「今陛下雖都關中，實少人」。〔註 247〕《漢書・惠帝紀》記載，惠帝三年春、五年春兩次在農閒時節徵發男女築長安城，每次只能徵發十餘萬人，葛劍雄先生估計當時關中只有五十萬人。〔註 248〕劉邦在平城之役返回長安時途經曲逆，「始秦時三萬戶，間者兵數起，多亡匿，今見五千戶。」〔註 249〕人口只及原來的六分之一，「亡匿」即壯者避山林，老弱填溝壑。經過秦漢之際的社會大動盪，人口損失達一半以上，西漢初期人口在 1500 萬左右。〔註 250〕勞動力的缺乏直接導致社會財富的匱乏，《史記・平準書》記載，漢初「自天子不能具鈞駟，而將相或乘牛車，齊民無藏蓋」。直到文帝、景帝時期，還一再發詔書勸農墾田。〔註 251〕

西漢元始二年，「地東西九千三百二里，南北萬三千三百六十八里。提封田

是由粗放趨於精耕細作，人作為經濟的理性動物，是不會輕易放棄現有的耕作習慣，採取更加粗放的耕作方式，以開墾更多的土地，因為這樣做的結果，並不會增加糧食產出總量。

〔註 245〕對漢初人口有多種估計，葛劍雄做了詳細辨析，作出了上述判斷，本文從其觀點。詳細辨析見葛劍雄：《中國人口史》（第一卷），復旦大學出版社 2002 年版，頁 304。

〔註 246〕《漢書》卷 1《高帝紀》，頁 37～38。

〔註 247〕《史記》卷 99《劉敬列傳》，頁 2720。

〔註 248〕葛劍雄：《西漢人口地理》，人民出版社 1986 年版，頁 24。

〔註 249〕《史記》卷 56《陳丞相世家》，頁 2058。

〔註 250〕葛劍雄：《中國人口史》，復旦大學出版社 2002 年版，頁 304。

〔註 251〕見《漢書》卷 4《文帝紀》：文帝二年、十二年、十三年、後元二年詔；卷 5《景帝紀》：後元三年詔。

一萬萬四千五百一十三萬六千四百五頃,其一萬萬二百五十二萬八千八百八十九頃,邑居道路,山川林澤,群不可墾,其三千二百二十九萬九百四十七頃,可墾不(可)墾,定墾田八百二十七萬五百三十六頃。民戶千二百二十三萬三千六十二,口五千九百五十九萬四千九百七十八。漢極盛矣。」〔註252〕這是西漢唯一精確的墾田數和人口數。西漢疆域在武帝開邊拓土之後,較秦及漢初有所擴大。西北地區,增加了河西走廊及其附近地區(武威、張掖、酒泉、敦煌、金城五郡),西南地區擴展了蜀郡、益州郡,在東北部增加了今渾河和鴨綠江上游及朝鮮半島北部(玄菟、樂浪二郡),南部增加了今越南北部和中部(交趾、九眞、日南三郡),到西漢末年,這些郡的人口合計約 200 萬,〔註253〕約占全國人口的 3.5%,除西北屯田區和交趾地區的糧食有少量輸出外,〔註254〕其餘地方只能做到糧食自給。以人較地,這些地區耕地占全國耕地的 3.5%應不爲過,如此,可以得到秦及漢初的可耕地面積。最保守計算,以漢代最大的墾田面積數減去 3.5%,是漢初的可供開墾的土地面積,即約 7982062 頃,漢初人口一千五百萬人。以大畝計,人均可開墾土地約爲 54 大畝=129.6 小畝=37 市畝,五口之家的可開墾土地面積約爲 270 大畝=648 小畝=185 市畝,每個農業勞動力可開墾土地 135 大畝=324 小畝=92.5 市畝。漢初可供開墾的土地面積是當時人口最大開墾面積的 6.6 倍。以小畝計,人均可耕地 54 小畝=15.4 市畝,五口之家可供開墾耕地爲 270 小畝=77 市畝,每個農業勞動力可開墾土地 135 小畝=33.5 市畝。漢初可供開墾的土地面積是當時人口最大開墾面積的 2.75 倍。戰國秦漢時期,鐵製農具和牛耕技術在逐漸推廣,一批重要水利工程的修建也擴大了可耕地範圍,「三千二百二十九萬九百四十七頃可墾不(可)墾」屬於可以開墾的土地當屬無疑,〔註255〕那麼可供小農開墾的土地面積還要遠遠大於

〔註252〕《漢書》卷 28《地理志下》,頁 1640。

〔註253〕葛劍雄:《中國人口史》第一卷,復旦大學出版社 2002 年版,頁 363。

〔註254〕《居延漢簡釋文合校》214.33A:「守大司農光祿大夫臣調昧死言:守受薄丞慶前以請詔,使護軍屯食守部丞武□以東至西河郡十一,農都尉官二,調物錢穀漕轉榷爲民困乏,願調有餘給不□。」文物出版社 1987 年版,頁 337;《後漢書》卷 76《循吏傳・孟嘗》:合浦郡「不產穀實,而海出珠寶,與交趾比境,常通商販,貿糴糧食。」中華書局版,頁 2473。

〔註255〕王先謙《漢書補注》宋祁曰:「『可墾』下越本無『不可墾』三字,淳化本無『不墾』二字,邵本無『可』字。王鳴盛曰:此誤衍『不可墾』三字,南監無。」如此,則「可墾不可墾」釋爲「可墾不墾」即沒有開墾的可耕地爲是。

上述估計。《商君書・算地》說「地大而不耕者，與無地同」，社會財富更多是和勞動相關，土地再多，沒有勞動與之結合，價值也等於零。

與人地比例相關的還有人口密度問題，若是在局部地區聚集了大量的人口，也會造成局部性的土地資源稀缺，那麼，漢初是否存在局部性的土地資源稀缺呢？葛劍雄先生根據《漢書・地理志》各郡人口相加爲 57671402 人，以此爲基礎研究了西漢元始二年各郡國的人口密度。西漢初年以 1500 萬計，爲元始二年的 26%，同比例計算，可以測算出西漢初年的人口密度。元始二年每平方公里人口密度 100 人以上的郡國有河南郡 135.07 人，漢初爲 35.63 人；眞定郡 190.63 人，漢初 49.56 人；穎川郡 192.06 人，漢初 49.93 人；陳留郡 124.71 人，漢初 32.42 人；濟陰郡 165.32 人，漢初 42.98 人；東郡 123.29 人，漢初 32.05 人；東平 221.57 人，漢初 57.60 人；魯國 163.10 人，漢初 42.40 人；千乘 119.80 人，漢初 31.14 人；北海 148.29 人，漢初 38.55 人；齊郡 141.15 人，漢初；菑川 247.85 人，64.44 人；高密 186.57 人，48.50 人〔註256〕。這些郡國主要集中在關東地區，北邊自渤海北至燕山山脈，西邊以太行山、中條山爲界，南邊至豫西山區循淮水東至海濱的黃河中下游平原，是中國北方耕地最集中的農業區。漢初，這些地區每平方公里人口密度最高的是 64.44 人。一平方公里土地約 1500 市畝，以最低限度的一半土地爲可耕地計算，有可耕地 750 市畝，人均可耕地爲 11.63 市畝，五口之家有可耕地 58.19 市畝＝84.33 大畝＝202.41 小畝，遠遠高於五口之家耕田百畝（小畝）的極限值。如果考慮到這一地區在秦漢之際屬於戰爭多發區域，再考慮到把非農業人口也計算在內，而黃河中下游平原土地總面積中可耕地比例要大於一半等因素，漢初人均可耕地的面積還要大一些。

經濟學（包括馬克思主義經濟學）認爲一切制度都是爲了規範人們對稀缺資源的利用，有效減少交易費用而設立的，資源（土地、勞動力等等）沒有稀缺性，就不會產生交易費用，也就沒有爲之設置財產（產權）制度加以規範的必要。〔註257〕總體來看，與生產有關的資源都具有稀缺性，但時代不同，資源稀缺的種類和程度不同。資源稀缺表現爲頻繁的資源交易和爭奪。

〔註256〕元始二年密度數據見葛劍雄：《中國人口史》第一卷，復旦大學出版社 2002 年版，頁 487。

〔註257〕黃少安：《產權經濟學導論》，經濟科學出版社 2004 年版，頁 122～127。

若土地屬於稀缺資源，必會出現頻繁的土地交易，這在漢初很難見到；〔註258〕資源爭奪則表現在圍繞土地爭奪的訴訟案件增多，在漢初也沒有類似現象。漢初，可墾地面積大於農業人口開墾的極限值，不是稀缺資源，不存在用制度規範土地佔有的需要。設若授田制是一項涉及全社會所有階層的土地分配製度，其影響之大是空前的，文獻中應該有較多的反映，但在文獻中卻鮮有證據。有學者認為秦漢授田制是國家分配耕地，限制社會成員占田過限的土地制度，〔註259〕這是缺乏說服力的。

（四）授田制與逃亡犯罪控制

西漢初期，土地充裕而勞動力不足，存在廣袤的未墾土地，無論誰要在事實上排他性地佔有所有的土地都得花費巨大的監察成本，需要一支龐大的監察隊伍。如果國家不能在事實上嚴密控制所有的可耕地，那些農戶就可以隨意獨自或者合夥開墾荒地，以省去接受國家授田帶來的束縛。沒有人願意為使用一種唾手可得、并不稀缺的資源繳費。為並不稀缺的待墾荒地設置制度加以規範所獲得的收益與沒有制度，任人開墾相較，不會有多大區別，而要實施這一制度的成本卻很大。〔註260〕將秦漢授田制看做一種土地分配製度或者限制土地佔有的制度都是缺乏理論依據和現實基礎的。

那麼，漢初授田制的本質到底是什麼？

授田以立戶為前提，授田制的首要功能是分配宅地，建立戶籍，小農與土地結合起來。秦漢政府建立了嚴密的戶籍制度，小農有了戶籍，才能依戶

〔註258〕戰國秦漢時期土地買賣的史料有：《韓非子・外諸說左上》：「王登一日而見二中大夫，予之田宅，中牟之人棄其田耘，賣宅圃而隨文學者，邑之半。」《史記・廉頗藺相如列傳》載趙括「王所賜金帛，歸藏於家，而日視便利田宅可買者買之。」《漢書・食貨志》載晁錯語：百姓「賣田宅，鬻子孫以償債。」第一條史料，交易對象為「宅圃」，與土地無關，第二條史料交易對象為「田宅」，恐怕宅的成分多於田的成分，而且，是否成交還不得而知；第三條史料的交易對象與第二條史料相同，多半指「宅」；《漢書・食貨志》載董仲舒語「至秦則不然，用商鞅之法，改帝王之制，除井田，民得賣買，富者田連仟伯，貧者亡立錐之地。」純為過秦之詞，難以全信。至於《漢書・蕭何傳》載蕭何買田自污，更難以說明土地交易的頻繁。文獻中見到的土地交易記載全都在疑似之間，說不存在頻繁的土地交易似不為過。

〔註259〕李恒全：《漢代限田制說》，《史學月刊》2007年第9期。

〔註260〕《通典・食貨一》：「簿書既廣，必籍眾功，籍眾功則政由群吏，政由群吏則人無可信矣。夫行不信之法，委政於眾多之胥，欲計人事之眾寡，明地利之多少，雖申商督刑，撓首總算，亦不可得而詳矣。」制度成本之大於此可見一斑。

籍授田，有名於上，則有田於下。《二年律令・戶律》318 簡：「未授田宅者，鄉部以其爲戶先後次次編之，久爲右。久等，以爵先後。有籍縣官田宅，上其廷，令輒以次行之。」授田宅以立戶先後爲次序；同時立戶者以爵位高低爲序，爵位高者先授，爵位低者次之，都以上報縣廷的戶籍爲依據。《二年律令・戶律》324 簡：「諸不爲戶，有田宅，附令人名，及爲人名田宅者，皆令以卒戍邊二歲，沒入田宅縣官。爲人名田宅，能先告，除其罪，有（又）畀之所名田宅，它如律令。」對於不立戶占田宅、代替他人占田宅者，沒收宅地，戍邊二歲。在秦及西漢初期，荒地多得無人開墾的情況下，「名田宅」的關鍵在於通過確定有園圃的宅地明確小農在里中的位置，建立戶籍，讓小農定居下來，從事農業生產。立戶是核心，有戶籍即意味著有百畝之田，根本不需要地方官去爲農戶劃分耕地。

一戶授田百畝的功能之二是確定了每戶小農的田稅標準。秦律規定：

「入頃芻稿，以其授田之數，無狠（墾）不狠（墾），頃入芻三石，稿二石。」

「禾、芻稿徹（撤）木、薦，輒上石數縣廷。」〔註261〕

「入禾倉，萬石一積而比黎之爲戶……入禾稼、芻稿，輒爲廥籍，上內史，芻稿各萬石一積，咸陽二萬一積，其出入、增積及效如禾。」〔註262〕

禾、芻、稿三者並舉，芻稿均按傾徵收，咸陽以二萬石爲一積，外地以萬石爲一積，其出倉、入倉、增積、核驗手續規定都一樣，三者共同構成秦的田稅。芻、稿按傾徵收，禾（糧食）也應該按傾徵收。西漢在繼承秦授田制的同時也延續了秦按頃計徵芻稿的制度。《二年律令・田律》240～242 簡：「入頃芻稿，頃入芻三石，上郡地惡，頃入二石；稿皆二石。令各入其歲所有，毋入陳，不從令者罰黃金四兩。收入芻稿，縣各度一歲用芻稿，足其縣用，其餘令頃入五十五錢以當芻稿。芻一石當十五錢，稿一石當五錢。芻稿節貴於律，以入芻稿時平賈（價）入錢。」芻稿皆以傾計徵。

《二年律令・田律》255 簡：「卿以下，五月戶出賦錢十六錢，十月戶出芻一石，足其縣用，餘以入頃芻律入錢。」戶芻也以傾計徵。

〔註261〕《睡虎地秦墓竹簡》，頁 27～28。
〔註262〕《睡虎地秦墓竹簡》，頁 35、38。

出土漢律中沒有禾、芻稿一起徵收的律文，但文獻資料提供了線索。《漢書·貢禹傳》謂：「已奉穀租，又出稿稅。」王充《論衡·謝短》：「古人井田，民爲公家耕，今量租芻，何意？」可以判定，西漢與秦一樣，禾、芻、稿一起構成田稅，且都按頃徵收。〔註 263〕土地一經授予，無論種與不種，產量高低，都要以頃爲單位交納固定數量的田稅。〔註 264〕授田制下「一夫百畝」之制確定了一個五口之家應該繳納的田稅數額。小農勞動被國家用百畝之田的產出加以物化，構成了田稅（什五之一或三十稅一）的物質基礎。各地農官和基層官吏只要確定了每年農作物的收成情況，就可以決定每戶的稅額。〔註 265〕小農勞動在勞動者與國家之間以相對穩定的分成租率做了明確的分割。制度的功能不在於減少社會成員對土地資源的爭奪，而是爲了合理分配和使用勞動力資源，至於受田者是否能得到百畝之田、田地質量的好壞、田宅繼承等問題與秦漢授田制的關係不大〔註 266〕。一夫百畝的制度之下，只要農民開墾了百畝之田，其田稅負擔就是合理的。如果農民開墾了百畝以上的土地，他還會得到更多的收入，制度具有以授促墾的功能，這與漢政府一直推行的勸農政策是一脈相承的。一夫百畝的規定，最大化地激發了勞動者的潛能，使潛在的耕地資源與勞動力之間達到最優配置，有利於農業的發展。〔註 267〕

「名田宅」制在兩漢時期一直沿用，宣帝時招集流亡，「流民自占八萬餘口」。所謂「自占」就是向政府承報戶口、土地並繳納賦稅，說明這些流民又得到了小塊土地。其後，漢政權不斷招流民附籍，並下令把「公田」「賦與」貧民，這使許多農民不通過買賣取得土地。一直到東漢末還是如此。〔註 268〕昭帝以後所實行的授田，其主要對象是無地的流民和少地的貧民；授田的主

〔註 263〕《漢書》卷 72《貢禹傳》注引師古曰：「租稅之法皆依田畝。」頁 3076；《鹽鐵論·未通》：「田雖三十而以傾畝出稅。」即以百畝之田爲計稅基礎。

〔註 264〕臧知非：《西漢授田制度與田稅徵收方式新論》，江海學刊 2003 年第 3 期。

〔註 265〕《後漢書》卷 76《秦彭傳》載秦彭「每於農月，親度頃畝，分別肥墝，差爲三品，各立文簿，藏之鄉縣。」

〔註 266〕趙祐《溫故錄》：「後世井法既壞，萬無可復，限民名田之議，亦有不能行，民生田宅，一切皆民自營之，上之人聽其自勤自惰，自貧自富，自買自賣於其間，而惟證科之是計，安問所謂制民之產？」見《諸子集成》第一冊（清）焦循：《孟子正義》，中華書局 1986 年版，頁 57。

〔註 267〕杜佑說商鞅「廢井田，制阡陌，任其所耕，不限多少，數年之間，國富兵強，天下無敵」。是確當之語。《通典》卷一《食貨》，中華書局 1988 年版，頁 6。

〔註 268〕楊生民《漢代土地所有制兩重性諸問題試探》中國史研究 1990 年第 4 期

要目的，也由漢初以獎勵軍功爲主而轉爲安輯流散，穩定社會，增加國家的賦稅收人；授田成爲國家的一種權宜之計和臨時措施，只是爲了暫時解決因土地兼併而引起農民大量破產逃亡這一社會矛盾。〔註 269〕

　　勞動力在秦漢時期是一種價值很大的稀缺資源，資源的稀缺性引起各利益主體對勞動力的爭奪，人口的脫籍、逃亡現象就出現在這種爭奪之中。而人口的逃亡，又造成造成國家控制下的農業勞動力的流失。〔註 270〕漢初授田制通過嚴格的戶籍管理，稅率明確且較輕的田稅徵收規定，有效減少了勞動力的流失，促使小農勞動專注於農業，固著於土地，便於賦稅的徵收和社會秩序的穩定，使戶口登記有了更爲實質的經濟內涵，更好地吸引百姓定居而不逃亡。

本章小結

　　行政管理制度和地方社會管理制度是政府進行逃亡犯罪預防和控制的物質基礎，秦漢時期，郡縣制度是最基本的地方管理制度。就中央集權制度而言，要具備有效而且經濟的犯罪預防和控制能力，就必須實現各級政府機構在政治、經濟、軍事管理資源上的合理的差序格局。就理想狀態說，中央政府要具備絕對控制地方的統治資源，郡要具備絕對控制縣的統治資源，也就是說，位於最高位置的中央政府應該掌握最大數量的統治資源，郡僅次於中央，在控制逃亡犯罪上的作用也僅次於中央政府而遠遠大於縣級政府，郡也要具備絕對控制縣的統治資源。中央、郡、縣之間既要有一定的差別，又要形成合理的序列，三級政府機構在統治資源分配上的過輕過重，都會影響到國家政權對逃亡犯罪的控制效果，影響到政權的穩定性。秦朝對逃亡犯罪控制失敗的最根本原因就在於郡作爲界於中央政府與縣級政府的中間機構，沒有掌握與之相應的足夠的統治資源，由於統治資源的匱乏，使郡在面臨大規模的逃亡犯罪時顯得無能爲力，喪失了郡作爲一級政權機關在控制逃亡犯罪方面的作用，嚴重影響了中央政府控制逃亡犯罪的整體效果。反之，由於縣

〔註 269〕武建國《漢代名田和授田析論》思想戰線 1993 年第 4 期。

〔註 270〕秦代主要體現在秦與三晉國家的人口爭奪，漢初則有漢王朝與諸侯王國之間的人力爭奪，國家與豪強之間對勞動力的爭奪，工商業對勞動力的分割等。不論哪一種爭奪，都會減少國家控制下農業勞動力。小民流動的方式就是「脫籍逃亡」。

掌握了超出中央集權制下統治資源合理分配差序格局的統治資源，具備了獨立於郡的能力，也就使地方社會具備了脫離郡一級政權控制的能力，使其在面臨大規模逃亡犯罪衝擊時爲了地方社會的利益而拋棄了國家政權的整體利益。縣的背叛，使中央政權的統治資源受到極大的損傷，郡縣的崩潰，直接導致了中央政權的垮臺。不管原因多麼複雜，秦朝統治資源在郡縣兩級統治機構上分配的不合理是秦王朝預防和控制逃亡犯罪失敗的體制原因。西漢初期，大量逃亡犯罪人員逃入諸侯王轄區，諸侯王、列侯輕易逃亡匈奴，而西漢政府只能靠加強關津管理來施加影響，也與西漢初期實行分封制，諸侯王政權掌握了過多的統治資源，與整個中央集權國家統治資源分配的差序格局失去合理性有著極大的關係。從武帝時期開始，西漢王朝通過一系列措施，加強了郡一級政權機構統治資源的配置，隨著郡在地方政治、經濟、軍事中心地位的確立和郡對縣絕對控制地位的形成，秦朝以來郡縣兩級政府在統治資源佔有上的失衡局面得到有效的調整，形成了比較合理的統治資源分配上的差序格局，使整個國家政權預防和控制逃亡犯罪的能力大大提高，抗擊逃亡犯罪衝擊的強度也得到了極大的加強。西漢以來形成的在中央、郡、縣三級政權之間合理搭配國家統治資源，實現以郡爲中心，對地方社會實行政治、軍事、文化方面的絕對控制，以此達到有效預防和控制逃亡犯罪以及一切社會犯罪目的的統治資源分配上的差序格局，一直延續影響了數千年。

秦漢王朝重視鄉里政權的建設，通過鄉里政權加強對民間社會的農業生產、宗教活動、鄉里治安的控制，通過綜合管理實現預防和控制逃亡犯罪的目的，也是有一定借鑒價值的。

至於津關制度和「名田宅」制度，在逃亡犯罪的控制方面也起到了相應的作用，爲後來的封建政權所繼承。

第五章 逃亡犯罪的預防措施

　　秦漢政府爲了減少和控制逃亡犯罪，在政治、經濟各個方面採取了一系列措施。這些措施在一定程度上減少和延緩了社會逃亡犯罪對政治、經濟、法律秩序的衝擊，減少了逃亡的數量以及逃亡犯罪對社會的破壞力量。

第一節　赦　免

　　赦免理念在《易經》已經出現，《易經・解卦》：「象曰：雷雨作，解，君子以赦過宥罪。」孔穎達疏曰：「赦謂放免，過謂誤失，宥謂寬宥，罪謂故犯。過輕則赦免，罪重則宥，皆解緩之義也。」《尚書・湯誓》：「爾不從誓言，予則孥戮汝。罔有攸赦。」《尚書・康誥》：「刑茲無赦。」「赦」均與放免罪犯相關。沈家本認爲，「按唐虞三代之所謂赦者，或以其情之可矜，或以其事之可疑，或以其在三赦、三宥、八議之列，然後赦之。蓋臨時隨事而爲之斟酌，所謂議事以制者也。至後世乃有大赦之法，不問情之淺深，罪之輕重凡所犯在赦前則殺人者不死，傷人者不刑，盜賊及作姦犯科者不詰，於是赦遂爲偏枯之物，長姦之門。」〔註1〕所謂「三赦三宥」，源於《周禮・秋官・司刺》：「掌三刺、三宥、三赦之法，以贊司寇聽獄訟。一刺曰訊群臣，再刺曰訊群吏，三刺曰訊萬民。一宥曰不識，再宥曰過失，三宥曰遺忘。一赦曰幼弱，再赦曰老旄，三赦曰蠢愚。以此三法者求民情，斷民中，而施上服、下服之罪，然後刑殺。」三宥是針對行爲人主觀罪過而言，是指寬免；三赦則針對

〔註 1〕沈家本《歷代刑法考》，中華書局，1985 年，頁 524。

犯罪行為人的刑事責任能力而言，是指對罪犯的放免。沈家本所謂「後世」指的是漢代。「赦指完全的釋放寬免；而宥則指減免刑罰之意，類似後世的減罪。不過，二者的分別在後世漸變的模糊，都泛指寬免的意思了。」〔註2〕

　　秦代針對社會犯罪所進行的大赦比較少。漢代，面對大量的社會犯罪，特別是數量眾多，抓捕不易的逃亡者，不得不經常進行大赦來減少犯罪人數，減輕逃亡犯罪對社會的危害。大赦成為政府減少和控制犯罪的重要手段。秦漢時期進行大赦的原因很多，從而數量也多，對控制和預防逃亡犯罪帶來了不同程度的影響。

一、赦免原因

　　秦代赦免數量不多，赦免原因也簡單。漢代進行大赦的原因很多，根據漢代進行大赦的具體事例分析，漢代進行大赦的原因基本如下：

　　皇帝即位而大赦天下。這在漢代很普遍，如文帝即位時就下詔「朕初即位，其赦天下。賜民爵一級，女子百戶牛酒。」〔註3〕漢昭帝即位「夏六月，赦天下。」〔註4〕漢代大多數皇帝即位時都發布了大赦令。即位大赦既是顯示恩澤，也有新皇帝即位與民更始的意味，而社會上的各類罪犯包括逃亡罪犯在內都獲得了免罪的機會。

　　皇帝改元而大赦天下。此類大赦始於景帝時期，據《漢書‧景帝紀》記載，漢景帝在「中元元年（前149年）夏四月，赦天下。……後元年（前143年）三月，赦天下」。隨後，改元大赦頻頻出現，武帝十次改元七次大赦，昭帝兩次改元，大赦一次，宣帝六次改元，兩次赦免刑徒，一次恢復宗室屬籍。成帝時期也因改元而赦免一次，東漢因改元而進行大赦的事例也很多。光武帝「中元元年（56年）夏四月己卯，大赦天下。」〔註5〕就是改元大赦。

　　立皇后也是國家大事，故而進行大赦。漢武帝在「元朔元年（前126年）春三月甲子，立皇后衛氏，赦天下。」〔註6〕因為立后而大赦始於此時，漢昭帝「（始元四年春三月）甲寅，立皇后上官氏，赦天下。辭訟在後二年前者，

〔註2〕陳俊強《皇權的另一面：北朝隋唐恩赦制度研究》北京大學出版社2007年，頁13。
〔註3〕《漢書》卷四《文帝紀》，頁108。
〔註4〕《漢書》卷七《昭帝紀》，頁218。
〔註5〕《後漢書》卷一《光武紀》，頁82。
〔註6〕《漢書》卷六《武帝紀》，頁169。

皆勿聽治。」〔註7〕光武帝劉秀「（建武二年）六月戊戌，立貴人郭氏爲皇后，子強爲皇太子，大赦天下。」〔註8〕也是因立皇后而大赦天下。

與立皇后一樣，確立皇太子時也要實行大赦。西漢高祖「（二年六月）壬午，立太子，赦罪人。」宣帝「（地節三年）夏四月戊申，立皇太子，大赦天下。」東漢順帝「（建康元年四月）辛巳，立皇子炳爲皇太子，改年建康，大赦天下。」〔註9〕建立皇儲，關乎皇位繼承，是影響很大的政治事件，天下犯罪者也因此獲得免罪的機會。

因爲皇帝、皇后大喪和幼年皇帝成年舉行冠禮而行赦免在漢代也有過數次。漢高祖「十年（前197年）秋七月癸卯，太上皇崩，葬萬年。赦櫟陽囚死罪以下。……（十二年四月）帝崩於長樂宮。審食其入言之，乃以丁未發喪，大赦天下。」漢惠帝「（四年）三月甲子，皇帝冠，赦天下。」呂太后「（八年秋七月）皇太后崩於未央宮。大赦天下。」東漢安帝「（永初三年正月）皇帝加元服，大赦天下。」東漢桓帝「（建和二年春正月）甲子，帝加元服。庚午，大赦天下。」〔註10〕

皇帝因爲舉行重要的宗教活動而大赦天下的事例在漢代也很多。因爲舉行祭祀天地之神的郊禮而大赦，如文帝「（十五年）夏四月，上幸雍，始郊見五帝，赦天下。」武帝「（元鼎五年）十一月，辛巳，朔旦。立泰畤於甘泉，天子親郊見，朝日夕月。夏四月，赦天下。」〔註11〕

祭祀明堂、辟雍也是重要的宗教活動，往往進行大赦。東漢明帝「永平二年（59年）春正月，宗祀光武於明堂。……其令天下自殊死以下，謀反大逆，皆赦除之。」章帝「（建初三年正月）己酉，宗祀明堂，……大赦天下。」和帝「（永元十四年）三月戊辰，臨辟雍，饗射，大赦天下。」〔註12〕

封禪、立廟、巡守也是影響政治生活的重大活動，事後也要進行大赦。武帝「元封五年（前106年）春三月，還至泰山，增封。甲子，祀高祖於明堂，以配上帝。……夏四月，其赦天下。」光武帝劉秀也曾經封禪泰山，隨後大赦

〔註7〕 《漢書》卷七《昭帝紀》，頁221。
〔註8〕 《後漢書》卷一《光武紀》，頁30。
〔註9〕 《漢書》卷一《高帝紀》，頁38、卷八《宣帝紀》，頁249、《後漢書》卷六《順帝紀》，頁274。
〔註10〕 《漢書》卷一《高帝紀》，頁80、《高后紀》，頁100、《惠帝紀》，頁90、《後漢書》卷五《安帝紀》，頁212、《桓帝紀》，頁292。
〔註11〕 《漢書》卷四《文帝紀》，頁127、《武帝紀》，頁186。
〔註12〕 《後漢書》卷二《明帝紀》，頁100、《章帝紀》，頁136、《和帝紀》，頁189。

天下。「(建武三年春正月)辛巳,立皇考南頓君已上四廟。壬午,大赦天下。」漢武帝在元封二年(前109年)巡守各地後,「赦所過徒。」〔註13〕就是因巡守而大赦。

其他影響國家政治生活的重大事件發生時也會進行大赦。高祖接受戍卒劉敬建議遷都長安,「六月壬辰,大赦天下。」昭帝「(元鳳二年)夏四月,上自建章宮徙未央宮,大置酒。……六月,赦天下。」〔註14〕國家遷都和皇帝遷移寢宮也是大事,所以大赦天下。

《史記·秦始皇本紀》記載秦二世二年(前208年),陳勝、吳廣起義爆發,秦王朝統治面臨巨大危險時,二世下令大赦驪山刑徒,使章邯將,攻打義軍。漢高祖、漢武帝時期都有赦免死罪和亡命者從軍的記載。東漢靈帝時期則有為鎮壓黃巾起義而大赦黨人的赦令。

戰勝敵人也是國家大事,劉邦在戰爭結束後,「(六年十月)詔曰:天下既安,豪傑有功者封侯,……以其故犯法,大者死刑,吾甚憐之。其赦天下。」〔註15〕高祖十一年(前196年),平定陳豨叛亂後也曾大赦天下。

在遇到豐年、祥瑞、災害發生時都會進行大赦。武帝「(元封二年六月)甘泉宮內產芝,九莖連葉。……其赦天下,賜雲陽都百戶牛酒。」宣帝「(甘露二年)春正月詔曰:乃者,鳳凰甘露降集,黃龍登興,醴泉滂流,枯槁榮茂,神光並現,咸受楨祥。其赦天下。」〔註16〕東漢明帝「(永平十年四月)今茲蟲麥善收,其大赦天下。」〔註17〕都屬於出現祥瑞而大赦天下。因為災異而大赦天下的事例就更多了。

沈家本《歷代刑法考·赦二》將漢代大赦按照起因分作踐阼、改元、立后、建儲、大喪、帝冠、郊、祀明堂、臨辟雍、封禪、立廟、巡守、徙宮、定都、從軍、克捷、年豐、祥瑞、災異、勸農、飲酎、遇亂等二十二種。就赦免令發布的原因來看,這種列舉是基本全面的。漢代進行大赦的理由如此充足,漢代大赦次數多就容易理解了。

〔註13〕 《漢書》卷六《武帝紀》,頁196、《後漢書》卷一《光武紀》,頁32、《漢書》卷六《武帝紀》,頁193。
〔註14〕 《漢書》卷一《高帝紀》,頁58、《昭帝紀》,頁228。
〔註15〕 《漢書》卷一《高祖紀》,頁59。
〔註16〕 《漢書》卷六《武帝紀》,頁193、《宣帝紀》,頁269。
〔註17〕 《後漢書》卷二《明帝紀》,頁113。

二、赦免類型

　　沈家本《歷代刑法考》將漢代赦分為「減等」、「特赦」、「曲赦」、「赦徒」、「別赦」五類。〔註18〕漢代的赦宥按照涉及範圍和減免程度的不同，又可以分為兩類。

　　第一類是「大赦」、或者是「赦天下」。此類赦免令涉及天下所有的罪犯，大赦令發布之日，統統受到減輕懲罰或者免罪的優待，「（秦昭襄王二十一年）魏獻安邑，秦出其人，募徙河東賜爵，赦罪人遷之。二十六年，赦罪人遷之穰。（二十七年）赦罪人遷之南陽。」〔註19〕秦昭襄王時大赦天下罪人，使之遷徙到新佔領的地區，以加強國家對這些地區的控制能力。兩漢時期，僅粗略統計，針對全國範圍內各種罪犯的大赦即「赦天下」或者「大赦天下」就有一百八十四次之多。

　　「（高祖五年春正月）今天下事畢，其赦天下殊死以下。……（十年夏五月）丙寅，前有罪殊死以下，皆赦之。」〔註20〕殊即死，殊死連讀，也是死的意思。這兩次大赦赦免了死罪以下的一切犯罪者。

　　　　（高祖十二年）五月丙寅，太子即皇帝位。……爵五大夫、吏
　　　　六百石以上及宦皇帝而知名者有罪當盜械者，皆頌械。上造以上及
　　　　內外公孫耳孫有罪當刑及當為城旦舂者，皆耐為鬼薪白粲。民年七
　　　　十以上若不滿十歲有罪當刑者，皆完之。〔註21〕

這是一次規定比較具體清楚的大赦。五大夫是二十等爵中的第九等，宦皇帝就是在西漢朝廷做官，秦漢犯罪者在拘押期間要加戴刑具，即「械」。對犯罪被拘押的官吏和高爵者，可以減去加戴的刑具，也算是一種恩惠。上造為二十等爵中的第二等，高祖時期曾經普遍賜民爵，惠帝即位也曾賜民爵，則天下人凡是符合賜爵條件的爵位都在上造以上，則這次大赦涉及的幾乎是天下所有的犯罪者。

　　　　建武七年春正月丙申，詔中都官、三輔、郡、國出繫囚，非犯
　　　　殊死，皆一切勿案其罪。見徒免為庶民，耐罪亡命，吏以文除之。
　　　　〔註22〕注：亡命謂犯耐罪而背名逃者。令吏為文簿，記其姓名而除

〔註18〕沈家本《歷代刑法考》（二），頁 569～583。
〔註19〕《史記》卷六《秦本紀》，頁 212、213。
〔註20〕《漢書》卷一《高祖本紀》，頁 51、67。
〔註21〕《漢書》卷二《惠帝紀》，頁 85。
〔註22〕《後漢書》卷一《光武帝紀》，頁 51。

其罪，恐遂逃不歸，因失名籍。

（建武二十二年）遣謁者案行，其死罪繫囚在戊辰以前，減死罪一等。徒皆弛解鉗，衣絲絮。……二十八年，冬十月癸酉，詔死罪繫囚皆一切募下蠶室，……二十九年夏四月乙丑，詔令天下繫囚自殊死已下及徒各減本罪一等，其餘贖罪輸作各有差。……三十一年秋九月甲辰，詔令死罪繫囚皆一切募下蠶室，其女子宮。〔註23〕

（漢安二年）冬十月辛丑，令郡國中都官繫囚殊死以下出縑贖，各有差。」〔註24〕

此類減罪性質的赦罪在東漢次數遠遠多於西漢。

第二類是特赦。國家或者爲了實現某種目的、或者針對某一部分犯罪者、或者針對某一地區的犯罪者進行的赦免。文獻記載：

（元封六年三月）其赦汾陰殊死以下。……（太初二年夏四月）其赦汾陰、安邑殊死以下。〔註25〕

（建武六年）五月辛丑，詔曰：惟天水、隴西、安定、北地、吏人爲隗囂所詿誤者，又三輔遭難赤眉，有犯法不道者，自殊死以下，皆赦除之。〔註26〕

上述赦免都是針對某一地區特定的犯罪者進行的赦免。

漢代有專門針對逃亡者的赦免。兩漢大赦之中，有不少專門針對逃亡犯罪者的赦免令，這些赦免令有時針對部分地區的逃亡犯罪者，可以歸入特赦；有時涉及全國逃亡犯罪者，又屬於大赦。不論特赦還是大赦，這些針對逃亡者的赦免令在減少和預防社會逃亡方面有一定的作用，是我們應該注意的。

《漢書・高帝紀》：

（高祖五年五月）上恐其久爲亂，遣使者赦（田）橫，曰：橫來，大者王，小者侯。……吏民非有罪也，能去（陳）豨、（王）黃來歸者，皆赦之。……（燕王盧綰反）燕吏民非有罪也，賜其吏六百石以上爵各一級。與綰居，去來歸者，赦之。〔註27〕

〔註23〕《後漢書》卷一《光武紀》，頁 74、80、81。

〔註24〕《後漢書》卷六《順帝紀》，頁 273。

〔註25〕《漢書》卷六《武帝紀》，頁 198、200。

〔註26〕《後漢書》卷一《光武紀》，頁 48。

〔註27〕《漢書》卷一《高帝紀》，頁 57、68、77。

這實際上也是專門針對犯罪逃亡者發布的特赦令，田橫率領部下亡命海島、盧綰率領部下亡命匈奴，面對大規模的政治犯罪逃亡者，高祖以赦免的方式，希望使其獲得免罪的機會，可以停止逃亡，開始正常的的生活。據《漢書》記載：

> 濟北吏民兵未至先自定及以軍城邑降者，皆赦之，復官爵。……
> 與王興居去來者，亦赦之。〔註28〕

> （三年夏六月）詔曰：乃者吳王濞等為逆，起兵相脅，詿誤吏
> 民。……今濞等已滅，吏民當坐濞等及逋逃亡軍者，皆赦之。〔註29〕

文景時期在鎮壓濟北王叛亂和吳楚七國聯軍叛亂的過程中，出現不少的軍人逃亡者，參加叛亂的地方官、民都可能在叛亂平定後受到政府的追究而亡命他鄉，繼續影響社會治安，為了盡快平息叛亂，本著首惡必辦，協從不問的原則，對這些逃亡者加以赦免。據《漢書·武帝紀》記載：

> 元封六年（前105年）三月，益州、昆明反，赦京師亡命令從
> 軍，遣拔胡將軍郭昌將以擊之。〔註30〕

武帝時期有徵發「七科謫」從軍的記載，這次特別下令赦免活動在京師之中的逃亡者，使他們獲得免罪的機會，從軍出征。既可以解決兵員不足的問題，也是減少犯罪逃亡者的一種辦法，而且要比入縑贖罪效果好。據《後漢書》記載：

> 建武中元二年（57年）十二月，天下亡命殊死以下，聽得贖論：
> 死罪入縑二十四，右趾至髡鉗城旦春十四。……永平十二年（69年）
> 二月，詔亡命自殊死以下贖：死罪縑四十四，右趾至髡鉗城旦春十
> 四，完城旦至司寇五匹；犯罪未發覺，詔書到日自告者，半入贖。
> 〔註31〕

> 章帝建初七年（82年）九月，亡命贖：死罪入縑二十四，右趾
> 至髡鉗城旦春十四，完城旦至司寇三匹，吏人有罪未發覺，詔書到
> 自告者，半入贖。〔註32〕

〔註28〕 《漢書》卷四《文帝紀》，頁120。
〔註29〕 《漢書》卷五《景帝紀》，頁143。
〔註30〕 《漢書》卷六《武帝紀》，頁198。
〔註31〕 《後漢書》卷二《明帝紀》，頁98、118。
〔註32〕 《後漢書》卷三《章帝紀》，頁143。

永初元年（107 年）九月丙戌，詔死罪以下及亡命贖，各有差。……（永建元年十月）詔減死罪以下徙邊；其亡命贖，各有差。……（永和五年五月）丁丑，令死罪以下及亡命贖，各有差。〔註33〕

專門針對逃亡者進行的赦免，東漢明顯多於西漢，顯示出東漢逃亡問題遠比西漢嚴重。漢代針對逃亡者的贖免規定，雖然給那些犯罪逃亡者提供了贖罪的機會，但由於贖罪代價較高，不見得有多少人能夠承擔得起，在減少社會逃亡犯罪方面的效果也很有限。

秦漢時期，刑徒在犯罪逃亡者中佔有較大的比例，這些人在逃亡過程中進行反社會活動的能力比較強，對社會統治秩序的破壞也比較大。有鑒於此，秦漢政府有不少次專門針對刑徒的赦免，通過減少刑徒數量間接減少刑徒逃亡者，也減少了整個社會上的犯罪逃亡者。

秦末、陳勝、吳廣義軍對秦王朝的統治展開了不斷的攻擊。章邯上書說：「盜已至，眾強，今發近縣不及矣。酈山徒多，請赦之，授兵以擊之，二世乃大赦天下。」〔註34〕這是秦朝僅見的赦免刑徒的事例。

景帝時期有專門針對刑徒的赦免命令，「中元四年（前 146 年），赦徒作陽陵者。死罪欲腐者，許之。」〔註35〕得到赦免的刑徒免於酷刑和繁重勞作的折磨，也就不會再逃亡了。

武帝「元封二年（前 109 年）春，赦所過徒，賜孤獨高年米，人四石。」宣帝「元康元年（前 65 年）三月，其赦天下徒。」〔註36〕這是針對所有刑徒的赦免命令。此后皇帝繼續實行對刑徒的赦免，見於《漢書·成帝紀》和《哀帝紀》的赦免刑徒詔書如下：

建始二年（前 31 年）赦奉郊縣長安、長陵及中都官耐罪徒。

建始三年（前 30 年）春三月，赦天下徒。……河平四年（前 25 年）春正月赦天下徒。……陽朔元年（前 24 年）三月，赦天下徒。……鴻嘉元年（前 20 年）春二月行幸初陵，赦作徒。」〔註37〕

建平二年（前 5 年）春三月赦天下徒。……元始元年（2 年）六

〔註33〕 《後漢書》卷五《安帝紀》，頁 208、《順帝紀》，頁 253、269。
〔註34〕 《史記》卷六《秦始皇本紀》，頁 270。
〔註35〕 《漢書》卷五《景帝紀》，頁 147。
〔註36〕 《漢書》卷六《武帝紀》，頁 193、《宣帝紀》，頁 254。
〔註37〕 《漢書》卷十《成帝紀》，頁 305、306、310、312、315。

　　　月天下女徒已論，歸家，顧山錢月三百。……元始元年（2年）秋九

　　　月，赦天下徒。……元始二年（3年）九月，赦天下徒。」〔註38〕

成帝時期正是刑徒大量逃亡，在各地形成大規模武裝叛亂，影響到西漢王朝
政權穩定的時期。爲了鎮壓刑徒叛亂，政府出動了大量的軍隊，耗費大量的
資財也難以取得理想的效果。頻繁發布針對刑徒的大赦命令，顯然與逃亡刑
徒的武裝叛亂有直接關係。哀帝、平帝時期雖然看不到大規模的逃亡刑徒武
裝暴動的事件，但由於嚴重的社會政治、經濟矛盾，加上政府的腐敗，各種
犯罪活動不會減少，只要犯罪數量不減少，刑徒數量就不會減少。所以政府
不斷發布大赦令，力圖減少刑徒逃亡，從而解決刑徒逃亡武裝犯罪的問題。
東漢王朝建立後，針對刑徒的赦免也沒有停止，見於《後漢書》各帝紀比較
典型的有：

　　　（建武五年）將殘吏未勝，獄多怨結，元元愁恨，感動天氣
　　　乎？其令中都官、三輔、郡、國出繫囚，罪非殊死一切勿案。見徒
　　　免爲庶人。……建武七年（31年）春正月，詔中都官、三輔、郡、
　　　國出繫囚，非犯殊死，皆一切勿案其罪。見徒免爲庶人。耐罪亡命，
　　　吏以文除之。〔註39〕

　　　永元元年（89年）冬十月，令郡國施刑輸作軍營。其徒出塞者，
　　　刑雖未竟，皆免歸田里。……永元三年（91年）減弛刑徒從駕者刑
　　　五月。……永元六年（94年）七月詔中都官徒各除半刑，讁其未竟，
　　　五月已下皆免遣。……永元十一年（99年）二月丙午，詔郡國中都
　　　官徒及篤癃老小女徒各除半刑，其未竟三月者，皆免歸田里。〔註40〕

　　　建和元年（147年）四月其令徒作陵者減刑各六月。〔註41〕

秦漢時期的刑徒數量巨大，在政府的各種工程中從事艱苦的勞作，忍受非人
的待遇，刑徒逃亡、造反者屢見不鮮，成爲社會治安的重大威脅，國家對刑
徒的多次赦免就是爲了緩解這一社會問題。從一定意義上說，赦免刑徒對於
減少刑徒逃亡還是有一定效果的。

〔註38〕　《漢書》卷十一《哀帝紀》，頁339，《漢書·平帝紀》，頁351、352、354。
〔註39〕　《後漢書》卷一《光武紀》，頁39、51。
〔註40〕　《後漢書》卷四《和帝紀》，頁169、173、179、185。
〔註41〕　《漢書》卷七《桓帝紀》，頁290。

三、赦免在預防逃亡犯罪中的作用

根據《漢書》、《後漢書》各本紀的統計，漢代赦免次數如下（參考沈家本《歷代刑法考·赦三》製作，包括大赦、特赦）

兩漢時期大赦共 165 次。若加上王莽時期的十次大赦，則有 175 次之多。大赦、特赦總計 266 次。高祖時期，幾乎一年一赦，蓋當時承戰亂之後，社會上各類犯罪人員眾多，抓捕已經不可能，只有進行赦免，以減少對社會秩序的危害。另一赦免高峰出現在西漢成帝到東漢光武帝之間，正是社會矛盾激化，出現大量社會犯罪的時期。至於東漢桓帝、靈帝之際幾乎一年一赦，當時政治腐敗，國家政事已然魚爛不堪，赦免已經沒有多大意義了。

兩漢赦免次數統計表〔註 42〕

皇帝	在位年數	大赦	特赦	總計	皇帝	在位年數	大赦	特赦	總計
高祖	12	9	5	14	惠帝	7	1	3	4
高后	8	3		3	文帝	23	4	2	6
景帝	16	6	3	9	武帝	55	18	5	23
昭帝	13	7	1	8	宣帝	25	11	3	14
元帝	15	10	2	12	成帝	26	10	5	14
哀帝	6	4	1	5	平帝	5	4	3	7
王莽	14	10		10					
光武帝	33	10	9	19	明帝	18	3	8	11
章帝	13	3	7	10	和帝	17	5	6	11
殤帝	8 個月	1		1	安帝	19	8	7	15
少帝	8 個月	1		1	順帝	19	8	5	13
沖帝	6 個月		1	1	質帝	2	2		2
桓帝	21	14	9	23	靈帝	22	20	7	27
少帝	6 個月	2		2	獻帝	31	11		11

漢代的兩百多次赦免令，雖然不都是專門針對逃亡犯罪者而發，但每次赦免令都多少與逃亡犯罪有關，逃亡者都會受到赦免而免於懲治。各種各樣

〔註 42〕鄔文玲《漢代赦免制度研究》（中國社會科學院研究生院博士論文 2003 年）有「西漢赦免表」、「東漢赦免表」，對兩漢赦免情況做了細緻統計，個別地方與本文統計數據略有差異，可參閱。

第五章　逃亡犯罪的預防措施

的亡命者並不見得都是罪大惡極之人，如有些人因爲逃避賦斂徭役而逃亡，司馬相如說：「今聞其乃發軍興制，驚懼子弟，憂患長老，郡又擅爲轉粟運輸，皆非陛下之意也。當行者或亡逃自賊殺，亦非人臣之節也。」〔註43〕因爲躲避徭役，脫離戶籍，成爲逃亡犯罪者。這些輕罪逃亡者受到赦免，就可以免予追究，回歸鄉里，重新開始正常生活。

「大抵逋賦皆在大家，吏正畏憚，不敢篤責，刻急細民，細民不堪，流亡遠去。」〔註44〕可見因爲徭役賦斂而逃亡者絕非少數。也有些人因爲在政治鬥爭中受到陷害而逃亡，如東漢時期的黨錮之禍中受到陷害而亡命他鄉的黨人。更有不堪忍受酷吏牽連而逃亡者，「至周爲廷尉，詔獄亦益多矣。……會獄，吏因責如章告劾，不服，以掠笞定之。於是聞有逮證，皆亡匿。」〔註45〕還有許多受到官司牽連的逃亡者，比如一系列諸侯王、列侯叛亂中受到牽連的人員，爲了躲避懲治而逃亡他鄉。秦漢時期刑徒數量眾多，不堪忍受折磨時也紛紛逃亡。大量逃亡者經常成爲社會動亂的中堅力量。朝廷通過大赦，使許多犯罪逃亡者獲得免罪的機會，從逃亡中解脫出來。見於文獻記載的有：

> （秦氏人殺原涉父親）谷口豪桀爲殺秦氏，亡命歲餘，逢赦出。
〔註46〕

> 翟酺字子超，廣漢雒人也，以報舅仇，當徙日南，亡於長安，爲卜相工，後牧羊涼州。遇赦還。〔註47〕

> （馬援）爲郡督郵，送囚至司命府，因有重罪，援哀而縱之，遂亡命北地。遇赦，因留畜牧。〔註48〕

上述各人都因爲遇到大赦，可以免罪回鄉，結束逃亡生涯。從這個角度來說，赦免令對於減少逃亡犯罪還是有一定的作用的。受到赦免的人員可以重新回到家鄉，繼續自己的生活，減少了危害社會秩序的力量。

對於赦免在預防和控制犯罪方面的作用，漢代人自己有著比較深刻的認

〔註43〕《漢書》卷五十七《司馬相如傳》，頁2578。
〔註44〕《鹽鐵論·未通》。
〔註45〕《漢書》卷六十《杜周傳》，頁2660。
〔註46〕《漢書》卷九十二《原涉傳》，頁3715。
〔註47〕《後漢書》卷四十八《翟酺傳》，頁1602。
〔註48〕《後漢書》卷二十四《馬援傳》，頁828。

識。朝廷規定：「有司無得舉赦前往事。」〔註49〕漢平帝發布詔書說：「詔曰：夫赦令者，將與天下更始，誠欲令百姓改行潔己，全其性命也。往者有司多舉奏赦前事，累增罪過，誅陷亡辜，殆非重信慎刑，灑心自新之意也。」〔註50〕追究大赦前的犯罪事實，就是不顧赦令，繼續對犯罪人員施加懲治。由於官吏貪殘，故意陷人於罪，使國家大赦的效果大打折扣。哀帝、平帝時期連續兩次詔書追究同一問題，其目的就在於維護通過大赦減少犯罪懲罰的這一赦免精神。

　　東漢大赦次數多於西漢時期，尤其安帝到桓靈之間，大赦次數更多，但以赦寬刑的意圖與結果總有出入。大赦雖然針對所有犯罪者，但有些罪行可能不在赦免之中。「獄久者至更數赦十餘歲而相告言。」〔註51〕師古曰：「其罪或非赦例，故不得除。」東漢章帝「（元和二年詔）其大赦天下，其犯罪不當得赦者，皆除之。」〔註52〕既然需要明確規定，不在大赦之例的也可以赦免，那麼，沒有明確規定的大赦應該都有一定的規定和限制。這一點在史料記載中也可以得到證據。《後漢書・寇榮傳》記載寇榮因為遭權貴陷害，亡命中三次遇到赦免，都不得免罪，最後在流亡中上書皇帝，希望獲得赦免，結果也沒有得到免罪的機會。《後漢書・王允傳》記載，王允為宦官陷害，遇到大赦，唯獨不赦王允。《後漢書・蔡邕傳》記載蔡邕為宦官陷害，流亡吳會十二年，數次遇到大赦也不敢回鄉。大赦因為政治的腐敗，使其效果大打折扣。

　　另外，對於連續性大赦的效果，也有人提出了質疑。《漢書・匡衡傳》記載了匡衡的上書，指出朝廷濫赦的結果，「臣竊見大赦之後，姦邪不為衰止，今日大赦，明日犯法，相隨入獄，此殆導之未得其務也。」〔註53〕這種大赦對社會犯罪的控制效果顯然是有限的。東漢崔寔說：「頃間以來，歲且一赦，以赦為常俗，初期望之，過期不至，亡命蓄積，群輩屯聚，為朝廷憂。如是則劫不得不赦，赦以促姦，姦以促赦，轉相驅踧，兩不得息，雖日赦之，亂甫繁耳。」〔註54〕將朝廷大赦與犯罪之間的關係作了深刻的分析。大赦使那些心存僥倖者敢於輕易觸犯國法，亡命者數次獲赦的結果，反而使他們放縱

〔註49〕 《漢書》卷十一《哀帝紀》，頁336。
〔註50〕 《漢書》卷十二《平帝紀》，頁348。
〔註51〕 《漢書》卷六十《杜周傳》，頁2660。
〔註52〕 《後漢書》卷三《章帝紀》，頁150。
〔註53〕 《後漢書》卷八十一《匡衡傳》，頁3333。
〔註54〕 《全後漢文》卷46《政論》。

害民，使社會政治面臨更大的危害。這一點為漢代有識之士所不滿。

　　《後漢書・王符傳》收錄了王符所做的「述赦篇」，表達了作為思想家的王符對兩漢政府通過赦免來控制社會犯罪的看法。王符「贖赦篇」：

> 今日賊良民之甚者，莫大於數赦贖，赦贖數，則惡人昌而善人傷矣。何以明之哉？夫謹敕之人，身不蹈非，又有為吏正直，不避強禦，而姦猾之黨橫加誣言者，皆知赦之不久故也。善人君子，被侵怨而能至闕廷自明者，萬無數人；數人之中得省問者，百不過一；既對尚書而空遣去者，復什六七矣。其輕薄姦軌，既陷罪法，怨毒之家冀其辜戮，以解畜憤，而反一概悉蒙赦釋，令惡人高會誇吒，老盜服臧而過門，孝子見仇而不得討，遭盜者睹物而不敢取，痛莫甚焉。……夫性惡之民，民之豺狼，雖得放宥之澤，終無改悔之心。旦脫重梏，夕還圄圇，嚴明令尹，不能使其斷絕。何也，凡敢為大姦者，才必有過於眾，而能自媚於上者也。〔註55〕

在王符看來，依靠大赦來預防和減少犯罪是很難達到目的的。

　　秦漢時期逃亡的原因是極其複雜多樣的，僅靠赦免想消除逃亡也是不可能的，這就是漢代頻頻大赦，但逃亡者依然充斥社會的原因。但大赦在一定程度上可以彌補嚴刑酷法、吏治腐敗、政治黑暗給百姓帶來的無辜傷害，減少百姓逃亡犯罪的機會，則是一定的。

第二節　假民公田

　　漢代實行過以國有土地 ── 「公田」（也稱「官田」）租佃給農民耕種，從而收取地租 ── 「假稅」的「假民公田」制。有學者將漢代「假民公田」按稅收征取的不同，分為「地租型假稅」、「地稅型假稅」及「漁採稅型假稅」。〔註56〕也有學者將漢代的「假民公田」分為兩期：武帝以前，「諸稻田使者」及「左右內史」等主管的「稻田」、公田，出租與百姓耕種，收取地租，屬於租佃型的「假民公田」；宣帝、元帝及至東漢安帝時，政府為了解決災民逃亡問題開始以政府掌握的土地授予災民，形成「授田制」的「假名公田」。兩者的區分在於前一類型收取「地租」，後一類型收取「假稅」。兩者在收取比例

〔註55〕《後漢書》卷四十九《王符傳》，頁 1642。
〔註56〕柳春藩《論漢「公田」的假稅》中國史研究 1983 年第 2 期。

上有很大區別。〔註57〕本節重點探討專門針對逃亡災民設置的「授田型」的假民公田制度。

西漢宣帝以後到東漢前半期，國家以流民和貧民爲對象實行假民公田，通過提供土地來恢復小農經濟，安置貧民，使之結束逃亡。假民公田中的公田是以國有土地爲主的公田，其中山林川澤等君主個人的田產也占一定的比重。

一、兩漢假民公田的相關記載

1. 宣帝地節元年（前65年）三月：「假郡國貧民田。」〔註58〕師古曰：「假，權以給之，不常與。」這與武帝時期「罷苑馬，以與貧民」和昭帝時期「罷中牟苑賦貧民」〔註59〕的情況有所不同，以前假與貧民的土地都是一定地區，一定範圍的土地，而這是以全國貧民爲對象，自然假與的土地也是分佈在全國的公田。其目的也在於通過提供耕地，解決貧民無地可耕的問題，減低他們的逃亡概率。

2. 宣帝地節三年（前67年）春三月：「詔曰：……今膠東相（王）成，勞來不怠，流民自占八萬餘口，治有異等。其秩成中二千石、賜爵關內侯。又曰、鰥寡孤獨高年貧困之民，朕所憐也。前下詔假公田，貸種食。其加賜鰥寡孤獨高年帛。」〔註60〕

3. 宣帝地節三年（前67年）冬十月：「又詔：池薻未御幸者，假與貧民，……流民還歸者，假公田，貸種、食，且勿算事。」〔註61〕

以上兩道同年發出的詔書，是假民公田政策的典型形態，國家把土地，山林川澤、苑囿園池，假與貧民或者流民，貸與種子、糧食，免除租賦。還容許它們到這些地方進行採摘和捕獲活動，以獲得生存資料。盡量使逃亡貧民就地安置下來，不再流動。

4. 元帝初元元年（前48年）「三月，以三輔、太常、郡國公田及苑可省者賑業貧民，貲不滿千錢者，賦貸種、食。」〔註62〕

〔註57〕 高敏《漢代「假民公田制」的兩種類型》求索1985年第1期。
〔註58〕 《漢書》卷八《宣帝紀》，頁246。
〔註59〕 《漢書》卷七《昭帝紀》，頁229。
〔註60〕 《漢書》卷八《宣帝紀》，頁248。
〔註61〕 《漢書》卷八《宣帝紀》，頁249。
〔註62〕 《漢書》卷九《元帝紀》，頁279。

　　這是元帝即位第二年發出的詔書，三輔、太常、郡國公田是國家公田，苑可省者屬於皇帝的私產，是作爲公田一起假與貧民的。貧民是逃亡民眾的蓄水池，一旦無以爲生時，貧民就會逃亡，所以假田貧民與解決逃亡問題有異曲同工之妙。

　　5. 元帝初元元年（前 48 年）四月，「又曰：關東今年穀不登，民多困乏。其令郡國被災害甚者毋出租賦，江海陂湖園池屬少府者以假貧民，毋租賦。」〔註 63〕這是與上一詔書連續發出的，假與貧民的主要是江海湖陂原池，這些地方作爲公田的一部分原來是不能無償使用的，現在容許貧民進入捕撈採摘，以度過災荒。

　　6. 元帝初元二年（前 47 年）三月，詔：「水衡禁囿，宜春下苑，少府佽飛外池，嚴蘖池田，假與貧民。」〔註 64〕

　　7. 元帝永光元年（前 43 年）三月，「其赦天下，令厲精自新，各務農畝，無田者皆假之，貸種、食，如貧民。」〔註 65〕

　　4、5、6 三詔是連續發布的，假與的土地種類越來越多，基本上都是皇帝的私產。大概國家土地已經不敷支出了。材料 7 種假與公田的範圍和來源都不太清楚，或許是對前面三道詔書的補充強調也未可知。

　　據《漢書・哀帝紀》記載：「建平元年（前 6 年），太皇太后詔：外家王氏田非冢塋，皆以賦貧民。」〔註 66〕這是首次出現有外戚王氏家族獻出自己的私有土地來進行假民公田經營的事例。

　　元帝以後的成帝沒有假與民田的記載，哀帝時期發出的這一詔書是以太皇太后的名義發出的，假與的也是外家王氏的土地，太皇太后是元帝的皇后，在成、哀、平三代，王氏家族逐漸控制了朝廷大權，最後這一族的王莽奪取了漢朝的政權。

　　9. 平帝元始二年（2 年），「郡國大旱，蝗，青州尤甚，民流亡。安漢公、四輔、三公，卿大夫、吏民爲百姓困乏，獻其田宅者二百三十人，以口賦貧民。……罷安定呼池苑，以爲安民縣，起官寺市里，募徙貧民，縣次給食。至徙所，賜田宅什器，假與犁、牛、種、食。」〔註 67〕當時王莽掌握了西漢

〔註 63〕　《漢書》卷九《元帝紀》，頁 279。
〔註 64〕　《漢書》卷九《元帝紀》，頁 281。
〔註 65〕　《漢書》卷九《元帝紀》，頁 287。
〔註 66〕　《漢書》卷十一《哀帝紀》，頁 338。
〔註 67〕　《漢書》卷十二《平帝紀》，頁 353。

王朝的統治實權，這些措施都顯示了王莽的意志。既有官吏獻出的田，也有皇帝的私田呼池苑，但當時流民潮風起雲湧，再加上王莽統治時期政治腐敗，很多政策都流於形式，這次安定流民的措施有幾分真實性是大可懷疑的，即使全真，僅靠這些是難以解決問題的。

以上是西漢末年的假民公田經營的具體形態，這一做法一直持續到東漢時期，爲東漢王朝的統治者所仿傚。據《後漢書·明帝紀》和《章帝紀》記載：

10. 永平九年（66年）夏四月：「詔郡國以公田，賜貧人各有差。」〔註68〕

11. 永平十三年（70年）夏四月，詔曰：「濱渠下田，賦與貧人，無令豪右得固其利。」〔註69〕

12. 建初元年（76年）秋七月，詔以上林池籞田賦與貧人。〔註70〕

13. 元和元年（84年）二月，詔曰：「其令郡國募人無田欲徙他界就肥饒者，恣聽之。到在所，賜給公田，爲雇耕傭，賃種、餉，貰與田器，勿收租五歲。除算三年。其後欲還本鄉者，勿禁。」〔註71〕

14. 元和三年（86年）二月，「告常山、魏郡、清河、鉅鹿、平原、東平郡太守、相曰：今肥田尚多，未有墾闢。其悉以賦貧民，給與糧種，務盡地力。勿令游手。」〔註72〕

東漢光武帝時期，時承戰亂之後，土地荒蕪，民眾逃亡，基本不存在小農失去土地的問題，但當時實行的度田措施已經向人們發出了豪強占田的信號，所以到了明帝時期，很快就出現了小農失去土地需要國家救濟的現象，這一點是與西漢不同的。章帝元和元年假民公田的詔書直接以解決貧民逃亡問題爲目標，具體顯示了解決流民逃亡問題而進行的假與公田的情況。章帝以後的和帝時期，也是朝廷大力推行假民公田經營的時期。一方面因爲以前遺留的大量瀕於破產流亡的貧民，另一方面是因爲各種自然災害，加快了貧民破產逃亡的速度。

15. 永元五年（93年）二月，「詔，自京師離宮果園，上林、廣成圃、悉以假貧民、恣得採捕，不收其稅。」〔註73〕

〔註68〕 《漢書》卷二《明帝紀》，頁112。
〔註69〕 《漢書》卷二《明帝紀》，頁116。
〔註70〕 《後漢書》卷三《章帝紀》，頁134。
〔註71〕 《後漢書》卷三《章帝紀》，頁145。
〔註72〕 《後漢書》卷三《章帝紀》，頁154。
〔註73〕 《後漢書》卷四《和帝紀》，頁175。

16. 永元五年秋九月，「其官有陂池，令得採取，勿收假稅二歲。」〔註74〕

17. 永元九年（97 年），「六月蝗旱，戊辰，詔今年秋稼爲蝗蟲所傷，皆勿收租、更、芻稾。若有所損失，以實除之，餘當收租者亦半入，其山林饒利，陂池漁採，以贍元元，勿收假稅。」〔註75〕

18. 永元十一年（99 年）春二月，「遣使循行郡國，稟貸被災害不能自存者，令得漁採山林池澤，不收假稅。」〔註76〕

19. 和帝永元十二年（100 年）春二月，「詔貸被災諸郡民種糧。賜下貧、鰥、寡、孤、獨不能自存者，及郡國流民，聽入陂池漁採，以助蔬食。」〔註77〕

材料 15 是以皇帝的私產爲對象，假與貧民，任由他們採捕，而不是讓他們耕種土地。材料 16 的官有陂池大多數也是皇帝私產，材料 17 是在發生災害時賦稅減半的同時，還開放山林陂池，材料 18 的開放領域是與朝廷賑恤災民活動同時進行的，更大意義上屬於救濟災民的措施，材料 19 的性質與材料 18 相似，對受災各郡的民眾貸與種子和糧食，爲了給不能自存的流民幫助蔬食而讓他們可以在陂池之中自由漁採，其目的在於減少災民逃亡。在有些救濟詔書中，還對救濟對象進行了分類，其目的似乎在於救濟那些最需要救濟的人，使有限的資源在減少逃亡犯罪上發揮最大的效力，這也是許多假民公田詔書中所反映的內容。

20. 永元十五年（103 年）六月，「詔令百姓鰥寡漁採陂池，勿收假稅二歲。」〔註78〕

21. 殤帝延平元年（106 年），「張禹上言，其廣成、上林空地，宜且以假貧民。太后從之。」〔註79〕

材料 20 特意對假與對象進行了限制，專門以鰥夫、寡婦爲救濟對象，向他們開放陂池，任其捕魚採摘而不征稅。材料 21 這是《後漢書‧張禹傳》的記載，殤帝出生百餘日即位，八月後去世，實際是和帝鄧皇后在執掌政權。

22. 永初元年（107 年）二月，「以廣成遊獵地及被災郡國公田，假與貧民。」〔註80〕

〔註74〕《後漢書》卷四《和帝紀》，頁 177。

〔註75〕《後漢書》卷四《和帝紀》，頁 183。

〔註76〕《後漢書》卷四《和帝紀》，185 年。

〔註77〕《後漢書》卷四《和帝紀》，頁 186。

〔註78〕《後漢書》卷四《和帝紀》，頁 191。

〔註79〕《後漢書》卷四十四《張禹傳》，頁 1499。

〔註80〕《後漢書》卷五《安帝紀》，頁 206。

23. 安帝永初之初，連年水旱災異，郡國多被饑困，樊準上書曰：「……太后從之，悉以公田賦與貧人。」〔註81〕

24. 安帝永初三年三月，京師大饑，詔以鴻池假與貧民。〔註82〕注：鴻池在洛陽東二十里，其中得漁採。《續漢書·百官》少府條：少府屬官有鈎盾令，下有鴻池丞，可能是專門管理鴻池的。

25. 安帝永初三年四月，「詔上林、廣成苑可墾闢者，賦與貧民。」〔註83〕

材料 25 是最後一次在帝紀上出現假民公田的記載，此後再沒有出現過。從兩漢假民公田經營過重中可以看到國家公田的逐漸減少，最早還有公田等可供開耕使用的土地，以後就只有只能進行漁獵採摘的山海陂池了，到了最後，乾脆停止了假民公田經營。公田假與的對象是貧民和流民。貧人雖然還在原地，但已生計維艱，離逃亡他鄉只有一步之遙了，而流民乾脆就是逃亡民眾。一般來說，用於假民耕種的可耕地是政府掌握的國有土地，而山海陂池園囿屬於皇帝私供養，即皇帝個人私產。通過假民公田經營，國家土地、皇帝私供養的地方都已經喪失殆盡。皇權存在的經濟基礎也就喪失了。從中大概可以看到兩漢皇權衰落的痕迹。

二、假民公田經營在預防貧民逃亡中的作用

由前面假民公田的相關記載可以看到，假與的公田是以貧民、流民為假與對象的土地，材料 1 是假與公田的最初記載，內容簡單，具體含義不清楚。在 1 的詔書出現的前一年，在帝紀中有如下內容：「本始三年（前 71年），……大旱，郡國傷旱甚者，民毋出租賦。本始四年春正月，詔曰：今歲不登，已遣使者賑貸困乏。……丞相以下至都官令丞上書入穀，輸長安倉，助貸貧民。」〔註84〕災害引起的災民規模是很大的。

材料 2 顯示了公田假與政策的典型形態，是在霍光死的次年，宣帝親政後發布的，顯示了宣帝的意志。「顯及禹、山、雲自見日侵削，數相對涕泣，自怨。山曰：今丞相用事，縣官信之。盡變異大將軍時法令。以公田賦貧民，發揚大將軍過失。」〔註85〕對宣帝的不滿情緒溢於言表。

〔註81〕 《後漢書》卷三十二《樊宏傳》，頁 1128。
〔註82〕 《後漢書》卷五《安帝紀》，頁 212。
〔註83〕 《後漢書》卷五《安帝紀》，頁 213。
〔註84〕 《漢書》卷八《宣帝紀》，頁 244～245。
〔註85〕 《漢書》卷六十八《霍光傳》，頁 2954。

在霍氏家族失去權勢的時候，霍山認爲假民公田是變異大將軍法令，發揚大將軍過失，顯示了假民公田政策實行的政治背景。霍光是武帝、昭帝、宣帝時期的權臣，在宣帝初即位的時候，諸事皆先報告霍光，然後才上奏宣帝，霍光才是東漢王朝實際上的掌權者。

材料1是在霍光死的前一年發布的，霍光在地節二年（前68年）春「病篤」，春三月「薨」。在這前一年政權已經逐漸轉移到宣帝手中。穩定小農經濟是封建統治的基礎，以公田假與的方式安置流民，這是宣帝爲了穩定基層社會所採取的重要措施，是與霍光政權不同的地方。

材料3規定向貧民開放捕獲水產品，同時假與流民土地。這些假與土地的貧民是脫離了國家控制的流民。朝廷讓他們採摘山林的產物，幫助解決生產工具和其他資料，貸與他們每日生活的糧食，以安撫流民、維持小農生存。

宣帝時期的膠東相王成招撫流民八萬餘口，受到宣帝的賞賜，賜予關內侯。《漢書·循吏傳》中有記載，「後，詔丞相御史詢問郡國上計長丞以政令得失，或對言前膠東相成，僞自增加，以蒙顯賞。」〔註86〕地方郡守虛報政績，騙取顯賞的這一事件顯示出宣帝對流民問題的重視程度。

黃霸爲宣帝時期的潁川太守，「霸以外寬內明得吏民心，戶口歲增，治爲天下第一。」〔註87〕最後成爲丞相。流民問題是昭、宣以後政府重點解決的問題。《漢書·循吏傳》記載的循吏幾乎都是宣帝時期活躍在各個地方的行政長官，都有安撫地方，控制流民的成績。流民自占是地方官吏努力招撫的結果。由於國家鼓勵、提倡地方官員安撫流民，因此才會經常出現虛報流民自占數的事例。地方郡守執行政府政策，通過公田假與經營，使大量逃亡犯罪者獲得生產、生活資料，穩定下來。公田假與是以維持小農的存在爲目的，給與逃亡流民土地才是關鍵。到元帝時期開始擴大假與場所的種類，山林川澤等可以獲得生存資料的場所都加以開放。成帝即位的第二年就發布了「郡國被災十四以上，毋收田租」〔註88〕的詔書。十四免稅制是從這裡開始的，成帝鴻嘉四年（前17年）的詔書中說的更明白：「關東流冗者眾，青、幽、冀部尤劇，朕甚痛焉。被災害十四以上，民貲不滿三萬，毋出租賦。通貸未入，皆毋收。流民欲入關，輒籍內。」〔註89〕這一詔書是針對貧、流民發布

〔註86〕《漢書》卷八十九《循吏傳》，頁3627。
〔註87〕《漢書》卷八十九《黃霸傳》，頁3631。
〔註88〕《漢書》卷十《成帝紀》，頁304。
〔註89〕《漢書》卷十《成帝紀》，頁318。

的，已經沒有了假與貧民土地的內容。這大概是國家掌握的土地逐漸減少，最後終於無法提供土地來解決流民問題了。據《漢書》記載：

> 時帝舅紅陽侯（王）立使客因南郡太守李尚占墾草田數百頃，頗有民所假少府陂澤、略皆開發，上書願以入縣官。有詔郡平田予直，錢有貴一萬萬以上。寶聞之，遣丞相史按驗，發其姦，劾奏立、尚懷姦罔上，狡猾不道。尚下獄死。立雖不坐，後兄大司馬衛將軍商薨，次當代商，上度立而用其弟曲陽侯根爲大司馬票騎將軍。〔註90〕

成帝舅王立開墾草田數百頃，與南郡太守李尚勾結，將屬於少府，已經假與貧民的土地也包含在自己開墾的土地裏面，出售給官府，他們的陰謀被孫寶揭穿，李尚死於獄中，王立也被皇帝疏遠，這是成帝時期具有代表性的事件。

　　原來屬於皇室的土地，雖然已經假與貧民，但還是被外戚王氏家族的王立勾結地方官所佔有。貧民逃亡出現的原因之一就是因爲豪強兼併土地，小民失去土地後無法生存而逃亡，國家企圖通過假民公田，就地安置逃亡犯罪者來解決逃亡問題，但隨著假與的土地被侵佔，以假民公田來安置流亡，控制逃亡犯罪的希望也就落空了。如材料8、9所看到的，以後雖然有假民公田的事件，也是由外戚王氏來執行的，他們連國家假與貧民的土地都要搶佔，卻要他們把自己的土地假與逃亡貧民耕種，有多少可能呢？宣帝時期開始的假與貧民公田的政策，對豪族沒有觸動，皇帝利用國家掌握的土地，來吸引和安置流民，維持小農經濟的穩定，與豪族勢力相對抗。多次假民公田的結果，直接招致國家掌握土地的減少和皇帝私產的削弱，而且這些土地隨後又被豪強和外戚所侵佔，轉化爲他們的財產。豪強、外戚廣占田土，成爲民眾失去土地，走向流亡的重要原因。隨后皇帝直接出臺了以限制豪族階層土地佔有規模爲目的的限田限奴令，但由於外戚豪族階層的抵制，這一政策隨後就煙消雲散，無疾而終了。

　　西漢後期由太皇太后出面將外戚王氏的土地假與貧民，顯示出以太皇太后爲中心的外戚王氏集團勢力的強大。哀帝即位後，立即著手排除王氏勢力，隨後哀帝突然死亡，王莽和太后控制了政局，由王氏出面假民田地，安撫流民，成爲王莽代漢的前奏，通過假民田土，漢帝國掌握的民眾都歸依到王氏手下，隨後出現了新莽政權。這一階段的假民公田行爲帶有濃厚的政治色彩，

〔註90〕《漢書》卷七十七《孫寶傳》，頁3258。

王立侵佔小民土地的事件決不是孤立的單個事件，在某種程度上可以說，通過假民公田，原來的國有土地轉移到了豪族手中。結果是小民繼續逃亡，豪族勢力卻空前擴張，而皇權存在的經濟基礎卻受到毀滅性的打擊。

詔書 10 是與 9 連續出臺的，公田假與政策有安撫流民，重新組織郡縣的作用，平帝元始二年（2 年）設置的安民縣就是一例。此後的土地政策就是王莽制定的「王田政策」，開始於王莽即位的始建國元年（9 年），王莽將公田假與和恢復發展井田制聯繫起來，企圖復活與限田制不同的井田制來解決民眾失去土地、大量逃亡的問題。結果，恢復井田制的設想與王莽其他的所有改革一樣，最終都走向失敗，無數的逃亡貧民演化成規模巨大的起義和暴動，推翻了新莽政權。

東漢假民公田的記載僅出現在明帝到安帝時期。光武帝時期沒有假與公田的記載，從前面顯示的公田假與的特點來看，這是屬於帝國初創時期的特點，反而在明帝時期就出現假民公田的記載到值得思考，東漢最初出現的記載是材料 11，宣帝時期在流民自占的同時出現了公田假與的記載，公田假與和對流民的再控制之間的關係在明帝時期對流民的政策上有更清楚的表述，東漢的公田假與作為統治政策的一環，救濟小民，使之免於逃亡求生的傾向性是很強的。與宣、元時期關注維持小民存在根本的土地所有上相比是有些後退了。材料 12 在修復決壞六十餘年的汴渠時發布的，不管怎樣，這一政策的實行都阻止了豪民對公田的侵佔，在恢復小農經濟，減少小民逃亡方面是有一定效果的。安帝以後，貧民逃亡已經難以遏制，朝廷大概也沒有了可以救濟和安撫小民的土地以及其他的可供開放的園池、山澤，索性任其逃亡了。

預防逃亡災民出現和安撫災民是一個綜合工程，僅僅靠國家假民公田是很難從根本上解決問題的，況且，當時的假民公田還參雜了各種政治因素，所以從西漢宣帝開始直到東漢時期的假民公田經營在解決流民問題上的作用是有限的。

第三節　減租賦、賜爵、賜錢帛牛酒與逃亡犯罪預防

一、減租賦

漢代減免租賦在文帝時期實行次數最多，「農，天下之本也，務莫大焉，

今厲身從事而有租稅之賦，是謂本末者無以異也，其於勸農之道未備，其除田之租稅。」〔註91〕隨後又是一年間不收田租的紀錄，減免田租可以增加農民的積蓄，促進農業的整體發展。此後的西漢各帝，都曾有減租的詔書，或者全部減免、或者減免部分，直接以安置和減少流民爲目的的減免租稅記載也不少，逐漸形成了一套按照災害程度減免租稅的規定。見於兩漢書《帝紀》的有：

> 建始元年（前 32 年）郡國被災什四以上，毋收田租。……（鴻嘉四年）被災害什四以上，民貲不滿三萬，勿出租賦。〔註92〕

> （哀帝即位）其令水所傷縣邑及他郡國災害什四以上，民貲不滿十萬，皆無出今年租賦。〔註93〕

> 元始二年（2 年）天下民貲不滿二萬，及被災之郡不滿十萬，勿租稅。〔註94〕

> 永元四年（92 年）十二月壬辰，詔：今年郡國秋稼爲旱蝗所傷，其什四以上勿收田租、芻棄。有不滿者，以實除之。……永元九年（97 年）六月：戊辰，詔：今年秋稼爲蝗蟲所傷，皆勿收租、更、芻棄。若有所損失，以實除之，餘當收租者亦半入。其山林饒利，陂池漁採，以贍元元，勿收假稅。……永元十四年（102 年）冬十月甲申，詔：兗、豫、荊州今年水雨淫過，多傷農功。其令被害什四以上皆半入田租、芻棄。其不滿者，以實除之。……永元十七年（105 年）七月其被災害者，以實除之。〔註95〕

> 永建元年（126 年）十月，傷害什四以上，勿收責。〔註96〕

> 建和元年（147 年）春正月，災害所傷什四以上，勿收田租。〔註97〕

財物損失什四以上是很嚴重的災害，成帝時期何武、王商就因爲轄郡受害什

〔註91〕 《漢書》卷四《文帝紀》，頁 125。
〔註92〕 《漢書》卷十《成帝紀》，頁 304、318。
〔註93〕 《漢書》卷十一《哀帝紀》，頁 337。
〔註94〕 《漢書》卷十二《平帝紀》，頁 353。
〔註95〕 《後漢書》卷四《和帝紀》，頁 174、183、190、194。
〔註96〕 《後漢書》卷六《順帝紀》，頁 253。
〔註97〕 《後漢書》卷七《桓帝紀》，頁 289。

四以上而免職。國家也從這時開始，在地方受害達到什四時，實行免租，這一規定爲哀帝所繼承。東漢和帝以後，按照受災程度減免租稅的規定又有所完善，以後基本遵循受災什四以上免租賦這樣的規定，直到東漢末年。減免租稅雖然不能從根本上消除流民，在減少形成流民的原因方面應該還是有一定作用的。只是秦漢時期的小農經濟十分脆弱，尤其對那些家資不滿十金，或者只有一、二金的貧困戶來說，平時生活已經捉襟見肘，若遇到損失家財什四以上的災害，財產損毀，農業歉收，逃租逋稅在所難免，即使有了減免租稅的優待，小民也難以繼續生活下去，逃亡還是時有發生。所以漢代儘管經常減免租稅，但民眾的逃亡一點都沒有減少。對這些災民而言，就算政府不減免租稅，他們也不可能繳納租稅，強行逼徵只會激起民變，從這個角度來說，災害後的減免租稅只能是徒有虛名的仁政而已。

　　《漢書‧王莽傳》記載荊州牧費興提出安撫流民的辦法：「間者，國張六筦，稅山澤，妨奪民之利，連年久旱，百姓饑窮，故爲盜賊。興到部，欲令明曉告盜賊歸田里，假貸犁牛種食，闊其租賦，幾可以解釋安集。」〔註98〕顯然，賦稅田租以外的其他徵收也是小民流亡的重要原因，可惜王莽沒有接受，流民問題也就無法解決，濫徵的結果是百姓流散、王莽身死國亡。秦漢時期，賦稅擾民的另外一個原因在於各種政府事務引起的大量徭役，政府爲支付事務花費，不得不徵收大量錢穀物資，如支付大量的軍事費用、工程費用或者統治者的特殊需要，導致民眾各種負擔的加重。所以只有減少這些大型事務，才能從根本上減少賦稅徵收。僅靠減免租稅想達到減少民眾逃亡只能是杯水車薪，無濟於事。

二、賜民爵

（一）秦漢賜爵的概況

　　減免租稅以外，賜民爵也是漢代恤民政策的一大特點。秦漢時期開始普遍的賜爵制，「施恩德，賜民爵。」〔註99〕臣瓚曰：「爵者，祿位。民賜爵，有罪得以減也。」秦漢時期的爵有官爵、民爵的區分，官爵可以享受各種優惠，有爵者可以獲得減免罪刑、徭役的好處。《漢舊儀》記載：「男子賜爵一

〔註98〕《漢書》卷九十九《王莽傳》，頁 4152。
〔註99〕《漢書》卷一《高帝紀》，頁 33。

級以上，有罪以減，年五十六免，無爵爲仕伍，年六十乃免老，有罪各盡其刑。」有爵者不但可以減免罪刑徭役，還可以不爲奴。《漢書·刑法志》明言：「凡有爵者，與七十者，與未齔者，皆不爲奴。」〔註100〕秦簡《遊士律》還規定：「爲故秦人出削籍，上造以上爲鬼薪，公士以下刑爲城旦。」上造爲二十等爵中的二級爵，公士爲一級爵，公士以下則爲無爵之民。因爲爵位不同而享受同罪不同罰的待遇。最主要的好處在於民爵可以出賣、可以用來免罪。

秦始皇「二十七年，始皇巡隴西、北地……是歲，賜爵一級，治馳道。」〔註101〕兩漢賜爵更是史不絕書，因爲皇帝即位、冊立皇后、確立皇太子、皇太子冠、立漢杜稷、都城長安建成、改元易號、出現祥瑞、發生天災、日食、水旱蟲災、對少數民族作戰勝利、邊疆少數民族歸附等原因，都可能出現普遍賜爵，漢代加上新莽時期的普遍賜予民爵就達九十次〔註102〕，若再加上吏爵的賜予就更多了。西漢時期一般每次賜爵一級，到東漢每次賞賜二級，甚至三級，賜爵趨於輕濫，爵位成爲比較易於獲得的東西。

秦漢時期受爵的是家庭男性戶主，據《漢書·惠帝紀》記載，惠帝即位時「賜民爵一級，」元年（前194年）「民有罪，得賣爵三十級以免死罪。賜民爵戶一級，」五年（前190年）秋九月「長安城成，賜民爵戶一級。」〔註103〕惠帝三次賜民爵，兩次明確規定授爵的單位爲戶。高后元年（前187年）二月「賜民爵一級。」〔註104〕以後漢代諸帝賜民爵，均不再出現「戶」這一賜爵單位名詞。除特別強調「爲父後者」、「孝悌力田」這些對象外，均以「賜民爵X級」籠統稱之。從哀帝建平四年（前3年）起，出現了「賜天下男子爵X級」這種形式，東漢則以「賜天下男子爵人X級」這種形式爲常。從皇帝詔書來看，沒有明確以戶爲單位普賜民爵，但在《後漢書·明帝紀》、《後漢書·章帝紀》中普賜民爵詔書中有「爵過公乘得移與子若同產、同產子」的內容，就可以明白賜爵的對象仍然是男子戶主。因爲東漢時，賜爵以一次二級爲常見，男子戶主很容易就能累迸爵位超過第八級公乘，詔書才有必要強調一旦民爵超過第八級公乘，就要將其應受賜的爵級移賜給他的兒子、兄

〔註100〕《漢書》卷二十三《刑法志》，頁1091。
〔註101〕《史記》卷六《秦始皇本紀》，頁241。
〔註102〕（日）西嶼定生《中國古代帝國的形成與結構》，中華書局。2004年，頁151～183。
〔註103〕《漢書》卷二《惠帝紀》，頁85、86、90。
〔註104〕《漢書》卷三《高后紀》，頁96。

弟、及兄弟之子。如果皇帝普賜民爵的單位不是戶、對象不是男性戶主，而是天下所有的男子，那麼男子戶主和他的兒子、兄弟、及兄弟之子都將獲賜爵位，他超過公乘以上的爵級又怎麼可能移賜給他的兒子、兄弟、及兄弟之子呢？因此，自惠帝強調受普賜爵位的單位爲戶後，即成爲漢代普賜民爵的制度，賜爵的對象始終是男性戶主，顏師古關於「賜爵者，謂一家之長得之也」〔註105〕的解釋是正確的。

（二）賣爵贖罪

秦漢時期爵可以買賣，還可以用來贖罪。封建國家可以賣爵，私人占爵後也可出賣，爵位可以糧買，也可以奴換。《商君書》中多有關於「粟爵」的記載，《商君書·靳令》篇說：「民有餘糧，使民以粟出官爵，官爵必以其力，則農不怠。」漢初晁錯更有精彩說法：

> 爵者，上之所擅，出於口而亡窮。粟者，民之所種，生於地而不乏。夫得高爵與免罪，人之所甚欲也。使天下人入粟於邊，以受爵免罪，不過三歲，塞下之粟必多矣。〔註106〕

其實，「粟爵」就是國家賣爵，以爵換糧，所以商鞅在《商君書·去強》中說：「粟爵粟任則國富。」《韓非子·五蠹》篇中也有相似記載。

爵的價格與允許買賣的爵之等級，各個時期也不相同。秦始皇四年，秦政府規定，「百姓內粟千石，拜爵一級。」〔註107〕《漢書·惠帝紀》應劭曰：「（爵）一級值錢二千，凡爲六萬，若今贖罪入三十疋縑也。」〔註108〕漢文帝接受晁錯的建議：

> 令民入粟邊，六百石爵上造，稍增至四千石爲五大夫，萬二千石爲大庶長，各以多少級數爲差。〔註109〕

武帝時亦有「受爵賞而欲移賣者，無所流杝」〔註110〕的規定，「聞天漢四年，常使死罪人入五十萬錢減死罪一等，豪強吏民請奪假貸，至爲盜賊以贖罪。」〔註111〕本來是爲了減少罪犯，結果激起了更大規模的犯罪。漢成帝時，詔令

〔註105〕《漢書》卷四《文帝紀》，頁108。
〔註106〕《漢書》卷二十四《食貨志》，頁1134。
〔註107〕《史記》卷六《秦始皇本紀》，頁225。
〔註108〕《漢書》卷二《惠帝紀》，頁86。
〔註109〕《漢書》卷二十四《食貨志》，頁1134。
〔註110〕《漢書》卷六《武帝紀》，頁173。
〔註111〕《漢書》卷七十八《蕭望之傳》，頁3278。

吏民入穀物換爵，「百萬以上加賜爵右更，欲爲吏補三百石，其吏也遷二等，三十萬以上，賜爵五大夫，吏亦遷二等，民補郎……」〔註112〕右更爲十四級爵，則一級七萬多錢，五大夫爲九級爵，一級三萬多錢。成帝鴻嘉三年曾「令吏民得買爵，賈級千錢。」〔註113〕

那麼西漢時的一級民爵的出售價錢一二千錢不等。官府售爵時的價錢則遠遠高於民爵出售的價錢。東漢靈帝中平四年（187 年），爲了斂財，朝廷下令「賣關內侯，假金印紫綬，傳世，人錢五百萬。」〔註114〕關內侯是十九級爵，如此則一級爵的價錢達到二十六萬以上。而武帝規定的五十萬錢減死一等，如此的贖罪金額要靠出賣爵位來籌錢，顯然是不可能的。

漢文帝後六年（前 158 年）夏四月，「大旱、蝗，……民得賣爵。」〔註115〕賣爵成爲解決災荒的措施之一，賈誼上漢文帝疏：「歲惡不入，請賣爵、子。」〔註116〕一個「請」字，一個「令」字，反映了封建國家對民間買賣爵行爲的制約。爵之買賣必須經封建國家批准，特高爵如王、侯等沒有買賣的紀錄，人們對於某些時期國家售官賣爵的不滿、譴責（如漢靈帝時期明碼標價的賣官賣爵），說明儘管秦漢時期爵位是可以買賣的，但爵位畢竟不同於一般商品，人們對此非議頗多。

爵可以出售得錢，出錢可以贖罪，所以秦漢時期國家有令民買爵贖罪的規定，「民有罪，得買爵三十級以免死罪，戶一級。」〔註117〕應劭曰：「一級值錢二千，凡爲六萬，若今贖罪入三十疋縑矣。」師古曰：「令出買爵之錢以贖罪。」文獻記載：

> 有司請令民得買爵及贖禁錮免減罪。〔註118〕

> 人賜爵者，有罪得贖，貧者得賣與人。〔註119〕

將爵位折價出售獲取錢財來贖罪，對於罪名較輕的犯罪者來說，在一定程度上可以減少受到的刑事懲罰，對於減少犯罪逃亡有一定的意義。但秦漢時期

〔註112〕《漢書》卷十《成帝紀》，頁 321。
〔註113〕《漢書》卷十《成帝紀》，頁 318。
〔註114〕《漢書》卷八《靈帝紀》，頁 355。
〔註115〕《漢書》卷四《文帝紀》，頁 131。
〔註116〕《漢書》卷二十四《食貨志》，頁 1128。
〔註117〕《漢書》卷二《惠帝紀》，頁 88。
〔註118〕《漢書》卷二十四《食貨志》，頁 1159。
〔註119〕《後漢書》卷二《明帝紀》，頁 96。

的犯罪繳納的贖金數目巨大，即使以一家二男，人均七級爵來算。每級最高二千錢，則全部出售得二萬八千錢，死罪要納錢六萬，兩者相差很大，用這些錢來贖罪顯然不夠。況且，爵的價格也受市場影響，一級爵能否售到二千大成問題，所以對於重罪犯人來說，靠出售爵位來贖罪又失去了意義。按照常理推測，輕罪犯人納錢不多的話，賣爵贖罪或許還有一定意義。

三、賜錢帛牛酒

漢代，在賜爵的同時，還經常對民眾賞賜錢、布帛、酒食，以此來減輕災害對小民的威脅，「年八十已上，賜米人月一石，肉二十斤，酒五斗，其九十已上，又賜帛人二疋，絮三斤。賜物及當稟鬻米者，長吏閱視，丞若尉致。……刑者及有罪耐以上，不用此令。」〔註120〕師古曰：「刑謂先被刑也。有罪，在吏未決者也。言八十、九十之人雖合加賜，其中有被刑罪者，不在此賜物令條中也。」這是較早的針對民眾的賞賜，只是當時高齡者不多，所以這樣的賞賜應該沒有多大的意義。「其遣謁者勞賜三老、孝者帛人五匹，悌者、力田二匹，廉吏二百石以上率百石者三匹。」〔註121〕這是針對鄉里社會中的特殊人群進行的賞賜，賞賜面大於八十、九十的老者，但還不是普遍的賞賜。「賜天下孤寡布帛絮各有數。」〔註122〕也是針對部分生活貧困者的賞賜。「所幸縣毋出今年租賦，賜鰥寡孤獨帛，貧窮者粟。……賜天下貧民布帛，人一匹。」〔註123〕這是針對天下貧窮者進行的賞賜，在漢代，針對天下人的普遍賞賜是賜牛酒。

根據《漢書》、《後漢書》上見到的材料，對兩漢的賜爵和賜牛酒同時進行的情況進行統計，根據統計，我們可以大概看到漢代的賜爵和賜牛酒在解決民眾困難，減少民眾逃亡方面的作用。

在漢代所有的賞賜中，賜民牛酒是漢代針對所有民眾進行普遍賞賜最常見的形式。對於「賜女子百戶牛酒」的含義，《後漢書·章帝紀》注有集中解釋：

　　蘇林曰：「男賜爵，女子賜牛、酒。姚察云，女子謂賜爵者之

〔註120〕《漢書》卷四《文帝紀》，頁113。
〔註121〕《漢書》卷四《文帝紀》，頁124。
〔註122〕《漢書》卷四《文帝紀》，頁125。
〔註123〕《漢書》卷六《武帝紀》，頁196、198。

妻。」《史記‧封禪書》云：「百戶牛一頭、酒十石。」樂彥云：「婦
人無夫或無子，不占爵，故賜之也。」《後漢書》李賢注：《史記‧
封禪書》百戶牛一頭、酒十石。臣賢案：「此女於百戶，若是戶頭之
妻，不得更稱為戶。此謂女戶頭，即今之女戶也。天下稱慶，恩當
普洽，所以男戶賜爵，女戶賜牛酒。」〔註124〕

李賢所言符合漢代賞賜實際，每次女子百戶牛酒都與男子賜爵一級一起記載。
就是說以百戶為單位，每一單位賞賜牛一頭，酒十石。五十戶為單位賞賜牛酒
可以看作是百戶賞賜的變化，或者是加倍賞賜，沒有記載女子百戶的，應該是
對天下百姓的普遍賞賜，每戶賞賜的標準或者就依照女子百戶牛酒的標準。問
題在於「百戶牛酒」的內容，十石酒分賜一百戶，每戶可得十升，這是可以施
行的，可一頭牛要平均分配給一百戶，又如何分配呢？西漢平帝時全國有
12223362 戶，西漢政府每次賞賜吏民百戶牛酒，就得准備 12 萬頭牛，元帝初
元年間（前 48～44 年）五年內兩次賜吏民五十戶牛酒，就得 48 萬頭牛，成帝
建始元年（前 32 年）賜吏民五十戶牛酒一次、鴻嘉元年賜百戶牛酒一次，也得
36 萬頭牛。如此巨大的牛群，西漢政府從何處置辦？再說漢代政府有明令禁殺
耕牛，如此大規模地宰殺牛群分食其肉，恐怕也是不太可能的。即使是每百戶
賞賜十石酒，政府也得拿出 122 萬石酒來，似乎也不太可能。

秦漢時期政府向農戶徵收的租賦、徵發的力役、兵役，除田租一項須繳
實物外，其它各項均可以以貨幣來繳納、代役。再聯繫景帝後元三年（前 141
年）「吏民戶百錢」的賞賜記載，漢代所謂的賜民百戶牛酒、賜女子百戶牛酒，
極有可能賞賜的並非真正的牛、酒，而是與牛酒等值的貨幣。〔註125〕昭帝始
元六年（前 81 年）曾詔令「賣酒升四錢。」〔註126〕《九章算術》卷七有：「醇
酒一斗錢五十、行酒一斗錢一十。」的記載。

我們以詔書規定的酒價算，每石為四百錢，十石四千錢，百戶賜酒十石
每戶可得四十錢。牛價在漢代變化頗大，以一頭牛五千或者六千錢計，則每
戶可得到五十或者六十錢的賞賜，兩者相加，正好是百錢左右。從女性戶主
百戶牛酒的賞賜與男性戶主賜爵一級或者二級的賞賜價格上相當這一原則來
看，則爵的價格就只值一百錢或者五十錢了。依靠百錢左右的賞賜來解決生

〔註124〕《後漢書》卷三《章帝紀》，頁 152。
〔註125〕于琨琦《女子百戶牛酒解》，《中國歷史文物》，1999 年，第 1 期。
〔註126〕《漢書》卷七《昭帝紀》，頁 224。

活困難或者還有一定的作用，但要依靠它來使民眾免於逃亡或者讓在逃的罪犯利用這些賞賜來贖罪，則是根本不可能的。

　　賜牛酒情況如此，賜錢、帛時連具體的數字都難以看到，而且很少針對天下民眾普遍賜予，並不具備普遍意義，對於減少和預防民眾逃亡或者資助逃亡者返鄉沒有多少實際價值。

漢代賜爵、賜牛酒統計表

序號	原因	內　　　　　容	出處
1	即位	朕初即位，其赦天下，賜民爵一級，女子百戶牛酒，	114 頁
2	賞功	（文帝三年）舉功行賞，諸民里賜牛酒。	119 頁
3	祭祀	（元鼎四年）賜民爵一級，女子百戶牛酒。	183 頁
4	封禪	（元封元年）賜天下民爵一級，女子百戶牛酒。	191 頁
5	巡幸	（元封二年）其赦天下，賜雲陽都百戶牛酒。	193 頁
6	大赦	（始元元年）秋七月，赦天下，賜民百戶牛酒。	219 頁
7	帝加元服	（元鳳四年）賜吏民金帛牛酒各有差。	229 頁
8	祥瑞	（本始元年）賜天下人爵各一級，孝者二級，女子百戶牛酒。	242 頁
9	立廟	（本始二年）賜民爵一級，女子百戶牛酒。	243 頁
10	祥瑞	（元康元年）佐史以上二級，民（爵）一級，女子百戶牛酒。	254 頁
11	祥瑞	（元康二年）三月，以鳳皇甘露降集，賜天下吏爵二級，民一級，女子百戶牛酒，鰥寡孤獨高年帛。	255 頁
12	祥瑞	（元康三年）賜爵，民一級，女子百戶牛酒，鰥寡孤獨高年帛。	257 頁
13	祥瑞	（元康四年）三月，其賜天下吏爵二級，民一級，女子百戶牛酒。加賜三老、孝悌力田帛，人二匹，鰥寡孤獨各一匹。	258 頁
14	祥瑞	（神爵元年）賜天下勤事吏爵二級，民一級，女子百戶牛酒，鰥寡孤獨高年帛。	259 頁
15	祥瑞	（神爵四年）賜民爵一級，女子百戶牛酒，鰥寡孤獨高年帛。」	263 頁
16	祥瑞	（五鳳三年）賜民爵一級，女子百戶牛酒。	267 頁
17	祥瑞	（甘露二年）賜民爵一級，女子百戶牛酒，鰥寡孤獨高年帛。」	269 頁
18	災害	（初元元年）三老、孝者帛五匹，弟者、力田三匹，鰥寡孤獨二匹，吏民五十戶牛酒。	279 頁
19	巡幸	（初元二年）賜雲陽民爵一級，女子百戶牛酒。	281 頁
20	巡幸	（初元四年）賜民爵一級，女子百戶牛酒，鰥寡高年帛。	285 頁

21	災害	（初元五年）賜宗室子有屬籍者馬一匹至二駟，三老、孝者帛，人五匹，弟者、力田三匹，鰥寡孤獨二匹，吏民五十戶牛酒。」	285 頁
22	巡幸	（永光元年正月）賜民爵一級，女子百戶牛酒，高年帛。	287 頁
23	災害	（永光元年三月）賜吏六百石以上爵五大夫，勤事吏二級，為父後者民一級，女子百戶牛酒，鰥寡孤獨高年帛。」	287 頁
24	大赦	（永光二年二月）其大赦天下，賜民爵一級，女子百戶牛酒，鰥寡孤獨高年、三老、孝悌力田帛。	288 頁
25	大赦	（建昭五年）賜民爵一級，女子百戶牛酒，三老、孝悌力田帛。	296 頁
26	災害	（建始元年二月）賜宗室諸官吏千石以下至二百石及宗室子有屬籍者、三老、孝悌力田、鰥寡孤獨錢帛，各有差，吏民五十戶牛酒。	303 頁
27		（鴻嘉元年）賜天下民爵一級，女子百戶牛酒，加賜鰥寡孤獨高年帛。	315 頁
28	祭祀	（鴻嘉元年）奉初陵，賜百戶牛酒。	316 頁
29	大赦	（永始四年）賜雲陽吏民爵，女子百戶牛酒，鰥寡孤獨高年帛。	324 頁
30	祥瑞	（元延四年）甘露降京師，賜長安民牛酒。	328 頁
31	即位	（綏和二年）吏民爵，百戶牛酒，三老、孝悌力田、	334 頁
32	祥瑞	（元和二年）鰥寡孤獨帛。加賜河南女子百戶牛酒，	152 頁

第四節　漢代賑貸遷徙與逃亡犯罪預防

　　秦漢時期，面對大量的災民，政府為了減少逃亡，在災害發生時都會盡力進行救助，要麼開倉賑貸、要麼移民就粟，這些措施都對秦漢時期的逃亡控制帶來不同的影響。

一、賑貸災民

（一）兩漢賑貸的基本情況

　　因為貧困無法生存而逃亡求生的小民數量多，規模、影響相對都比較嚴重，一直受到漢代統治者的重視。賑貸、賜予小民糧食、種子就成了國家安撫逃亡小民的重要措施。元帝初元元年「以三輔、太常、郡國公田及苑可省者賑業貧民，貲不滿千錢者賦貸種、食。」〔註127〕師古曰：「賦，給與之也。

〔註127〕《漢書》卷九《元帝紀》，頁 279。

貸，假也。」給予者不需償還，貸則要償還。不過免除償還的記載也很多，如元帝永光四年「大赦天下，所貸貧民勿收責。」〔註128〕有時是有條件的免於償還，如昭帝元鳳三年下詔說「三年以前所振貸，非丞相御史所請，邊郡受牛者勿收責。」〔註129〕應劭曰：「武帝始開三邊，徙民屯田，皆與犁牛。後丞相御史復間有所請。今敕自上所賜予勿收責，丞相所請乃令其顧稅耳。」賑貸以種糧爲多，王莽時期遇到災害時就曾「開東方諸倉，賑貸窮乏，以施仁道。今使東嶽太師特進褒新侯開東方諸倉，賑貸窮乏。」〔註130〕其目的在於解決農民青黃不接和難以下種爲目的，所以接受賑貸者要負責償還。「（永光十三年）秋八月，詔象林民失農桑業者，賑貸種糧，稟賜下貧穀食。」〔註131〕這裡將賑貸與稟賜分開規定，稟賜者不需償還。《漢書・宣帝紀》和《成帝紀》載：

元康元年（前65年）三月下詔：所振貸勿收。〔註132〕

建始三年（前32年），諸逋租賦所振貸勿收。……（河平四年）

赦天下徒，賜孝悌力田爵二級，諸逋租賦所振貸勿收。〔註133〕

兩道詔書特意規定將欠租和賑貸給災民的糧食一起免於償還。

與賑貸同時進行的就是稟賜，《說文》「稟，賜穀也」。是在小民不能生存時由國家出面發放糧食，加以救濟。漢代對於老弱孤疾者由朝廷出面加以救濟，在養老方面有「受鬻法」，「民年九十以上，已有受鬻法。」〔註134〕師古曰：「給米粟以爲麋鬻。」西漢晚期稟鬻年齡已經到了不足七十歲。據《後漢書・章帝紀》記載：

元和三年（86年）春正月，詔曰：……其嬰兒無父母親屬，及有子不能養食者，稟給如《律》。〔註135〕

對不能養活幼小者，朝廷加以稟賜是一貫的規定。

當然，這種稟賜禮儀上的價值大於實際價值。每次稟賜穀物數量只有數

〔註128〕《漢書》卷九《元帝紀》，頁291。
〔註129〕《漢書》卷九《昭帝紀》，頁229。
〔註130〕《漢書》卷九十九《王莽傳》，頁4175。
〔註131〕《後漢書》卷四《和帝紀》，頁188。
〔註132〕《漢書》卷八《宣帝紀》，頁254。
〔註133〕《漢書》卷十《成帝紀》，頁306、310。
〔註134〕《漢書》卷六《武帝紀》，頁156。
〔註135〕《後漢書》卷三《章帝紀》，頁154。

斛，不能解決問題，而且在文帝時期已經出現「今聞吏稟當受鬻者，或以陳粟」〔註136〕的情況。《後漢書‧安帝紀》記載了安帝的一道詔書：「方今案比之時，郡縣多不奉行。雖有麋粥，糠秕相半，長吏怠事，莫有躬親，甚違詔書養老之意。」〔註137〕再好的政策，落到實處已經面目全非，想要收到減少和控制流亡的作用，恐怕比較困難。

與減少和控制逃亡直接相關的是災害時期的賑貸，從漢文帝後六年（前157年）因為旱災而開倉賑濟貧困開始，災害發生時政府都會進行救濟。武帝時期開始稟給災民衣食、從旁郡轉運糧食、鼓勵豪民有糧者參與假貸，協助政府救濟災民。可以說，漢代的災民救濟措施在武帝時期基本形成慣例，為以後諸帝所仿傚。災民受災之後，飢寒交迫，無以為生者不免於死亡流散，逃亡他鄉以求食。只要使他們渡過難關，就可以減少逃亡的機會，所以對他們的救濟是十分重要的。據《漢書‧成帝紀》記載，在水災發生時，成帝曾派出使者賑貸救災。

河平四年（前25年）遣光祿大夫博士嘉等十一人行舉瀕河之郡，水所毀傷困乏不能自存者，財賑貸。……避水它郡國在所冗食之，謹遇以文理，無令失職。〔註138〕師古曰：「財與裁同，謂量其等差而振貸之。」

政府按照受災情況，給與災民不同程度的救濟，當不能完全救濟使災民得到安置時，則只能聽任災民「避水它郡國，在所冗食之。」〔註139〕成為逃亡流民。這種災後救濟有專門的法律規定，東漢光武時期遇到災害時，光武帝劉秀的詔書說：

建武六年（30年）辛酉，詔曰：往歲水旱蝗蟲為災，穀價騰躍，人用困乏。朕聞百姓無以自贍，惻然愍之。其命郡國有穀者，給稟高年，鰥寡孤獨及篤癃、家貧不能自存者，如律。〔註140〕

律文內容不得而知，但從西漢時期救濟災民的相關記載可以窺知一二。

所謂「貧不能自存者」，既不是高年，也不是鰥寡孤獨篤癃，應該就是那些無法生存的青壯年，這些人是社會逃亡的主體，也是反社會秩序力量的肥

〔註136〕《漢書》卷四《文帝紀》，頁113。
〔註137〕《後漢》卷五《書安帝紀》，頁227。
〔註138〕《漢書》卷十《成帝紀》，頁310。
〔註139〕《漢書》卷十《成帝紀》，頁311。
〔註140〕《後漢書》卷一《光武帝紀》，頁47。

沃土壤，所以政府一直把救濟安置他們作爲救災的重要目標。據《後漢書·光武帝紀》：

> 建武二十九年（53 年）春賜鰥、寡、孤、獨、篤癃、貧不能自存者粟，人五斛。……建武三十年（54 年）鰥、寡、孤、獨、篤癃、貧不能自存者粟，人五斛。……建武三十一年（55 年）鰥、寡、孤、獨、篤癃、貧不能自存者粟，人六斛。〔註141〕

此後專門針對貧不能自存者的賑濟一直持續到整個東漢末期。明帝時期四次賑濟、章帝時期四次、和帝時期七次、安帝時期三次、順帝時期三次、桓帝時期一次。政府基本是全力救助這些貧不能自存者，盡量使他們能夠安定下來，免於流亡。東漢後期社會上的逃亡人數一直很多，但政權卻一直存在多年來看，這種專門針對貧不能自存的青壯年的救濟還是有一定作用的。

東漢政府面對大量的逃亡者或者無法生存即將逃亡的人口，官方救濟已經無法安置時，民間自發的救助開始逐漸多起來。馬援在北地經營畜牧業，「至有牛馬數千頭，穀數萬斛。既而歎曰：凡殖貨財產，貴其能施賑也，否則守錢虜耳。乃盡散以班昆弟故舊。」〔註142〕

廉范「在蜀數年，坐法免歸鄉里。范世在邊，廣田地，積財粟，悉以賑宗族朋友。」〔註143〕見於《後漢書》各傳記載的民間救濟事例很多，如朱暉散盡家資，分給宗族故舊、廖扶聚谷數千斛散給宗族姻親、馮昆之父賑濟窮急爲州里所愛、種暠散家財三千萬賑濟宗族及邑里貧者、童恢之父救濟九族鄉里，賴其救濟而活命者不少、趙溫散家財救濟貧人，活者萬人、張儉、鄭太都曾經出資救濟鄉民，賴其活命或免於逃亡者不少〔註144〕。《全後漢文》卷105《曹全碑》記載了曹全救濟災民的事迹。這種民間自發的救濟對於安定鄉里社會，減少逃亡人口是有一定作用的，尤其在亂世，由於鄉里豪族大姓的救濟而存活者不少，民間自救是長期教化的結果，對漢代災民救濟起了不可忽視的作用。

〔註141〕《後漢書》卷一《光武帝紀》，頁 80、81。
〔註142〕《後漢書》卷二十四《馬援傳》，頁 828。
〔註143〕《後漢書》卷三十一《廉范傳》，頁 1104。
〔註144〕《後漢書》卷四十三《朱暉傳》，頁 1459、卷八十二《廖扶傳》，頁 2720、卷三十八《馮昆傳》，頁 1281、卷五十六《種暠傳》，頁 1826、卷七十六《童恢傳》，頁 2481、卷二十七《趙典傳附趙溫傳》，頁 949、卷六十七《黨錮·張儉傳》，頁 2211、卷七十《鄭太傳》，頁 2260。

秦漢時期的國家開始注意建設糧倉儲備糧食，這對解決災民問題也有一定的幫助，《鹽鐵論・吏耕》：「豐年歲登，則儲積以備乏絕。」「蓄積誠多，則兵寇水旱之災不足苦也。」〔註145〕倉儲的目的在於改變糧食的時間效用，預防季節性的用糧波動造成的糧食缺乏和價格上漲。漢代政府對各地倉庫管理極其嚴格，對開倉賑濟災民非常慎重，一般都是遣使者到受災郡國，或特令長吏開府藏，才能進行振貸。見於《漢書》、《後漢書》各本紀記載，開倉賑濟災民的事例不少，典型者如武帝元鼎二年遣博士巡行振貸；成帝建始四年遣光祿大夫博士嘉等巡行賑貸；王莽遣三公將軍、東嶽太師開倉賑窮乏；和帝永元六年、安帝初即位分別遣謁者稟貸貧民；安帝永初二年、順帝永建二年、永和三年都遣光祿大夫案行賑貸。開倉賑貸災民，事先必須上報朝廷批准。《後漢書・左雄傳》記載「青州饑荒，盜賊未息，民有乏絕，上求稟貸。」〔註146〕使者未經詔書允許，便不能開倉賑濟，所以經常出現不能及時賑貸饑民的現象。武帝時期汲黯出使「臣過河內，河內貧人傷水旱萬餘家，或父子相食，臣謹以便宜，持節發河內倉粟以賑貧民。請歸節，伏矯制罪。」〔註147〕但這樣關心民間痛苦，能夠挺身而出者畢竟不多。一般明哲保身，以自己前途為重的官吏，是不敢輕行賑貸的。第五訪的事例就很典型：

> 遷張掖太守，歲饑，粟石數千，訪乃開倉賑給以救其敝。吏懼譴，爭欲上言。訪曰：若上須報，是棄民也。太守樂以一身救百姓。遂出谷賦人。……由是一郡得全。歲餘，官民並豐，界無姦盜。
> 〔註148〕

像第五訪這樣，不顧自己的利益，為災民考慮的官員畢竟不多。大多數的地方官員為了自己的政治前途，會嚴守國家規定，等到上級政府允許後再開倉賑濟。不乘機中飽私囊，能按照國家規定進行賑濟的應該是較好的，而乘賑濟災民之機侵吞國家資財，使災害後果更加嚴重的官員則更多。

（二）兩漢賑災活動的效果

災後及時賑濟是減少災害危害的重要措施，也是國家政權維護社會穩定和發展的重要責任，但漢代因為各種原因，使這種政府責任常常落空。最常

〔註145〕《後漢書》卷四十九《仲長統傳》，頁 1655。
〔註146〕《後漢書》卷六十一《左雄傳》，頁 2021。
〔註147〕《漢書》卷五十《汲黯傳》，頁 2316。
〔註148〕《後漢書》卷七十六《第五訪傳》，頁 2475。

見的影響賑濟效果的原因有下列幾項：

地方官吏不能及時開倉賑濟。在受災嚴重，人命垂危之際，很多朝廷官員囿於政府各種規定，不能按時開倉賑濟，嚴重影響了賑濟的效果。災害發生後，地方官員都會等待朝廷命令，結果遷延時日，錯過了賑濟的最佳時期，導致餓殍遍野，小民逃亡。韓韶爲嬴長，流民入縣求索衣食者甚多，主管者以朝廷規定爲由，認爲不能開倉。韓韶說：「長活溝壑之人，而以此伏罪，含笑入地矣。」〔註149〕遂稟贍萬餘戶。小小縣倉就能發揮如此巨大的作用，國家設立在各地的倉庫儲糧在救濟災民，減少災民逃亡方面應該起到相當重要的作用。但在兩漢時期，因爲信息傳播速度過慢，和管理制度上的原因，災害發生時官府不能及時開倉賑濟，影響到救濟效果。

漢代的政府救濟經常因爲官吏貪污，使救濟失去應有的作用。西漢末年災害頻繁，「流民入關者數十萬人，乃置養贍官稟食之。使者監領，與小吏共盜其稟，饑死者十七八。先是，莽使中黃門王業領長安市賈，賤取於民，民甚患之。業以省費爲功，賜爵附城。莽聞城中飢饉，以問業。業曰：皆流民也。乃市所賣梁餅肉羹，持以示莽。曰：居民食咸如此。莽信之。」〔註150〕依靠稟食救濟災民或許不是長久之計，也不能從根本上解決問題，但認眞執行，總可以減少災民的死亡、逃亡人數，減輕人們對政府的反抗情緒。《東觀漢紀》安帝永初七年：「調濱水縣彭城、廣陽、廬江、九江穀九十萬斛，送敖倉。」三輔地區的儲糧應該多於敖倉，以正常情況下一人一月使用一石半，則九十萬斛可以供六十萬人使用一月。這樣說來，王莽完全可以利用京師的儲糧，暫時解決逃亡災民的糧食問題，而小吏卻乘機發國難財，使流民問題越來越嚴重，據《後漢書》記載：

> （獻）帝使侍御史侯汶出太倉米豆爲饑人做糜，經日而死者無降。帝疑賦恤有虛，乃親於御前自加臨撿。既知不實，使侍中劉艾出讓有司。……自是後多得全濟。〔註151〕

要是考慮到官吏貪污這一層原因，則漢代的開倉救濟到底能有多少效果又要打折扣了。

除去官吏貪污以外，在開倉救濟方面還要考慮到豪右的侵奪冒領。和帝

〔註149〕《後漢書》卷六十二《韓韶傳》，頁2063。
〔註150〕《漢書》卷九十九《王莽傳》，頁4177。
〔註151〕《後漢書》卷七十二《董卓傳》，頁2336。

永元五年（93 年）二月詔：「去年秋麥入少，恐民食不足。其上尤貧不能自給者戶口人數。往者郡國上貧民，以衣履釜甑爲貲，而豪右得其饒利。詔書實核，欲有以益之，而長吏不能躬親，反更徵召會聚，令失農作，愁擾百姓。」〔註152〕這樣的情況在章帝建初元年（76 年）詔書中已經看到端倪，「流人欲歸本者，郡縣其實稟，……長吏親躬，無使貧弱遺脫，小吏豪右得容姦妄。」〔註153〕從詔書看，似乎豪右乘機侵奪小民財產，耽誤小民農時，冒領救濟，故意遺脫小民都是比較嚴重的問題，否則皇帝不會親自下詔過問此事。聯繫東漢時期豪族控制地方社會的實際，那麼他們在稟賜糧食上上下其手，使利歸豪家，開倉救濟的效果自然會大打折扣。

　　賑貸救濟災民最大的問題在於倉儲糧食數量不足，難以解決災民問題。「伏見被災之郡，百姓凋殘，恐非賑給所能勝贍，雖有其名，終無其實。可依徵和元年故事，遣使持節慰安。尤困乏者，徙置荊、楊熟郡，既省轉運之費，且令百姓各安其所。」〔註154〕政治腐敗之後，一切政策和措施都會受到影響，倉儲糧食應該也不例外，沒有了糧食，自然所有的救濟措施都無法實現了。這樣的情形從西漢初年就已經存在，文帝時期晁錯上了著名的「積貯疏」，專門指出當時朝廷內外沒有糧食積貯的問題，武帝元封四年（前 107 年）石慶自罪說：「城郭倉廩空虛，民多流亡。」〔註155〕成帝時期谷永說：「公家無一年之蓄，百姓無旬日之儲，上下俱匱，無以相救。」〔註156〕東漢情況更加嚴重，陳藩有「田野空、朝廷空、倉庫空」的說法，遇到這樣的情況，還能寄希望於國家開倉賑濟來減少或者安置逃亡人口嗎？

　　據《晏子春秋》記載，「齊景公之時，饑。晏子請爲民發粟，公不許，當爲路寢之臺，晏子令吏重其賃，遠其兆，徐其日，而不趨。三年臺成，而民振。故上悅乎遊，民足乎食。」〔註157〕上述以工代賑救濟災民的記載是否確實難以考定，但漢代在安置逃亡災民方面似乎也採取過類似以工代賑的方法。據《漢書·溝洫志》記載，西漢末年，黃河決堤，朝廷討論如何解決災

〔註152〕《後漢書》卷四《和帝紀》，頁 174。
〔註153〕《後漢書》卷三《章帝紀》，頁 132。
〔註154〕《後漢書》卷三十二《樊準傳》，頁 1128。
〔註155〕《漢書》卷四十六《石奮傳》，頁 2198。
〔註156〕《漢書》卷八十五《谷永傳》，頁 3462。
〔註157〕《晏子春秋·內篇雜上》。

民問題時，桓譚提出：「計定然後舉事，費不過數億萬，亦可以事諸浮食無產業民。空居與行役，同當衣食。衣食縣官，而爲之作，乃兩便，可以上繼禹功，下除民疾。」〔註158〕師古曰：「言無產業之人，端居無爲，及發行力役，俱須衣食耳。今縣官給其衣食，而使修治河水，是爲公私兩便也。」修築公共工程，是朝廷的一項重要任務，以工代賑的好處在於可以調動朝廷用於公共工程的資金來救濟災民，解決儲糧不足問題，收到一舉兩得的效果。

桓譚的建議雖然沒有得到實行，但至少可以知道當時關中地區的逃亡災民數量很多，完全借助於國家的救濟已經難以解決問題。河平四年（前 25 年）關東大水，詔曰：「避稅他郡國，在所冗食之。」〔註159〕文穎注：「冗，散也。散稟食使生活，不占著戶給役使也。」不落戶口，役使取食，大概是讓流民爲豪族大戶所役使以取得衣食之資的意思，也顯示了朝廷儲糧不足的困境。

二、遷徙災民

漢代從高帝時期就開始遷徙災民，以減少逃亡。高帝二年（前 205 年），關中大饑，高帝令民就食蜀漢，當時劉邦控制著蜀漢，徙民蜀漢有防止人口逃亡關東的作用。正常情況下，百姓的遷徙是從地狹人稠處遷往地廣人稀的肥沃之地。

景帝元年（前 156 年）的詔書說：「間者歲比不登，民多乏食，……其議民欲徙寬大地者，聽之。」〔註160〕這是政府允許民眾自由遷徙寬大處，也就是容許災民自由遷徙到地寬民少的地方，以獲得必要的生存資料，減少逃亡犯罪發生的幾率。

武帝元狩四年（前 119 年），政府開始以大規模組織災民遷徙他鄉的方式來解決災民逃亡的問題。當時關東地區河水泛濫，大量災民流亡道路，「天子遣使虛郡國倉廩以振貧，猶不足，又募豪富人相假貸，尚不能相救，乃徙貧民於關以西，及充朔方以南新秦中，七十餘萬口，衣食皆仰給於縣官。數歲，貸與產業，使者分部護，冠蓋相望，費以億計，縣官大空。」〔註161〕

〔註158〕《漢書》卷二十九《溝洫志》，頁 1697。
〔註159〕《漢書》卷十《成帝紀》，頁 311。
〔註160〕《漢書》卷五《景帝紀》，頁 139。
〔註161〕《漢書》卷二十四《食貨志》，頁 1162。

　　這次遷徙的就是「貧民無產業者，募徙廣饒之地」〔註162〕的那些人。這對於減少逃亡人口是有一定作用的，只是搞得國庫空虛，影響到以後漢政府對流民的遷徙政策。元鼎二年（前115年）出現流民潮時，朝廷只是順應災民的流向，沿途加以護送而已。等到元封四年（前107年）再次出現流民潮，大臣請求遷徙災民時，武帝說：「今流民愈多，計文不改，君不繩責長吏，而請以興徙四十萬口，搖蕩百姓，孤兒幼年未滿十歲，無罪而坐率，朕失望焉。」〔註163〕漢武帝已經徹底放棄了遷徙災民的行動，其根本原因在於吏治的腐敗和花費太大，國庫難以負擔。

　　秦漢時期，農民安土重遷，朝廷遷徙民眾，大多迫之以國家政權威力，誘之以厚利，所謂「募」者就指這些，把解決民眾流亡與充實邊境力量結合起來，民眾不見得心甘情願。這也是武帝實行一次之後徹底放棄的原因。

　　西漢後期，面對關東地區災害引起的大規模流亡民眾，朝廷似乎還採取了徙民敦煌地區來開發邊郡，解決災民流亡問題。簡牘記載：

　　　　和平元年八月戊辰朔壬午，敦煌太守賢，誠信德謂過所縣、
　　道，遣廣至司空嗇夫尹猛，收流民東海、泰山，當舍傳舍，從者如
　　律令。八月庚寅過東。（Ａ）佐高卿二在所，官奴孫田取詣□□所。
　　（Ｂ）〔註164〕

此簡是敦煌太守發給廣至司空嗇夫尹猛去山東一帶招徠流民的過所錄文，發文時間是河平元年（前28年）八月十五日，尹猛路過懸泉置的時間是八月二十三日。成帝建始四年（前29年），河決東郡金隄，「泛溢兗、豫，入平原、千乘、濟南，凡灌四郡三十二縣，水居地十五萬餘頃，深者三丈。……遣大司農非調調均錢穀河決所灌之郡。」〔註165〕朝廷雖然採取了一些措施，但災民流亡問題依然很嚴重。直到河平四年（前25年），成帝在詔書中還說「避水它郡國，在所冗食之，謹遇以文理，無令失職。」〔註166〕在這種情況下，尹猛所收當是黃河水災後出現的流亡民眾，只是此類記載不多，難知其詳。

　　平帝時期政治更加腐敗，災害影響還在擴大，「郡國大旱，青州尤甚，民流亡。……罷安定呼池苑，以為安民縣，起官寺市里，募徙貧民，縣次給食。

〔註162〕《漢書》卷二十四《食貨志》，頁1166。
〔註163〕《漢書》卷四十六《石奮傳》，頁2198。
〔註164〕《敦煌漢簡釋粹》，頁44。
〔註165〕《漢書》卷二十九《溝洫志》，頁1689。
〔註166〕《漢書》卷十《成帝紀》，頁311。

至徙所，賜田宅什器，假與犁、牛、種、食，又起五里於長安城中，宅二百區，以居貧民。」〔註167〕這是不同於武帝安置流民的一種辦法。在寬大肥饒之處，設置安民縣，就地安置逃亡人口，在漢代歷史上是少見的。此後的大規模流民，就再也沒有看到政府有什麼具體措施來安置了。

東漢在遷徙流民方面與西漢不同，政府除去假民公田、免罪賜爵、賜牛酒以外，基本上沒有什麼有力的政策，政府組織的大規模遷徙災民的情況已經看不到了。據《後漢書・章帝紀》記載：

元和元年（84年）詔：其令郡國募人無田欲徙它界就肥饒者，
恣聽之。到在所，賜給公田，爲雇耕傭，貸種餉，賣與田器，勿收
租五歲，除算三年。其後欲還本鄉者，勿禁。〔註168〕

東漢早期，流民問題已經引起人們注意，章帝此舉在於安置無田農民，防止他們因爲無法生存而成爲逃亡者。這應該是一種比較成功的做法。但此後卻再也看不到政府有意識，有組織的通過遷徙，解決民眾生計問題來防止小民流亡了。

西漢流民大致起於關東地區，北部邊境和江淮一帶是流入地區，東漢情況不同，關東地區依然有源源不斷的流民產生，同時，由於戰亂的影響，北方地區也逐漸成爲流民產生的重要地區。開始時北方地區產生的流民大多在北部郡縣之間流動，直到東漢末年，戰亂加劇，整個北方地區成爲軍閥混戰的戰場，人們已經無法生存時，才出現北入幽州、南走江淮、投歸徐州、奔向益州、流向漢中的情況，或者乾脆躲進深山避難，正是東漢政權崩潰的寫照。

總的來說，遷徙災民在解決流民逃亡方面有一定的作用，但不起根本作用。

本章小結

面對活動在社會上的大量逃亡犯罪者，秦漢政府採取了許多措施加以控制和預防，這些措施由於秦漢政府統治思想特別是犯罪預防與控制思想的不同，表現出不同的特點。

〔註167〕《漢書》卷十二《平帝紀》，頁353。
〔註168〕《後漢書》卷三《章帝紀》，頁145。

　　秦王朝建立後，在法家嚴刑峻法的思想指導下，對社會犯罪進行了嚴厲的鎮壓，睡虎地秦墓出土的竹簡是秦王朝建立前夕地方政府中主管司法的小吏常用的法律文書，其中嚴密規定了對社會逃亡犯罪者的追捕，也可以看到社會上活動著數量不少的逃亡人員，有男、有女、有秦國人、也有關東六國的人；有單身逃亡者、也有一家五口、十口一起逃亡者、更有武裝起來的集體逃亡者；有的逃亡者擺脫了政府的追捕之後繼續著正常的生活、有的逃亡男女乾脆重新組建逃亡家庭；有的小偷小摸、有的一家爲賊、有的集團爲盜。對於如此眾多的逃亡者，秦政府採取了極其嚴密的手段進行無休止的抓捕和處罰，輕者被罰坐勞役，直到做夠相應的犯罪贖金額度；重者成爲無期限的刑徒。無法忍受繁重勞役的刑徒又成爲逃亡犯罪的蓄水池，一旦遇到機會，便會重新投入逃亡者行列。秦政府對社會逃亡者的處理辦法似乎只有一條，就是嚴令地方管理不遺餘力地抓捕，抓捕歸案後以勞役刑來懲罰。其結果，逃亡者布滿天下，服刑之人充溢道路，昨日的逃亡犯罪者或許是今天的刑徒，現在的刑徒很快又會成爲新的逃亡罪犯。各級政府官吏疲於奔命，爲了自保，殺人父兄、孤人子女者有之，唯恐刑人不盡者有之，欺瞞上級者有之，首鼠兩端與逃亡罪犯勾結者有之。極力抓捕和嚴刑鎮壓逃亡者的政策爲秦王朝自己掘好了墳墓，就這一政策而言是徹底失敗的。

　　兩漢王朝與秦王朝相比，在預防和控制逃亡犯罪方面最大的變化之一是實行大赦。赦免出現的很早，《易·解卦》說：「象曰：雷雨作，解。君子以赦過宥罪。」對於過失犯罪者可以赦免，對故意犯罪者只能給與寬宥，則至少周代已經有赦免。《尚書·舜典》有「眚災肆赦，怙終賊刑」的說法，《傳》解釋說：「眚，過。災，害。肆，緩。賊，殺也。過而有害，當緩赦之。怙姦自終，當刑殺之。」即過失造成損害者可以赦免。如此則赦免起源更早到五帝時期。不過，漢代以前的赦免大多針對某一具體犯罪事例，某一個體犯罪者，秦王朝建立後更是「剛毅戾深，事皆決於法，刻削毋仁恩和義，然後合五德之數，於是急法，久者不赦。」〔註169〕真正涉及到天下犯罪者的應該是秦二世二年（前208年）爲了鎮壓陳勝起義而大赦天下，「二年冬，陳涉所遣周章等將西至戲，兵數十萬。二世大驚，……章邯曰：盜已至，眾強，今發

─────────────

〔註169〕《史記》卷六《秦始皇本紀》，頁238。

近縣不及矣。酈山徒多，請赦之，授兵以擊之。二世乃大赦天下。」〔註170〕
只是當時各地義軍烽火已成燎原之勢，難以撲滅了。這是歷史上最早的一次
大赦天下。西漢滅秦後，開始與民休息，恢復社會經濟，面對大規模的逃亡
犯罪，西漢政府一開始就實行了天下大赦，此後大赦「遂成常法」〔註171〕。
兩漢政府經常性的大赦天下，赦令所及，罪犯得到赦免，可以恢復正常人的
生活，逃亡者也不用再東躲西藏。經常性的大赦在一定程度上彌補了法律的
不足，糾正了司法錯誤帶來的負面影響，是封建統治者重視人的生命的表現，
是其對生命的保存或者剝奪都看得極其嚴重的結果。〔註172〕大赦是建立在皇
帝本人所具有的合法的領導能力上，而不是根基於其偶發的怪僻意念，這種
制度的目的主要在於做到罰當其罪，是「爲避免罰不當罪而作出的努力」。〔註
173〕兩漢之後，定期大赦成爲歷代統治者德政的一種表現，在減少犯罪逃亡者
方面有著重要的作用。

　　兩漢政府在控制逃亡犯罪的措施上除去定期大赦天下外，另一長期執行
的政策就是減免租賦，十五稅一、三十稅一甚至徹底免稅的記載時有所見，
執行最徹底，效果最好的是在西漢初期的文帝、景帝時期和東漢初期，減免
租賦對於小農經濟而言，是有一定作用的，「衣食足而知榮辱」，只要能夠生
存下去，小農主動犯罪的數量畢竟有限，更不用說主動逃亡了。不過，減免
租賦對逃亡犯罪的預防和控制作用受到其他方面的制約，當朝廷大興事功如
武帝時期外事四夷，東漢後期，羌禍連綿導致國庫空虛的情況下，減免租賦
也就不大可能了；再如政治腐敗時，官吏貪殘、橫征暴斂，名曰輕賦，實則
暴斂，如西漢末期和東漢末期。所以，輕繇薄賦在控制逃亡犯罪上的作用主
要出現在西漢初期的七十餘年，昭帝、宣帝時期，東漢光武、明帝、章帝時
期，這些時間段時值大亂之後，政治比較清明，輕繇薄賦的惠民效果基本能
夠落到實處，對預防和控制逃亡犯罪起到一定作用。至於兩漢王朝的其他時
期，要麼政府加重賦稅徵收，即使有輕繇薄賦的政策也只會流於形式，甚至
因爲政治腐敗而變成殘民暴政。

〔註170〕《史記》卷六《秦始皇本紀》，頁 270。

〔註171〕沈家本《歷代刑法考》，中華書局，1985 年，頁 526。

〔註172〕梁治平《尋求自然秩序的和諧》，上海人民出版社，1991 年，頁 323。

〔註173〕（美）布迪、莫里斯著，朱永譯《中華帝國的法律》，江蘇人民出版社，1998
　　　　年，頁 439。

　　兩漢時期在預防和控制犯罪方面另一個新的措施就是不斷地向民眾賜爵，秦朝爵位來之不易，要靠作戰殺敵才能換到，爵位可以用來贖罪、可以用來出賣，有爵者在犯罪時還可以享受一定的減輕處罰的特殊待遇。西漢王朝建立後，由於天下太平，戰爭不多，所以依靠戰功獲得爵位的機會已經不多，於是作爲一種惠民措施，西漢政府開始大量向民眾賜爵。爵位可以出售，可以用來贖罪，所以，賜爵就有了減少犯罪者逃亡的功能。不過，漢代爵位的價值隨著爵位的易得逐漸減少，尤其面對數量巨大的贖罪金額，低廉的爵位是難以起到根本作用的，不過，有總比沒有好，與秦代相比，漢王朝的賜爵在預防和控制逃亡犯罪方面還是有效果的，至於和賜爵同時進行的賜牛酒的象徵性要大於實際效果。

　　另一個貫穿兩漢時期的救濟逃亡災民的措施是賑貸，利用國家財力、物力救濟災民，使之免於流亡。從兩漢時期的賑貸效果看，政治清明的時期，主要在西漢初期，東漢初期，賑貸措施可以在一定程度上減少災民流亡；至於政治黑暗的時候，朝廷的賑貸效果因爲官吏貪殘、豪強巧奪，小民獲利者反而不多，與朝廷賑貸災民的初衷大相徑庭，失去了應有的效果。這樣的情況出現在西漢後期，東漢後期，朝廷賑貸救濟不斷，災民流亡也不斷。

　　從西漢宣帝到東漢安帝時期還實行過以安置流亡貧民爲對象的假民公田經營，作爲一種救濟措施，這是秦王朝所沒有的。在假民公田實行的時期，許多流亡貧民暫時獲得一塊土地和種子、農具，獲得了生活的基本資源，暫時安頓下來，結束了流亡。即使是開放山澤陂池性的惠民措施也會在一定程度上增加流民的生存機會，減少逃亡犯罪。但實行假民公田經營的西漢後期，正是地方豪強逐漸強大的時期，再加上外戚逐漸掌握西漢政權，政治日益黑暗，假與小民的公田被豪強貴族大量侵佔，結果是國家公田反而化成貴族私田。東漢時期也遇到相同的問題，隨著國家掌握的公田喪失，假民公田經營也就無疾而終了。總的說來，假民公田在解決民眾逃亡問題上有著一定的作用。

　　西漢時期，爲了解決流民逃亡問題，景帝時期和武帝時期都曾有組織地遷徙災民，尤其武帝元狩四年的徙民七十餘萬口於新秦中，此舉雖然有移民實邊的目的存在，但作爲政府有組織的大規模遷徙災民的行動，在秦漢時期是僅見的，以後隨著政府財力的下降，有組織的遷徙災民行動就再也看不到了。

　　從秦到漢，政府在預防和控制逃亡犯罪方面的措施經歷由單一鎮壓到多

種措施預防，終於形成了複雜的預防控制系統，開創了封建政府運用多種方式互相配合，預防和控制逃亡犯罪的先河。

第六章　逃亡犯罪的懲治規定

　　制裁逃亡犯罪一直是封建政府司法機關的重要職責。李悝「著《法經》。以爲王者之政莫急於盜賊，故其律始於盜賊，盜賊須劾捕，故著《網》、《捕》二篇。……商君傳習，以爲秦相。」〔註1〕對逃亡罪犯的抓捕和懲治一直是封建王朝司法機關最爲關注的問題，從封建法律誕生之日起，就成爲國家法制的重要組成部分。

　　《睡虎地秦墓竹簡》中有許多關於「逃亡」或者「亡」的記載，反映出秦朝對逃亡犯罪的法律規定、對逃亡者的抓捕以及抓捕逃亡者後應該得到的賞賜或者失職導致罪犯逃亡後應該受到的懲罰等。《睡虎地秦簡・日書》（1044）、（1045）、（1046）、（1047）四簡所記，爲可以追捕抓獲逃亡者的日期，另外還有大量「亡者得」、「亡者不得」的占卜記載，所以學者認爲「出土秦律中確有專門追捕各種逃亡者的法律 ── 捕亡律。」〔註2〕這一說法是有一定根據的。後文提到的有關追捕、懲治逃亡犯罪的規定都與《捕亡律》有關。

　　《秦律雜抄》中有《捕盜律》：「《捕盜律》曰：捕人相移以受爵者，耐。求盜勿令送逆爲他，令送逆爲它事者，貲二甲。」〔註3〕盜賊是和逃亡犯罪聯繫在一起的，《捕盜律》中的有些規定也適用於對逃亡犯罪的懲治。秦代法律文本傳世不多，出土較少，所以關於逃亡犯罪的法律我們也只能窺其一斑，而《張家山漢墓竹簡・二年律令》中的「亡律」、「捕律」爲我們瞭解漢代有關逃亡的法律提供了線索。

〔註1〕《晉書》卷三十《刑法志》，頁922。
〔註2〕高敏《雲夢秦簡初探》，河南人民出版社，1981年，頁84。
〔註3〕《睡虎地秦墓竹簡》，頁147。

第一節　懲治逃亡犯罪的相關規定

　　秦漢政府針對逃亡犯罪制訂了系統的法律規範，不僅規定了逃亡犯罪的刑罰，還制訂了發現逃亡犯罪及時報告官府、嚴禁包庇和接濟逃亡犯罪以及相關官員的責任等規範，構成了系統嚴密的法規體系，成為控制逃亡犯罪的主要依據。

一、逃亡犯罪案件管理規定

　　秦漢時期有嚴密的戶籍管理制度，鄉官里吏承擔著地方社會成員的戶籍和其他方面的管理，一旦發現逃亡人口，要立即報告相關人員，對逃亡者的姓名、身份、籍貫、以前曾經犯過的罪行、是否已經赦免等內容登記清楚。還要查清楚有過幾次逃亡記錄，逃亡和逋事一共多少天等內容。

　　　　覆，敢告某縣主：男子某辭曰：士五（伍），居某縣某里，去
　　亡。可定名事里，所坐論云可（何），可（何）罪赦，（或）覆問毋
　　（無）有，幾籍亡，亡及逋事各幾可（何）日，遣識者當騰，騰皆
　　為報，敢告主。〔註4〕

這是一個逃亡案件的記錄，報案的是一位男子，報告居住在某縣某里的男子逃亡。縣裏的負責人接到報案後，派人專門調查逃亡者的姓名、身份、籍貫、曾經犯過何罪、判處過什麼刑罰、是否經過赦免、有過幾次躲避徭役的逃亡，將這些情況瞭解清楚之後一一登記在案，然後上報縣府。

　　　　亡自出，鄉某爰書：男子甲自詣，辭曰：士五（伍），居某里，
　　以乃二月不識日去亡，毋（無）它坐，今來自出。問之□名事定，
　　以二月丙子將陽亡，三月中逋築宮廿日，四年三月丁未籍一亡五月
　　十日，毋（無）它坐，莫覆問。以甲獻典乙相診，今令乙將之詣論，
　　敢言之。〔註5〕

這是對一個自己返鄉的逃亡人員的審理記錄，政府派遣專人經過仔細詢問後，把逃亡者的情況一一記錄後再上報縣裏，記錄存檔。「籍」就是登記逃亡，「幾籍亡」就是多次登記逃亡。政府逃亡紀錄十分詳細，不但有逃亡的總體時間，還有起止日期以及逃避徭役即「乏徭」的種類。秦朝很少大赦，逃

〔註4〕《睡虎地秦墓竹簡》，頁250。
〔註5〕《睡虎地秦墓竹簡》，頁278。

亡者犯下的各種罪行無法得到赦免和減輕，一一積累起來，就成了官府定罪的依據。逃亡者積累的案底越多，就越要逃亡，越不能返鄉，這也是秦朝社會逃亡人員眾多的原因之一。從這些零星的記載中我們大概可以判斷秦漢時期有關逃亡犯罪案件管理的具體內容。

> 馬長吏即有吏卒民屯士亡者，具署郡縣裏名姓年長物色所衣服齎操，初亡年月日，人數白報與病已‧謹案居延始元二年，戍田卒千五百人爲卒馬田官穿涇渠，乃正月己酉淮陽郡〔註6〕（303‧15，513‧17）

這支簡記載了發現逃亡者後應該登記的相關情況，涉及到逃亡者的人數、郡、縣、裏、姓名、年齡、長相特徵、衣服、攜帶何種物品、逃亡的具體時間，這些內容都應該向上級機關彙報。這雖然是邊關地區的規定，但從種種迹象看，內地也是如此執行的。

> 隸臣妾、城旦舂、鬼薪、白粲家室居民里中者，以亡論之。（《二年律令》：簡307）

以上四種身份都屬於犯罪刑徒，應該在規定的地方、由專門人員監督勞動，這些刑徒一旦住進普通民居，也就意味著他們脫離了政府的控制，自然是逃亡了。就性質而言，這與普通人脫離戶籍逃亡他鄉沒有區別。

二、逃亡犯罪的刑罰規定

秦漢法律規定，逃亡犯罪主犯要處以刑罰，雇傭接濟逃亡罪犯的行爲也要處罰，抓捕逃亡犯罪不力的官員也要收到刑罰處罰。

（一）逃亡犯罪主犯的處罰規定

秦漢時期，對各種類型的逃亡犯罪者都要處以不同的刑罰。刑罰規定參考到了逃亡者原來的罪行、逃亡時間等因素。

> 隸臣妾繫（繫）城旦舂，去亡，已奔，未論而自出，當治（笞）五十，備繫（繫）日。〔註7〕

> 甲捕乙，告盜書丞印以亡，問亡二日，它如甲，已論耐乙。〔註8〕

〔註6〕《居延漢簡釋文合校》，頁497。
〔註7〕《睡虎地秦墓竹簡》，頁208。
〔註8〕《睡虎地秦墓竹簡》，頁210。

城旦舂亡，黥，復城旦舂。鬼薪白粲也，皆笞百。（《二年律令》：簡 164）

隸臣妾，收人亡，盈卒歲，毄（繫）城旦舂六歲；不盈卒歲，毄（繫）三歲，自出殹（也），笞百。其去毄（繫）三歲亡，毄（繫）六歲；去毄（繫）六歲亡，完爲城旦舂。（《二年律令》：簡 165）

以上都是對逃亡犯罪者所處懲治的案件記錄。秦漢法律規定，罪犯逃亡時要根據情況施以處罰，或者延長刑期，或者施加責打，以示對逃亡者的懲罰。隸臣妾被拘禁，服城旦舂徭役時逃亡，抓獲後要鞭打五十，繼續服役；盜蓋官印的逃亡犯則會被處以耐刑；服城旦舂役的犯罪者逃亡的話，要加處黥刑，即在面上刺字，然後服完原來的徒刑；服鬼薪、白粲徒刑的罪犯逃亡被抓獲的話，要鞭打一百，繼續服完原來的徒刑；隸臣妾逃亡一年，要罰作城旦舂六年，不滿一年，罰作城旦舂三年，罰作三歲刑時逃亡的話，要改判六年城旦舂徒刑，服役滿六年的城旦舂刑徒逃亡的話，要處「完」刑，繼續服役。

會赦未論，有（又）亡，赦期已盡六月而得，當耐。〔註9〕

大夫甲堅鬼薪，鬼薪亡，問甲可（何）論？當從事官府，須亡者得。今甲從事，有（又）去亡，一月得，可（何）論？當貲一盾，復從事。從事有（又）亡，卒歲得，可（何）論？當耐。〔註10〕

亡律：吏民亡，盈卒歲，耐；不盈卒歲，毄（繫）城旦舂；公士、公士妻以上作官府，皆償亡日。其自出殹（也），笞五十。給逋事，皆籍亡日，拊數盈卒歲而得，亦耐之。（《二年律令》：簡 157）

女子已坐亡贖耐，後復亡當贖耐者，耐以爲隸妾。司寇、隱官坐亡罪隸臣以上，輸所作官。（《二年律令》：簡 158）

對普通逃亡者處耐刑大概是秦漢時期的法律規定。以前犯罪，得到赦免後，再次逃亡，屬於普通人的逃亡，被抓獲要處以耐刑；甲爲大夫，負責監督處以鬼薪刑的罪犯勞動，鬼薪逃亡，自己被罰在官府服役，算是對失職的懲罰，具有大夫爵的人在服役時逃亡，如果一月內被抓獲，要罰一盾，如果再次逃亡，一年內被抓獲的話，則要處以耐刑；漢代情況稍有變化，逃亡不滿一年的，處以繫城旦舂的懲罰，逃亡滿一年的，才處以耐刑；婦女逃亡後被處以

〔註9〕 《睡虎地秦墓竹簡》，頁216。
〔註10〕 《睡虎地秦墓竹簡》，頁206。

耐刑，贖免後再次逃亡，又被處以耐刑。公士、公士妻罰作官府而逃亡，被抓獲的話，要罰作與逃亡時間一樣長的勞役，自首的話，鞭打五十下，對於故意逃避官府徭役徵發的人，要記錄在案，如果多次逃亡的日期加起來超過一年的話，也要處以耐刑。耐刑是對普通逃亡者在法律上的一種懲罰規定。

　　罷癃守官府，亡而得，得比公癃不得？得比焉。〔註11〕

　　把其叚（假）以亡，得及自出，當爲盜不當？自出，以亡論。

其得，坐臧（贓）爲盜；盜罪輕於亡，以亡論。〔註12〕

　　其自出毆（也），若自歸主，主親所智（知），皆笞百。（《二年律令》：簡159）

　　諸亡自出，減之；毋名者，皆減其罪一等。（《二年律令》：簡166）

　　奴婢亡，自歸主，主親所智（知），及主、主父母、子若同居求自得之，其當論畀主，或欲勿詣吏論者，皆許之。（《二年律令》：簡160）

對於逃亡的殘疾人或者逃亡後自首的人，在處罰程度上似乎有減輕懲治的傾向。殘疾人看守官府而逃亡，可以按照因公殘疾的逃亡人員處理。如果攜帶借用官府的東西逃亡，不管逃亡者攜帶東西價值多大，自首的話，就以逃亡論處；如果被抓獲，則要作爲盜罪來處理，但如果按照盜罪處理還比逃亡罪處理輕的話，則要按照逃亡罪處理。因爲秦漢時期的盜罪處罰要參考盜竊物品的價值，贓物價值越大，受到的處罰越嚴厲，反之越輕。官奴婢逃亡，自己回來，處鞭打一百之罰。私家奴婢逃亡追回後是否送官懲治由其主人自定。優待殘疾逃亡者和自首的逃亡者是秦漢時期懲處逃亡者的一大特點。

　　可（何）謂「逋事」及「乏徭（繇）」？律所謂者，當徭（繇），吏、典已令之，即亡弗會，爲「逋事」；已閱及敦（屯）車食若行到徭（繇）所乃亡，皆爲「乏徭（繇）」。

　　不會，治（笞）；未盈卒歲得，以將陽有（又）行治（笞）。今士五（伍）甲不會，治（笞）五十；未卒歲而得，治（笞）當駕（加）不當？當。〔註13〕

〔註11〕《睡虎地秦墓竹簡》，頁208。
〔註12〕《睡虎地秦墓竹簡》，頁207。
〔註13〕《睡虎地秦墓竹簡》，頁221。

秦漢時期，徭役繁重，很多人不堪重負而逃亡他鄉，躲避徭役，所以秦簡中對這類逃亡現象專門作了規定。所謂「逋事」就是在接到政府徵發徭役的通知後，故意逃亡以躲避官府徭役。「乏徭」就是在前往服役地的途中或者在服役期間逃亡。如果逃亡躲避徭役，立即抓獲要鞭打五十。在一年內被抓獲的話，鞭打之刑要加重。如《二年律令》簡157所記：「給逋事，皆籍亡日，附數盈卒歲而得，亦耐之。」如果服役逃亡的話，要記錄在案。如果多次紀錄的逃亡時間超過一年的話，也要處以耐刑。

> 女子甲爲人妻，去亡，得及自出，小未盈六尺，當論不當？已官，當論，未官，不當論。〔註14〕

> 女子甲去夫亡，男子乙亦闌亡，相夫妻，甲弗告請（情），居二歲，生子，乃告請（情），乙即弗棄，而得，論可（何）殹（也）？當黥城旦舂。

> 甲取（娶）人亡妻以爲妻，不智（知）亡，有子焉，今得，問安置妻子？當畀。或入公，入公異是。〔註15〕

> 取（娶）人妻及亡人以爲妻，及爲亡人妻，取（娶）及所取（娶），爲謀（媒）者，智（知）其請（情），皆黥以爲城旦舂。其眞罪重，以匿罪人律論。弗智（知）者不□（《二年律令》：簡168、169）

秦漢時期對婦女逃亡懲治較爲嚴厲，只要是婦女的婚姻得到官府承認，私自逃亡後再婚的婦女就將受到嚴厲懲罰，即使已經結婚生子，也要受到「黥城旦舂」的處罰，不但臉上要被刺字，還要附加徒刑，甚至所生的子女都有被沒爲官奴婢的危險。普通人娶了逃亡者的妻子爲妻，或者娶逃亡婦女爲妻，不但當事人要受到處罰，就是參與撮合的知情者也要受罰，「皆黥以爲城旦舂」，因爲涉嫌藏匿逃亡犯罪人員，所以懲治很嚴。兩個逃亡男女能夠在逃亡過程中重新建立家庭，生育子女，至少說明當時社會上逃亡男女的人數是很多的，而且逃亡起來應該比較容易。

> 隸臣將城旦，亡之，完爲城旦，收其外妻、子，子小未可別，令從母爲收。〔註16〕

〔註14〕 《睡虎地秦墓竹簡》，頁222。
〔註15〕 《睡虎地秦墓竹簡》，頁223。
〔註16〕 《睡虎地秦墓竹簡》，頁201。

　　　　將司人而亡，能自捕及親所智（知）爲捕，除毋（無）罪；已
　　刑者處隱官。可（何）罪得「處隱官」？群盜赦爲庶人，將盜戒（械）
　　囚刑罪以上，亡，以故罪論，斬左止爲城旦，後自捕所亡，是謂「處
　　隱官」。它罪比群盜者皆如此。〔註17〕

隸臣監督處以城旦的刑徒勞作，如果城旦逃亡，隸臣要完爲城旦，還要把隸
臣有自由身份的妻子沒收爲官奴婢。普通人監督犯罪人員，卻讓罪犯逃亡，
要是自己或者親友能夠把逃亡者抓獲的話，就可以免去處罰，否則要受到嚴
懲。如果曾經做過群盜，被赦免後監督罪犯服役，被罪犯逃亡的話，要以曾
經犯過的罪來處罰，要斷去左足爲城旦，後來親友幫助抓獲逃亡者，受刑的
人可以在官府之中工作，即「處隱官」。對因爲瀆職而導致人犯逃亡者嚴加懲
處，符合秦朝的吏治精神。

（二）接濟、雇用逃亡者的刑罰規定

秦漢政府爲了控制逃亡犯罪，嚴禁接濟、雇傭逃亡者，秦漢簡牘材料：

　　　　饋遺亡鬼薪於外，一以上，論可（何）殹（也）？毋論。〔註18〕

　　　　匿罪人，死罪，黥爲城旦舂，它各與同罪。其所匿未去而告之，
　　除。諸舍匿罪人，罪人自出，若先自告，罪減，亦減舍匿者罪。（《二
　　年律令》：簡167）

　　　　諸舍亡人及罪人亡者，不智（知）其亡，盈五日以上，所舍罪
　　當黥□贖耐；完城旦舂以下到耐罪，及亡收、隸臣妾、奴婢及亡盈
　　十二月以上，贖耐。（《二年律令》：簡171）

　　　　取亡罪人爲庸，不智（知）其亡，以舍亡人律論之。所捨取未
　　去，若已去後，智（知）其請（情）而捕告，及詗（詞）告吏捕得
　　之。皆除其罪，勿購。（《二年律令》：簡172）

除去隱匿山林川澤，獨自求生而不與人接觸的逃亡者外，大部分逃亡者都要
混迹於鄉村市井之中，隱匿身份，以各種方式求生。爲此，秦漢政府規定凡
是接濟逃亡者飲食的，一次可以不處罰，但次數多了就難免懲罰。凡是藏匿
死罪犯人的，要處以城旦舂的徒刑處罰，藏匿其他逃亡罪犯的，要處以和罪
犯相同的處罰。如果在逃犯未離開以前主動告發，則可以免去懲罰。如果罪

〔註17〕《睡虎地秦墓竹簡》，頁205。
〔註18〕《睡虎地秦墓竹簡》，頁206。

犯自己離開而藏匿者主動報告的話，也可以減輕對藏匿犯罪者的懲罰。

如果不知道逃亡者的身份而藏匿了逃亡者，超過五日以上，藏匿的又是黥城旦舂以上較重的逃亡犯罪者，要處以耐刑；如果藏匿的是完城旦舂以下直到耐罪的逃亡罪犯，以及因爲罪犯牽連要收爲官府奴隸而逃亡者，而且逃亡時間超過十二月以上，藏匿者要處以耐刑。

如果雇傭逃亡者，而不知道逃亡者身份的話，可以按照不知逃亡者身份而隱匿逃亡者的犯罪論處，如果知道其身份而報告官府，或者在逃亡者離開後報告官府，爲官府提供線索抓獲逃亡者的話，藏匿者可以免去處罰。

（三）舍匿之法

爲了控制逃亡者，漢代制定了「舍匿之法」，又叫「首匿法」。「亡之諸侯、遊宦事人及舍匿者，論皆有法。」〔註19〕師古曰：「舍匿，謂容止而藏隱也。」就是因爲故意收留、包庇逃亡者而必須受到制裁的犯罪。東漢梁統說漢武帝時期「豪傑犯禁，姦吏弄法，故重首匿之科，著知縱之律，以破朋黨，以懲隱匿。」〔註20〕注曰：「凡首匿者，爲謀首，藏匿罪人。至宣帝時，除子匿父，妻匿夫，孫匿大父母罪，余至殊死以上。」關於首匿的含義，《急就篇》：「爲頭手而藏匿罪人也。」首匿之法是漢代制裁藏匿逃亡罪犯的一種法律規定。武帝以後，首匿之法的內容雖有變化，但一直是懲治藏匿逃犯的法規之一。

許多人因爲藏匿逃亡人員而受到懲處，見於《漢書·王子侯表》：

> 畢梁侯劉嬰，元封四年，坐首匿罪人，爲鬼薪。〔註21〕

> 安郭於侯劉崇，元康元年，坐首匿死罪，免。〔註22〕

> 陸元侯劉延壽，五鳳三年，坐知女妹夫亡命笞二百，首匿罪，

免。〔註23〕

> 修故侯劉福，元康元年，坐首匿群盜棄市。〔註24〕

見於《漢書·高惠高后文功臣侯表》：

〔註19〕《漢書》卷四十四《淮南屬王劉長傳》，頁2139。
〔註20〕《後漢書》卷三十四《梁統傳》，頁1166。
〔註21〕《漢書》卷十五《王子侯表》，頁447。
〔註22〕《漢書》卷十五《王子侯表》，頁468。
〔註23〕《漢書》卷十五《王子侯表》，頁474。
〔註24〕《漢書》卷十五《王子侯表》，頁488。

　　平悼侯（江）執，孝景中五年坐匿死罪，會赦免。〔註25〕

　　任侯張越，高后三年，坐匿死罪，免。〔註26〕

　　杜延年治燕王獄時，御史大夫桑弘羊子遷亡，過父故吏侯史吳。後遷捕得，伏法。會赦，侯史吳自出繫獄，廷尉王平與少府徐仁雜治反事，皆以爲桑遷坐父謀反而侯史吳臧之，非匿反者，乃匿爲隨者也。即以赦令除吳罪。後侍御史治實，以桑遷通經術，知父謀反而不諫爭，與反者身無異，侯史吳故三百石吏，首匿遷，不與庶人匿隨從者等，吳不得赦。師古曰：首匿者，言身爲謀首而藏匿人也。他皆類此。〔註27〕

　　劉旦後坐臧匿亡命，削良鄉、安次、文安三縣。〔註28〕

以「首匿」、「見知故縱」來懲罰與逃亡犯罪者聯繫的人員和鎮壓逃亡犯罪不力官員的做法在宣帝時期已經受到一些儒學出身官員的反對，將之目爲苛法。宣帝時期西羌反叛，張敞建議朝廷下令，除盜賊、殺人這些犯法不能赦免的罪犯外，其他罪犯可以入穀贖罪。這一建議受到一些大臣反對，張敞在給宣帝的上書中有「又諸盜及殺人犯不道者，百姓所疾苦也，皆不得贖；首匿、見知縱、所不當得爲之屬，議者或頗言其法可蠲除」〔註29〕的說法，結果，反對者的意見沒有被採納，則上述法規繼續執行。

　　秦漢時期對隱匿逃亡者的處罰是嚴厲的，重者滅族，輕者削奪封地、爵位，或者受到其他類型的懲罰，顯示了秦漢政府對懲治逃亡犯罪的重視。

（四）「通行飲食罪」與「沈命法」

　　漢代還有嚴懲與逃亡犯罪者來往的「通行飲食」罪。《漢書・酷吏傳》：

　　（咸宣傳）盜賊滋起，……大群至數千人，擅自號，攻城邑，取庫兵，釋死罪，縛辱郡守都尉，殺二千石，爲檄告縣趣具食；小群以百數，掠擄鄉里者不可稱數。……斬首大部或至萬餘級。及以法誅通行飲食，坐相連郡，甚者數千人。〔註30〕

〔註25〕　《漢書》卷十六《高惠高后文功臣表》，頁563。
〔註26〕　《漢書》卷十六《高惠高后文功臣表》，頁566。
〔註27〕　《漢書》卷六十《杜延年傳》，頁2662。
〔註28〕　《漢書》卷六十三《燕剌王劉旦傳》，頁2751。
〔註29〕　《漢書》卷七十八《蕭望之傳》，頁3277。
〔註30〕　《漢書》卷九十《咸宣傳》，頁3662。

這是「通行飲食罪」首次出現，它與舍匿之法即藏匿逃亡者的規定不同，強調與逃亡犯罪者勾結爲罪犯逃亡提供飲食和各種方便這一行爲的特徵，通行飲食罪從漢武帝時期開始一直持續到東漢。據《漢書》記載：

> 尹賞一朝會長安吏，車數百兩，分行收捕，皆劾以爲通行飲食群盜。〔註31〕

> 故亡逃之科，憲令所急，至於通行飲食，罪致大辟。〔註32〕注：通行飲食，猶今《律》云過致資給，與同罪也。

資助、接濟逃亡犯罪者的行爲要處以死刑。秦簡中雖然看不到類似於通行飲食罪的規定，但《史記·李斯列傳》中的材料爲我們理解秦朝處置與逃亡者相通事件提供了線索。

> 趙高因曰：「且陛下不問臣，臣不敢言。丞相長男李由爲三川守，楚盜陳勝等皆丞相傍縣之子，以故楚盜公行，過三川，城守不肯擊。高聞其文書往來，未得其審，故未敢以聞。……二世以爲然。
> 欲案丞相，恐其不審，乃使人案驗三川守與盜通狀。〔註33〕

以文獻材料與簡牘記載相應證，可以肯定，秦漢時期政府嚴屬禁止與逃亡人員互相來往、接濟、幫助逃亡人員，違反此一規定者即爲通行飲食罪，要受到重罰，「罪致大辟」。但從具體的逃亡案件來看，接濟、容納逃亡者的事件極多，大概這一規定也是流於形式的。各種法律規定雖然嚴密，卻因爲各級官吏敷衍塞責而得不到認真執行，也是秦漢時期懲治逃亡犯罪的一大特點。

通行飲食罪以外，與控制逃亡犯罪有關的還有「沈命法」。武帝後期的情況：

> 盜賊滋起。南陽有梅免、白政，楚有陰中、杜少，齊有徐勃，燕趙之間有堅盧、樊生之屬。大群至數千人，擅自號，攻城邑，取庫兵，釋死罪，縛辱郡太守、都尉，殺二千石，爲檄告縣趣具食。小群以百數，掠鹵鄉里者，不可稱數也。於是上始使御史中丞、丞相長史使督之，尤弗能禁。……散卒失亡，復聚黨阻山川，往往而群，無可奈何。於是做「沈命法」，曰：「群盜起不發覺，發覺而弗捕滿品者，二千石以下至小吏主者皆死。其後小吏畏誅，雖有盜弗

〔註31〕《漢書》卷九十《尹賞傳》，頁 3673。
〔註32〕《後漢書》卷四十六《陳忠傳》，頁 1559。
〔註33〕《史記》卷八十七《李斯列傳》，頁 2558。

敢發，恐不能得，坐課累府，府亦使不言。故盜賊浸多，上下相爲
匿，以避文法焉。」〔註34〕應曰：沈、沒也。敢蔽匿盜賊者，沒其
命也。孟康曰：縣有盜賊、府亦並坐，使縣不言之也。

「沈命法」要求郡縣官員要及時報告轄區內的盜賊犯罪並及時抓捕。隱匿不
報和抓捕不力者要處以死刑。目的在於促使地方官員全力鎮壓逃亡犯罪人
員，但由於社會上逃亡犯罪人員過多，況且促成社會成員逃亡叛亂的原因依
然存在，所以「沈命法」似乎也沒有起到預期的效果，反而使社會上的逃亡
叛亂日益增多。任何一種行政法令，當整個政府官員中違反者成爲大多數的
時候，這一法令能否起作用就要打問號了，所以在地方各級官員都通力合作，
隱瞞逃亡叛亂的事實眞相時，「沈命法」大概也就名存實亡了。

（五）「見知故縱」與「監臨部主」

鎮壓逃亡犯罪是秦漢基層官吏的職責，如果不盡心盡力完成自己的任
務，要受到嚴厲懲處。《漢書・景武昭宣元成功臣表》注引晉灼曰：「《律說》
出罪爲故縱，入罪爲故不直。」〔註35〕故縱就是故意減輕對罪犯的懲罰，引
申到逃亡犯罪控制中就是故意隱瞞不報，包庇逃亡犯罪。

《二年律令》中可以看到類似的規定：

> 盜賊發，士吏、求盜部者，及令丞尉弗覺智（知），士吏、求
> 盜皆以卒戍邊二歲，令、丞、尉罰金各四兩。令、丞、尉能先覺智
> （知）求捕其盜賊，及自劾，論吏部主者，除令、丞、尉罰。一歲
> 中盜賊發而令丞尉所（？）不覺智（知）三發以上，皆爲不勝任，
> 免之。（《二年律令》：簡 144、145）

> 群盜、盜賊發，告吏，吏匿弗言其縣廷，言之而留盈一日，以
> 其故不得，皆以鞠獄故縱論之。（《二年律令》：簡 146）

如果在轄區發現盜賊活動不及時上報，下至求盜，上至縣令、縣丞、縣尉都
要受到相關的懲治，一年之中三次發現盜賊活動，縣令、縣丞、縣尉就要被
免職。鄉里亭等地方小吏如果在盜賊出現後上報縣廷延宕日期一天以上者，
就算作故縱，很多人因爲犯故縱罪被處罰，甚至丞相都不例外。

> 會人有盜發孝文園瘞錢，丞相青翟朝，與湯約俱謝，至前，湯

〔註34〕《漢書》卷九十《咸宣傳》，頁 3662～3663。
〔註35〕《漢書》卷十七《景武昭宣元成功臣表》，頁 662。

念獨丞相以四時行園，當謝，湯無與也，不謝。丞相謝，上使御史案其事。湯欲至其文丞相見知，丞相患之。〔註36〕張晏曰：「見知故縱，以其罪罪之也。」

漢武帝時期面對大規模的逃亡犯罪，特別強調了「見知故縱」這一規定，以期各級官吏能夠在嚴刑逼迫下加強鎮壓力度，控制逃亡犯罪。監臨即上級官員對下級官吏的監督。據《漢書・刑法志》記載：

及至孝武即位，外事四夷之功，內盛耳目之好，徵發煩數，百姓貧耗，窮民犯法，酷吏擊斷，姦軌不勝。於是招進張湯、趙禹之屬，條定法令，作見知故縱、監臨部主之法，緩深故之罪，急縱出之誅。師古曰：見知人犯法不舉告為故縱，而所監臨部主有罪並連坐也。〔註37〕

自公孫弘以春秋之義繩臣下取漢相，張湯以峻文決理為廷尉，於是見知之法生，而廢格沮誹窮治之獄用矣。〔註38〕張晏曰：吏見知不舉劾為故縱，官有所作，廢格沮敗誹謗，則窮治之也。

見知故縱和監臨部主的規定主要針對各級官吏，一旦轄區之內發現犯罪，尤其發生大規模逃亡犯罪時故意隱瞞而不及時上報，基層官員要受到懲處，是為見知故縱，下級官員犯見知故縱罪時，主管官員也要受到牽連，是為監臨部主。漢代很多官員因為「見知故縱」而受到處罰，可知見知故縱的法律規定是付諸實施的，但其效果卻不如預想的那樣好而已。

朱雲遷杜陵令，坐故縱亡命，會赦，舉方正，為槐里令。〔註39〕

廷尉李種坐故縱死罪棄市。〔註40〕

秦漢時期地方行政區劃中，鄉、裏、亭部同時存在，如果在鄉里亭部之中發生群盜案件，要及時彙報，如果隱瞞案情，亭部的士卒和求盜要戍邊二歲，上級主管的縣令、縣丞、縣尉要罰金四兩。如果一年之中，轄區群盜案件出現三次以上，縣令、丞、縣尉要以不稱職免職。如果出現群盜、盜賊案件，而鄉里沒有及時上報縣政府，耽誤一天以上，如果因此而抓捕不到盜賊的話，

〔註36〕《漢書》卷五十九《張湯傳》，頁 2644。
〔註37〕《漢書》卷二十三《刑法志》，頁 1101。
〔註38〕《漢書》卷二十四《食貨志下》，頁 1160。
〔註39〕《漢書》卷六十七《朱雲傳》，頁 2914。
〔註40〕《漢書》卷六《武帝紀》，頁 222。

鄉亭的官吏也要受到處罰。因見知故縱之法受到懲罰的官員下至士吏、求盜、令丞、縣尉、縣令，上至廷尉、丞相，牽涉面極廣，顯示出漢代各級官吏在罪犯逃亡時見知故縱已經習以為常，難怪逃亡問題難以控制了。

　　見知故縱和監臨部主的規定上可及於丞相、廷尉，下可及於縣令，是涉及面很廣的一個規定，建武十六年（40年）劉秀下詔：「郡國大姓及兵長、群盜處處並起，攻劫在所，害殺長吏。郡縣追討，到則解散，去復屯結。青、徐、幽、冀、四州尤甚。冬十月，遣使者下郡國，聽群盜自相糾擿，五人共斬一人者，除其罪。吏雖逗留迴避故縱者，皆勿問，聽以禽討為效。其牧守令長坐界內盜賊而不收捕者，又以畏懦捐城委守者，皆不以為負，但取獲賊多少為殿最，唯蔽匿者乃罪之。」〔註41〕見知故縱與監臨部主之法被廢除。

　　整個秦漢時期，有關懲治逃亡犯罪的各項法令規定是十分嚴密的，最大的特點在於對各級官吏懲治不力的處罰，其精神與韓非「明主治吏不治民」的思想基本一致。但是，造成逃亡的原因極其複雜，僅靠政府官員的全力懲治是不可能徹底解決問題的，在嚴刑酷法之下，各級官吏反而互相隱瞞，應付上級，使整個政府機關徹底腐敗，面對大規模逃亡犯罪時反而束手無策。

三、逃亡犯罪的抓捕規定

（一）基層官吏

　　秦漢時期的基層官吏是國家控制逃亡犯罪最主要的力量，從鄉官里吏到縣廷官員，都負有親自抓捕逃亡人犯的責任。見於文獻和秦漢簡牘記載者極多。如：

> 有秩吏捕闌亡者，以畀乙，令詣，約分購，問吏及乙論可（何）
> 殹（也）？當貲各二甲，勿購。〔註42〕

> 群盜，爰書：某亭校長甲、求盜才（在）某里曰乙、丙縛詣男
> 子丁，斬首一，具弩二、矢廿，告曰：丁與此首人強攻群盜人，自
> 畫甲將乙等徼循到某山，見丁與此首人而捕之。此弩矢丁即首人弩
> 矢殹（也）。首人以此弩矢□□□□□□乙，而以劍伐收其守，山儉
> （險）不能出身山中。（訊）丁，辭曰：士五（伍），居某里。此首

〔註41〕《後漢書》卷一《光武帝紀》，頁67。
〔註42〕《睡虎地秦墓竹簡》，頁210。

> 某里士五（伍）戊殹（也），與丁以某時與某里士五（伍）己、庚、
> 辛，強攻群盜某里公士某室，盜錢萬，去亡。己等已前得。丁與戊
> 去亡，流行毋（無）所主舍。自晝居某山，甲等而捕丁戊，戊射乙，
> 而伐殺收首。皆毋（無）它罪坐。診首毋診身可殹（也）。〔註43〕

「有秩吏」就是低級官吏，「自有秩以上至諸大吏。」〔註44〕指的就是秩祿在
百石以上的低級官吏。《漢書・外戚傳》有「上家人子、中家人子視有秩斗食
云」〔註45〕的說法，秦漢時期對官吏有有秩和斗食的區分。《漢書・百官公卿
表》：「百石以下有斗食、佐史之秩。」〔註46〕師古曰：「《漢官名秩簿》云斗
食月奉十一斛，佐史月奉八斛也。一說，斗食者，歲奉不滿百石，計日而食
一斗二升，故云斗食也。」《後漢書・百官志》對官吏中間「百石」、「有秩」
的區分是很清楚的。有秩吏是那些郡縣機關的底層官吏，佐、史之類，斗食
小吏指那些鄉官里吏，他們都負有捉拿逃亡人犯的職責。所以當有秩吏捕捉
到逃亡者後交給別人送到官府領取賞金是不允許的，不但不能得到賞賜，還
要受到處罰。原因就在於捉拿逃亡犯是有秩吏的本職工作。而基層的亭校長、
求盜等更是要親自捉拿逃犯。當他們遇到武裝搶劫的逃亡犯罪者時，有時還
要冒生命危險，這類事件經常見於漢簡記載：

> 群盜殺傷人、賊殺傷人、強盜，即發縣道，縣道亟為發吏徒足
> 以追捕之，尉分將，令兼將，亟詣盜賊發之及之所，以窮追捕之，
> 毋敢□界而環（還）。吏將徒，追求盜賊，必伍之，盜賊以短兵殺傷
> 其將及伍人，而弗能捕得，皆戍邊二歲。卅日中能得其半以上，盡
> 除其罪；得不能半，得者獨除；死事者，置後如律。大痍臂臑股胻，
> 或誅斬，除。與盜賊遇而去北，及力足以追捕者之而官□□□□□
> 逗留畏愞弗敢就，奪其將爵一絡（級）。免之，毋爵者戍邊二歲；（而
> 罰其所將吏徒以卒戍邊各一歲）。與吏徒追盜賊，已受令而逋，以畏
> 愞論之。（《二年律令》：簡140～143）

如果在縣道之中發生殺人、強盜案件，縣令要親自率領縣尉、縣卒、徒兵以
最快的速度到達案發地點，發現逃亡者的蹤迹後，立即出動追擊。一直追到

〔註43〕 《睡虎地秦墓竹簡》，頁255。
〔註44〕 《史記》卷七十九《范睢列傳》，頁2412。
〔註45〕 《漢書》卷九十七《外戚傳》，頁3935。
〔註46〕 《漢書》卷十九《百官公卿表》，頁742。

縣的轄區邊緣，但是不能越過邊界。縣吏在追捕逃亡盜賊的時候，一定要以五人爲一單位，一起追捕，如果被逃亡盜賊殺傷縣吏或者士兵，而又沒有抓獲逃亡盜賊的話，其餘的人要處以戍邊二年的懲罰。但如果在三十天以內能夠抓獲全部逃亡盜賊的話，則可以免除對他們的懲罰；如果抓住的逃犯不足一半，那麼抓到逃亡罪犯的人可以免除懲罰。如果遇到盜賊而逃跑，或者有能力追捕而不主動追捕逃亡盜賊的，都要被奪爵一級，免去所任官職，沒有爵位的要罰戍邊一年。

> □□□□發及鬥殺人而不得，官嗇夫、士吏、吏部主者，罰金各二兩；尉、尉史各一兩；而斬、捕、得、不得、所殺傷及臧（贓）物數屬所二千石官，二千石官上丞相、御史。能產捕群盜一人若斬二人，捧（拜）爵一級，其斬一人若爵過大夫及不當捧（拜）爵者，皆購之如律。所捕斬雖後會□□論，行其購賞。斬群盜，必有以信之，乃行其賞。（《二年律令》：簡147～149）

任何地方發生群盜殺人事件而罪犯不能按時抓捕者，主管官吏都要罰金二兩。而且要把追捕逃亡罪犯的具體情況上報朝廷，抓獲群盜罪犯一人或者殺死二人，都可以拜爵一級，不能拜爵者，可以領取賞金。這裡的官嗇夫、士吏、吏部主者都是負有追捕逃犯任務的基層官員，屬於「有秩吏」或者「斗食小吏」。

> 越邑里、官市院垣，若故壞決道出入，及盜啓門戶，皆贖黥。其垣壞高不盈五尺者，除。[註47]

> 自五大夫以下，比地爲伍，以辨圜爲信，居處相察，出入相司。有爲盜賊及亡者，輒謁吏、典。田典更挾門籥（鑰），以時開；伏閉門，止行及作田者；其獻酒及乘置乘傳，以節使，救水火，追盜賊，皆得行，不從律，罰金二兩。（《二年律令》：簡306）

> 募民欲守縣邑門者，令以時開閉門，及止畜產放出者，令民共（供）食之，月二戶。（《二年律令》：簡308）

> □□□□□令不更以下更宿門。（《二年律令》：簡309）

> 捕罪人及以縣官事徵召人，所徵召、捕越邑里、官市院垣，追捕、徵者得隨迹出入。（《二年律令》：簡183）

〔註47〕《張家山漢墓竹簡》，頁33。

秦漢時期鄉里社會之中對民眾的居住有嚴格的規定，邑門、里門都有專人把守，隨便穿越即構成犯罪，要處以黥刑。鄉里民眾都有義務向政府機關檢舉揭發逃亡者的情況，政府招募的守門人員也有防止逃亡者的任務。爲了適應追捕逃亡罪犯的需要，政府特別規定，縣、鄉、裏的小吏在追捕逃犯時可以不拘這些規定，可以隨意穿越邑、裏，在逃犯所到之處，盡力追捕。也算是一種抓捕逃亡人犯的法律規定。

　　郡、縣政府中的下級官吏和鄉官里吏一起負責捉拿逃亡人犯，構成控制逃亡犯罪的第一道防線。

　　　　（張敞）爲京兆九歲，坐與光祿勳楊惲厚善，後惲坐大逆誅，
　　　　公卿奏惲黨友，不宜處位，等比皆免，而敞奏獨寢不下。敞使賊捕
　　　　掾絜舜有所案驗。」師古曰：「賊捕掾，主捕賊者也。」〔註48〕

　　　　　軍帥將軍豫章李淑上書諫（更始帝）曰：……今公卿大位莫非
　　　　戎陳，尚書顯官皆出庸伍，資亭長、賊捕之用。〔註49〕注：「捕賊掾，
　　　　專捕盜賊也。」

張敞當時是京兆尹，屬下有（賊）捕掾，專門主持抓捕盜賊事務，這一名稱在史料中出現不多，《百官公卿表》中也沒有看到，不知是常設還是張敞爲了適應長安城中的治安形勢的需要而特別設立。按照李淑上書的意思來看，劉玄手下的官員大多數出身於亭長、賊捕掾一類的下級官，這樣看來，賊捕掾又是地方上的常設官員，而且能力都比較強。

　　西漢末年長安城中少年亡命與貴戚相互利用，危害社會治安，嚴重威脅到京師的治安，受到尹賞的嚴厲鎮壓。

　　　　（尹）賞以三輔高第舉長安令，得一切便宜從事。賞至，修治
　　　　長安獄，穿地方深各數丈，……名爲虎穴。乃部戶曹掾史，與鄉吏、
　　　　亭長、里正、父老、伍人，雜舉長安中輕薄少年惡子，……得數百
　　　　人。賞一朝會長安吏，車數百輛，分行收捕，皆劾以爲通行飲食群
　　　　盜。……內虎穴中，……百日後，乃令死者家各自發取其屍。……
　　　　賞視事數月，郡國亡命散走，各歸其處，不敢窺長安。〔註50〕

尹賞在鎮壓長安城中逃亡犯罪的過程中，幾乎動員了縣令以下所有的力量，

〔註48〕《漢書》卷七十六《張敞傳》，頁3223。
〔註49〕《後漢書》卷十一《劉玄傳》，頁472。
〔註50〕《漢書》卷九十《尹賞傳》，頁3673～3674。

縣令手下大多數應該都是「有秩吏」，此外還動員了「鄉吏、亭長、里正」，這些人屬於「斗食」小吏。

王莽時期，「三輔盜賊麻起，乃置捕盜都尉官，令執法謁者追擊長安中，建鳴鼓攻賊幡，而使者隨其後。」〔註51〕捕盜都尉僅此一見，大概是王莽時期適應天下盜賊增多而專門在京師地區設立的。

（二）中央政府派遣的使者

對於小規模、經常出現的逃亡犯罪由地方郡縣機關和鄉里亭的各級官員負責捉拿歸案，但在逃亡人口形成大規模的犯罪集團時，再要依靠他們就不行了，這種時候郡守、縣令要負責，對逃亡犯罪人員進行控制，朝廷也會派遣專門人員到達地方，主持對逃亡犯罪人員的緝拿和鎮壓。《漢書·酷吏傳》中的許多酷吏都是以鎮壓轄區的逃亡犯罪人員而爲皇帝賞識。

對於規模再大些的逃亡犯罪集團，史書上多以「盜」、「群盜」稱之，朝廷會派遣使者督促鎮壓，如派遣「繡衣執法」、「繡衣使者」等。

御史大夫屬官有數名侍御史，「侍御史有繡衣直指，出討姦猾，治大獄，武帝所制，不常置。」〔註52〕從武帝時期開始，對逃亡犯罪嚴重的地區，開始派遣專門的人員監督治理，這就是繡衣御史。《漢書·武帝紀》：

> 天漢二年（前99年）秋，泰山、琅邪群盜徐勃等阻山攻城，道路不通。遣直指使者暴勝之等衣繡衣杖斧分部逐捕。刺史郡守以下皆伏誅。〔註53〕

武帝時期出現的群盜實際上是武帝連年對外用兵，對內加重賦斂力度造成的。東漢學者蔡邕說：

> 武帝情存遠略，志闢四方，南誅百越，北討強胡，西伐大宛，東並朝鮮，因文、景之蓄，藉天下之饒，數十年間，官民俱匱。乃興鹽鐵酒榷之利，設告緡重稅之令。民不堪命，起爲盜賊，關東紛擾，道路不通，繡衣直指之使，奮鈇鉞而並出。〔註54〕

面對大規模的逃亡民眾掀起的暴亂，武帝採取了非常的手段，由中央政府派遣使者到各地，調動地方軍隊，對逃亡反叛者實行鎮壓。見於《漢書》的有：

〔註51〕《漢書》卷九十九《王莽傳》，頁4167。
〔註52〕《漢書》卷十九《百官公卿表》，頁725。
〔註53〕《漢書》卷六《武帝紀》，頁204。
〔註54〕《後漢書》卷九十《鮮卑傳》，頁2991。

其後姦邪橫暴，群盜並起，至攻城邑，殺郡守，充滿山谷，吏
不能禁，明詔遣繡衣使者以興兵擊之。〔註55〕

武帝末，郡國盜賊群起，暴勝之為直指使者，衣繡衣，持斧，
逐捕盜賊，督課郡國，東至海，以軍興誅不從命者，威震州郡。〔註
56〕師古曰：有所追捕及行誅伐。皆依興軍之制。

乃使光祿大夫范昆、諸部都尉及故九卿張德等衣繡衣持節，虎
符發兵以興擊。〔註57〕

（王翁孺）為武帝繡衣御史，逐捕魏郡群盜堅盧等黨與，及吏
畏懦逗遛當坐者，翁孺皆縱不誅。〔註58〕

所謂「以軍興從事」就是以戰爭的方式鎮壓地方社會逃亡者形成的大規模叛
亂。戰爭時期，前方將領都可以臨機決斷，能夠抓緊時機，盡快解決問題。
武帝以軍興之制派出繡衣御史來處理逃亡犯罪造成的動亂，可見這次動亂的
嚴重程度。當時除去關東地區派出了繡衣御史以外，在京師的三輔地區也派
出了繡衣御史，監督控制盜賊。「上以充為謁者，使匈奴還，拜為直指繡衣使
者，督三輔盜賊，禁察逾侈。」〔註59〕江充就是武帝派到三輔地區的繡衣使
者，在這次監督京師治安的過程中得到漢武帝的賞識。後來巫蠱之禍的興起
與江充有極大的關係。當然，這場逃亡者興起的叛亂最終消除，最主要的原
因在於武帝晚年改弦易轍，與民休息，但在逃亡犯罪嚴重的時候由中央派出
專使督促鎮壓卻為後來的統治者所繼承。

（平帝）元始四年，選明達政事能班化風俗者八人。時並舉玄，
為繡衣使者，持節，與太僕王惲等分行天下，觀覽風俗，所至專行
誅賞。〔註60〕

如上所述，則繡衣使者還有觀覽風俗的責任，不過在逃亡者紛紛叛亂，危及
政府存在的時候，所謂「觀覽風俗」，實際上也就是可以專權，集中力量鎮壓
這些逃亡叛亂。王莽新朝是大量派出繡衣使者的又一時期，見於記載的有：

〔註55〕《漢書》卷七十八《蕭望之傳》，頁3278。
〔註56〕《漢書》卷七十一《雋不疑傳》，頁3035。
〔註57〕《漢書》卷九十《酷吏傳》，頁3662。
〔註58〕《漢書》卷九十八《元后傳》，頁4013。
〔註59〕《漢書》卷四十五《江充傳》，頁2177。
〔註60〕《後漢書》卷八十一《譙玄傳》，頁2667。

　　（始建國三年）是時諸將在邊，須大眾集，吏士放縱，而內郡
愁於徵發，民棄城郭流亡爲盜賊，并州、平州尤甚，莽令七公六卿
號皆兼稱將軍，遣著武將軍逯並等填名都，中郎將、繡衣執法各五
十五人，分填緣邊大郡，督大姦猾擅弄兵者，皆便爲姦於外，撓亂
州郡，禍賕爲市，侵漁百姓。〔註61〕

　　（天鳳二年）公卿旦入暮出，議論連年不決，不暇省獄訟冤結
民之急務。縣宰缺者，數年守兼。一切貪殘日甚。中郎將、繡衣執
法在郡國者，並乘權勢，傳相舉奏。……拘繫郡縣者逢赦而後出。
衛卒不交待三歲矣。……五原、代郡尤被其毒，起爲盜賊，數千人
爲輩，轉入旁郡。〔註62〕

王莽時期由於天災人禍，出現了武帝以後的又一次流民高潮，逃亡者遍佈各
郡，結成集團，與政府相對抗。爲了更快平息這股流民潮，王莽派出了大批
的繡衣使者，監督郡縣鎮壓逃亡者的叛亂，結果適得其反，鎮壓叛亂者反而
成爲引起叛亂的元兇，這也是政治腐敗時的常見現象。

　　至初元、建平間，所減刑罰百有餘條，而盜賊浸多，歲以萬
數，……其後隴西、北地、西河之賊，越州度郡，萬里交結，攻取
庫兵，劫略吏人，詔書討捕，連年不獲。」〔註63〕注引《東觀記》
統對尚書狀曰：「元壽二年，三輔盜群輩並起，至燔燒茂陵都邑，煙
火見未央宮，前代未嘗所有。其後隴西新興，北地任橫、任崔，西
河曹況，越州度郡，萬里交結，或從遠方，四面會合，遂攻取庫兵，
劫略吏人，國家開封侯之科，以軍法追捕，僅能破散也。

初元是元帝年號、建平是平帝年號，面對波濤洶湧的反叛浪潮，西漢王朝派
出繡衣執法、發布詔書追捕也顯得無能爲力，難以遏制逃亡人員的犯罪。中
央政府派出繡衣使者督促鎮壓地方逃亡者形成的叛亂在東漢時期基本上看不
到了。

（三）簡牘所見的逃亡犯罪管理

　　一旦出現逃亡犯罪者，地方官吏就必須全力追捕，漢簡之中多有記載，

〔註61〕《漢書》卷九十九《王莽傳》，頁 4125。
〔註62〕《漢書》卷九十九《王莽傳》，頁 4140。
〔註63〕《後漢書》卷三十四《梁統列傳》，頁 1169。

這些記載要比文獻中的記載詳細，可以增加我們對秦漢政府在逃亡犯罪管理方面的感性認識。

> 物色年追捕之，令候長丞尉數推索有無。（E‧P‧T4：13）〔註64〕

> 十五日，令史宮移牛籍大守府求樂，不得樂，吏毋告劾，亡滿三日五日以上。〔註65〕（36‧2）

邊關候長、丞尉負有追捕逃亡者的責任，在轄區追捕逃犯而沒有抓到時，必須按時向上級彙報，超過五天的的話相關人員要受到處罰。

> 居延候官定居燧長王六食告曰：載肩水吏逐亡卒它毋所過邸並河□□□□。〔註66〕（41‧35）

這是燧長向上級的報告，是說有肩水吏追逐逃亡士卒從轄區經過。居延漢簡：

> 匪界中，書到、遣都吏與縣令以下逐捕搜索部界中，聽亡人所隱匿，處必以得爲故詔所名捕重事，事當奏聞毋留，如詔書律令。〔註67〕（179‧9）

> 採捕驗亡人所依倚匿處必得，得詣如書毋有令吏民相牽證，任爰書以書言，謹雜與侯史廉辛北亭長歐等八人、戍卒孟等十人搜索部界中□亡人所依匿處，爰書相牽〔註68〕（255‧27）

這兩條漢簡材料連綴無誤的話，可以看作一件追捕命令。前一簡是郡下發到縣的追捕命令，後一簡是侯史、亭長、戍卒、吏民互相作證上報的爰書。紀錄了地方官員追捕逃亡的人犯的情況，郡發布命令，縣及其下屬單位要認真執行，定期上報追捕情況。在追捕逃亡的過程中，要重點搜索逃亡者曾經隱匿過的地方，向百姓取得證據，並把這些證據一一記錄在案，然後按照線索追捕。

> 第三燧卒□□甲申迹盡癸巳積十日……辛韓曼金甲辰迹盡壬子積九日、凡迹盡廿九日毋人馬蘭越塞天田出入迹。〔註69〕（257‧3）

〔註64〕《居延新簡》，文物出版社，1990年，頁8。
〔註65〕《居延漢簡釋文合校》，文物出版社，1987年，頁57。
〔註66〕《居延漢簡釋文合校》，頁72。
〔註67〕《居延漢簡釋文合校》，頁286。
〔註68〕《居延漢簡釋文合校》，頁423。
〔註69〕《居延漢簡釋文合校》，頁425。

這是一支邊燧出入紀錄殘簡，其中特別紀錄，沒有人馬從這裡逃出。

　　　　甲渠候官卒所失亡軍侯□□□□□初元五年十月〔註70〕

　（311‧26）

這似乎是一條戍卒逃亡的紀錄，記載了逃亡者逃亡的具體時間。

　　　　建武六年七月戊戌朔壬寅，令史嘉劾將良林詣（105）居延獄
　　　以律令從事（106）狀辭曰居延中宿里公乘年五十八歲（107）良林
　　　所部主隊長鄭孝侯云亡蘭越塞天田出不得（108）歸第八亭部田舍月
　　　廿四日，還詣部積六日，又月廿一戊子，第四（109）守侯長居延鳴
　　　沙裏尚林私去署燧□□□□□□□□月三日□□□良私去官□□
　　　□……（111）案良林私去署皆□宿止且乏迹侯（112）還詣部積三
　　　日（113）失蘭不擾事邊（114）〔註71〕（破城子探方六八 E‧P‧
　　　T68：105～113）

這是一個名叫「良林」、爵位為公乘的戍卒私自穿越關塞，離開崗位的逃亡紀
錄，最後被抓捕歸案，押送到居延獄中。

　　　　建武六年正月辛丑朔癸丑令□（137）如律令令史立（138）狀
　　　辭公乘居延中宿里年五十八歲姓張氏，為甲渠（139）候官斗食令史
　　　備盜賊□職五年九月九日第四（140）隊長王長與守塞□（141）□
　　　年九月九日甲渠第四燧長居延平明里王長（142）長吏無告劾亡不憂
　　　事邊逐捕未得它（143）正月十三日□（144）□長因亡盡今年（145）
　　　□不還案□（146）案驗未□（147）□□十三日不還案（148）□五
　　　十以上（149）臧二百五十（150）□十三日積五□□（151）案驗未
　　　竟（152）□事邊逐捕未得它（153）□長吏無告劾亡□（154）□以
　　　此知而劾無長吏使劾□（155）者狀具此（156）〔註72〕（破城子探
　　　方六八 E‧P‧T68：137～156）

這也是邊塞地方逐捕逃亡人犯的紀錄。一位叫做王長的逃亡，攜帶著二百五
十錢的贓物，「逐捕未得」就是抓捕不成功，「亡盡今年」就是在年底都沒將
逃亡者抓獲，王長逃亡後，主管官員沒有報告這件事。按照簡文記載，抓捕
逃亡者不成功的話，地方長吏似乎要受到一定的懲罰。

〔註70〕《居延漢簡釋文合校》，頁508。
〔註71〕《居延新簡》，頁461。
〔註72〕《居延新簡》，頁463。

建武五年五月乙亥朔丁丑主官令史譚敢言之（1）謹移劾狀一
編敢言之（2）五月丁丑甲渠守候博移居延寫移如律令緣譚（3）讓
持酒來過候飲第四守候長原憲詣官候，賜憲主官譚等酒酒盡讓欲去
（18）候復持酒出之堂煌上飲再行酒盡皆起讓與候史候□□（19）
夏侯譚爭言鬥憲以所帶劍刃擊傷譚匈一所廣二寸（20）長六寸深至
骨憲帶劍持官六石具弩一棄矢銅鏃十一枚（21）持大□橐一盛糒三
斗米五斗騎馬蘭越隧南塞天田出案憲鬥傷（22）盜官兵持禁物蘭越
於邊關徼亡逐捕未得它案驗未竟（23）乃九月庚申甲渠第四守候長
居延市陽里上造原憲與主官（24）一所人譚與憲爭言鬥憲以劍擊傷
譚匈騎馬馳南去候即時與令史（25）立等逐捕到憲治所不能及驗問
隧長王長辭曰憲帶劍持官弩一箭十一枚大緣譚（26）革橐一盛糒三
斗米五斗騎馬蘭越隧南塞天田出西南去。以此知而（27）劾無長吏
教使劾者，狀具此（28）候長原憲因亡盡今年（211）〔註73〕（破城
子探方六八 E・P・T68：18～27、211）

這些簡出土於破城子，如果連綴正確的話，大概可以判定爲一件逃亡案的紀
錄。簡1、2、3是甲渠守、緣譚上居延的自劾文書，18到23簡是緣譚自己說
明案發經過，簡24到28是甲渠守的文字，因飲酒發生沖突原憲持劍傷人，
然後盜官府兵器（劍、弩、箭）、持禁物（糒三斗、米五斗）、非法越過邊關
逃亡，簡211大概是追捕的結果，候長原憲逃亡一年都沒有被抓獲。

　　　□□□盡戊寅積二未還□倉盜去署亡過一日到二日（337）〔註74〕
（破城子探方五九 E・P・T59：337）

　　　關徼逐捕未得它案驗未竟以此知而劾毋長吏使劾者狀具此
（362）越塞於邊關徼逐捕未得它案驗未□□□□□□毋長吏使劾者
（363）〔註75〕（破城子探方二二 E・P・T22：362、363）

上述兩簡也是關於抓捕逃亡者的紀錄，都是罪犯逃亡後的一段時間內邊關人
員抓捕沒有結果後向上級機關提交的報告。

　　　見於《疏勒河流域出土漢簡》的逃亡記載有：
　　　所毆人死裏儀亡入塞裏□　367

〔註73〕《居延新簡》，頁456、457、466。
〔註74〕《居延新簡》，頁381。
〔註75〕《居延新簡》，頁500。

太守言詔所名捕不知何人賊殺□□□□當□□已得罪名明白
安漢　9

高望侯長馬賞逐亡吏卒　21

見於《羅布淖爾漢簡釋文》：

右六人其二亡士四士妻子　35

以上各簡都屬於邊境地區發現逃亡者後的登記情況，它既是追捕的依據，也是以後捕到逃犯時治罪的依據。這些記錄都有逃亡原因，逃亡日期，逃亡者的身份，有的還有逃亡者姓名，各簡都記載了官吏追捕的情況。可見在居延地區逃亡者的數量還是很多的，逃亡人員成分和逃亡原因也很複雜。

第二節　逃亡犯罪的抓捕方式

一、占卜與追捕逃亡犯罪

秦漢時期，占卜已經成為人們日常生活中判斷行事吉凶的重要手段，占卜者以其所使用的理論和方法不同而分為許多流派。「孝武帝時，聚會占家問之，某日可娶婦乎？五行家曰可，堪輿家曰不可，建除家曰不吉，縱辰家曰大凶，曆家曰小凶，天人家曰小吉，太一家曰大吉。辨訟不決，以狀聞。」〔註76〕當時占卜流派眾多，而且都得到皇帝的重視，自然也得到地方官吏的重視。秦漢地方官吏習慣以占卜決定疑難。《史記‧龜策列傳》：

假之靈龜，五巫五靈，不如神龜之靈，知人死，知人生。某身良貞。某欲求某物，即得也，頭見足發，內外相應；即不得也，頭仰足肣，內外自垂。可得占。〔註77〕

利用占卜來決定事情的成敗，是秦漢時期官吏的習慣做法，所以在抓捕盜賊和逃亡人犯的時候，利用占卜來尋求逃亡人員的隱匿之處和是否能夠抓到逃亡者，就是常見的了。《史記‧龜策列傳》：

卜往擊盜，當見不見。……卜往候盜，見不見。……卜還徙去官不去。……卜追亡人當得不得。……命曰柱徹，……追亡人不得。〔註78〕

〔註76〕《史記》卷一百二十七《日者列傳》，頁3222。
〔註77〕《史記》卷一百二十八《龜策列傳》，頁3240。
〔註78〕《史記》卷一百二十八《龜策列傳》，頁3241～3242。

這些經驗應該是以秦漢時期利用占卜來抓捕逃亡盜賊的具體事例爲基礎而總結出來的。

　　睡虎地秦墓主人喜，其人以令史一類的縣吏終其身。在出土文書中法律文書占很大比例，正與令史爲地方治安官員的身份相關。《日書》作爲這位官員的日常用書，其中保留了許多關於追捕逃亡罪犯的紀錄。《日書·秦除》：「除日，臣妾亡，不得。……攻盜，不可以執（15 簡）。……摯（執）日，不可以行。以亡，必摯（執）而入公而止（19 簡）。……開日，亡者不得。」〔註79〕所謂「除」就是《史記·日者列傳》中的建除，《淮南子·天文訓》也有記載：

> 寅爲建，卯爲除，辰爲滿，巳爲平，主生；午爲定，末爲執，
> 主陷；申爲破，主衡；酉爲危，主杓；戌爲成，主少德；亥爲收，
> 主大德；子爲開，主太歲；丑爲閉，主太陰。

《日書·秦除》實際是將一年內所有日期的吉凶禍福作了相應的規定，根據上述說法，每月的除日，臣妾逃亡的話，就抓不回來；這一天去抓捕逃亡盜賊的話，也抓不到；在每一月的執日去抓捕逃亡者，一定能夠抓獲；在開日逃亡的人也抓不到。《睡虎地秦墓竹簡·日書》：

> 虛，百事凶，以結者，易擇（釋），亡者，不得（簡 78）。

〔註80〕

> 畢，以獵置罔（網）及爲門，吉。……亡者，得。（簡 86）

〔註81〕

上述兩簡是以二十八宿的星名進行占卜，雖然解釋起來比較困難，但在某些日子逃亡的人士不容易抓到這一點是可以肯定。

　　秦漢時期社會上存在著大量的逃亡人口，捉拿他們成爲政府維護社會治安的基本任務，除了利用正常的手段抓捕逃亡犯以外，也利用民間常用的占卜來推測逃亡人員的各種情況。《秦簡·日書》中有「盜者」一篇，就是專門占卜盜者的文章，官府利用當時占卜者以天干地支推測盜賊逃亡的一套方法，來推測逃亡者的方位和身體狀況。《睡虎地秦墓竹簡·日書》：

> 子，鼠也。盜者兌（銳）口，希（稀）須（鬚），善弄，手黑

〔註79〕劉樂賢《睡虎地秦簡日書研究》，頁 33。
〔註80〕劉樂賢《睡虎地秦簡日書研究》，頁 110。
〔註81〕《睡虎地秦簡日書研究》，頁 111。

色，面有黑子焉，疵在耳，臧（藏）於垣內糞蔡下。多（名）鼠鼬
孔午郢。……末，馬也。盜者長須（鬚）耳，爲人我我然好歌無（舞），
疵在肩，臧（藏）於芻槀中，阪險，必得。名建章丑吉。……亥，
豕也。盜者大鼻而票（剽）行，馬脊，其面不全，疵在（要），臧
（藏）於囷中垣下，凤得莫（暮）不得。名豚孤夏谷□亥。〔註82〕

上述占卜記錄了人們利用被盜日期的地支逐一推測是什麼人盜竊了東西，並
推測罪犯藏在何處，叫什麼名字，身體有什麼特徵。如子日盜竊者，一定是
銳口，有稀疏的鬍鬚，不幹正當事情，喜歡到處游蕩，手是黑色的，臉上有
黑痣，耳朵有毛病。逃亡盜犯躲藏在牆垣裏面的糞草中，名字裏面有鼠、鼬、
孔、午、郢等字。占卜得到的信息主要是逃亡者的外形（銳口、稀鬚）、性格
（善弄）、身體特徵（手黑色、面有黑痣、耳朵有病）、躲藏地點（垣內糞蔡
下）、姓名特點（鼠鼬孔午郢）等。占卜得到的信息已經十分詳細，如果真的
可行的話，抓捕盜犯就十分容易了。

　　以地支占卜盜者的情況以外，還可以用天干日占卜盜者的姓名。秦簡《日
書》：

甲盜名曰藉鄭壬贛強當良。乙名曰舍徐可不詠亡尤。丙名曰
番可癸上。丁名曰浮妾榮辨僕上。戊名曰匽爲勝。己名曰宜食成怪
目。庚名曰甲郢相衛魚。辛名曰秦桃乙忌慧。壬名曰黑疾齊唾。癸
名曰陽生先智丙。〔註83〕

這是以盜案發生時間的天干來推測盜犯的姓名，與以地支推測出的盜犯姓名
不同，應該是又一種推測逃亡盜犯姓名的占卜方式。類似的占卜記錄在天水
放馬灘秦簡日書中也有詳細記載。以案件發生的時間來占卜案犯具體情況在
秦漢時期是常用的方法，據《居延漢簡》記載：

□屬夜半者，男子取之。其人兌（銳）喙、爪、鬚、□目善□
乳人事數人也。姓孤氏字子。□孫□臧（藏）之內中嬰間立中□。
〔註84〕

這裡出現的「夜半」也是以時間來推測盜犯的姓名以及躲藏地點。這樣的事
件出現在居延這樣邊遠的地方，可見這種方式在抓捕逃亡人員上的普遍性。

〔註82〕　《睡虎地秦簡日書研究》，頁269。
〔註83〕　《睡虎地秦簡日書研究》，頁271。
〔註84〕　《居延漢簡釋文合校》，頁570。

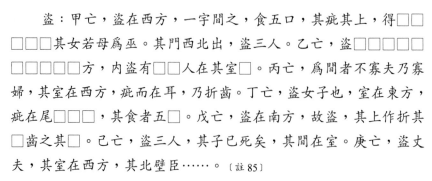

盜：甲亡，盜在西方，一宇間之，食五口，其疵其上，得□□□□□其女若母爲巫。其門西北出，盜三人。乙亡，盜□□□□□□□□□方，內盜有□□人在其室□。丙亡，爲間者不寡夫乃寡婦，其室在西方，疵而在耳，乃折齒。丁亡，盜女子也，室在東方，疵在尾□□□，其食者五□。戊亡，盜在南方，故盜，其上作折其□齒之其□。己亡，盜三人，其子已死矣，其間在室。庚亡，盜丈夫，其室在西方，其北壁臣……。〔註85〕

這也是以占卜來推測盜者的情況，不過與前面的占卜有些不同。這是以盜案發生那天的天干爲依據來推測盜者的情況，注重推測逃亡盜犯的家庭情況、居室情況，與前面相比要簡單很多。

秦漢時期的占卜者爲政府官員抓捕逃亡犯人設計了很多辦法，利用天干、地支來推測逃亡者的各種情況，包括姓名、相貌、藏身之處、家庭情況等。在這些占卜者看來，只要利用這些線索，按圖索驥，一個逃亡者都不會逃脫懲罰。不過從實際情況來看，這樣說顯然有些誇張。有意思的是除去利用占卜推測逃亡者的情況以外，占卜者還專門爲逃亡者提供了具體的逃亡日期，指導逃亡者的逃亡行動。《睡虎地秦墓竹簡·日書》「亡日」：

亡日：正月七日，二月旬，三月旬一日，四月八日，五月旬六日，六月二旬，七月九日，八月旬八日，九月二旬七日，十月旬，十一月旬，十二月二旬，凡以此往亡必得，不得必死。〔註86〕

另有「亡者」一簡，與此基本相同，它實際是爲逃亡者趨吉避凶而設計的，與上面提供給政府官員抓捕逃亡人員的占卜一樣，都顯示出占卜在逃亡和控制逃亡犯罪中的重要作用。

用占卜的方式確定何時可以捉到逃亡者，這是神秘主義在秦漢政治生活中的反映。「秦漢時代政治、軍事、文化領域裏發生的重大事件，幾乎無一不與迷信有關。……象《日書》這樣能直接預卜吉凶，卜定疑難的簡冊就成爲官吏案頭的必備書。」〔註87〕捕捉逃亡犯罪者是秦漢政府基層機關十分重要的任務。這些占卜記載是在長期追捕逃亡人犯的實踐基礎上得到的理論總結，和其他地區出土的法律文書一樣對基層官吏有實用性。

〔註85〕《睡虎地秦簡日書研究》，頁402。
〔註86〕《睡虎地秦簡日書研究》，頁364。
〔註87〕林劍鳴《秦漢政治生活中的神秘主義》，歷史研究，1994年第4期。

二、懸賞抓捕

為了加強對逃亡者的追捕，秦漢政府都採取了懸賞捉拿的辦法。

捕亡，亡人操錢，捕得取錢？所捕耐罪以上，得取。〔註88〕

捕亡完城旦，購幾可（何）？當購二兩。

夫、妻、子五人共盜，皆當刑城旦，今中（甲）盡捕告之，問甲當購幾可（何）？人購二兩。

夫、妻、子十人共盜，當刑城旦，亡，今甲捕得其八人，問甲當購幾可（何）？當購人二兩。〔註89〕

捕律：亡人、略妻、略賣人、強姦、偽寫印者棄市罪一人，購金十兩。刑城旦舂罪，購金四兩。完城□二兩。（《二年律令》：簡137、138）

詗告罪人，吏捕得之，半購詗者（《二年律令》：139簡）。

秦王朝面對社會上數量龐大的逃亡者，在規定連坐制度、匿奸制度、告奸制外，還以懸賞抓捕方式控制逃亡犯罪。秦代對服「刑城旦」徒刑逃犯的懸賞金額是每人「二兩」。不管是抓獲逃亡刑徒還是逃亡強盜或者群盜，只要抓獲一人，就可以得到「二兩」的賞金。對「刑城旦」逃犯的抓捕賞金，在漢代提高到「金四兩」，增長了一倍。抓獲犯棄市罪的逃亡罪犯，可以得到「金十兩」的賞賜，如果聯繫漢代以十金為中家資產的標準的話，那麼「金十兩」的懸賞就是重賞了。不僅如此，如果抓獲犯耐罪以上的逃亡罪犯，還可以得到罪犯攜帶的錢財，這也是一種意外收穫。

抓獲罪犯會得到罪犯的財產在《漢書·景帝紀》中有記載，「廷尉信與丞相議曰：吏及諸有秩受其官屬所監、所治、所行、所將、其與飲食計償費，勿論。它物，若買故賤，賣故貴，皆坐贓為盜，沒入贓縣官。吏遷徙免罷，受其故官屬所將監治送財物，奪爵為士伍，免之。無爵，罰金二斤，令沒入所收。有能捕告，畀其所受贓。」〔註90〕師古曰：「畀，與也，以所受之贓與捕告者也。」捕，即抓捕貪污官吏，如果能夠揭發、抓獲犯罪官吏，也可以得到他們的財物，懸賞抓捕逃亡者的規定與這一規定在法律性質上一致。《漢

〔註88〕《睡虎地秦墓竹簡》，頁207。
〔註89〕《睡虎地秦墓竹簡》，頁209。
〔註90〕《漢書》卷五《景帝紀》，頁140。

書》紀傳也有相關記載：

> （張）敞到膠東，明設購賞，開群盜令相捕斬除罪。……由是盜賊解散，傳相捕斬。〔註91〕

> 鴻嘉四年冬，廣漢鄭躬等黨羽浸廣，犯歷四縣，眾且萬人。拜河東都尉趙護為廣漢太守，發郡中及蜀郡合二萬人擊之。或相捕斬，除罪。〔註92〕師古曰：賊黨相捕斬而來者，赦其本罪。

官府鼓勵反叛朝廷的逃亡者互相抓捕，能捕獲其他逃亡者，則可以免去自己的罪責，收到分化瓦解逃亡犯罪集團之功效，是懸賞捉拿逃亡罪犯的變通方法。

> 「天子告諸羌人，犯法者能相捕斬，除罪。斬大豪有罪者一人，賜錢四十萬，中豪十五萬，下豪二萬，大男三千，女子及老小千錢，又以其所捕妻子財物盡與之。」〔註93〕當時羌人不堪漢朝官員的迫害，逃亡山谷之間，其中先零羌聚眾反叛，朝廷徵集六萬大軍準備鎮壓，趙充國向羌人宣佈的告示是以漢代對逃亡犯罪者懸賞捉拿的法令為基礎的法令。趙充國的方法似乎起到一些作用，收到了分化瓦解逃亡集團的效果。「罕、開、莫須又頗暴略其羸弱畜產，畔還者不絕，皆聞天子明令相捕斬之賞。」〔註94〕新莽時期，面對大規模的逃往武裝叛亂，王莽大赦天下的同時，還下令：

> 故漢氏舂陵侯群子劉伯升與其族人婚姻黨與，妄流言惑眾，悖畔天命，……有能捕得此人者，皆封為上公，食邑萬戶，賜寶貨五千萬。〔註95〕

這是針對逃亡叛亂集團首領的特殊情況進行的懸賞捉拿。

提供抓捕線索，最後抓獲罪犯的線人也可以得到一半的賞金。「詞告罪人，吏得捕之，半購詞者（《二年律令》：簡 139）。」秦漢政府懸賞捉拿逃犯的規定是有一定效果的，許多逃亡犯人被那些貪圖賞金的人抓獲。在一定意義上說，以財物金錢吸引人們抓捕逃亡罪犯，是秦漢王朝控制逃亡犯罪的一個有效方法，它擴大了抓捕逃亡犯罪者的主體範圍，激發了普通社會成員抓捕逃亡罪犯的積極性。

〔註91〕《漢書》卷七十六《張敞傳》，頁3220。
〔註92〕《漢書》卷十《成帝紀》，頁319。
〔註93〕《漢書》卷六十九《趙充國傳》，頁2977。
〔註94〕《漢書》卷六十九《趙充國傳》，頁2989。
〔註95〕《漢書》卷九十九《王莽傳》，頁4181。

　　　　□捕，爰書：男子甲縛詣男子丙，辭曰：甲故士五（伍），居
某里，乃四月中盜牛，去亡以命。丙坐賊人□命。自晝甲見丙陰事
庸中，而捕以來自出。甲毋（無）它坐。〔註96〕

上述材料中的甲是因爲犯盜竊罪而逃亡，親自捕獲了逃亡殺人犯，結果雖然
沒有記載，但能夠得到賞金，或免去對自己犯罪行爲的追究則是一定的，否
則，甲冒著生命危險捕獲乙並交給官府的做法就失去了意義。說明秦代如果
在逃罪犯抓獲其他逃亡罪犯的話，可以將功贖罪，減輕或者免去對在逃罪犯
的刑罰。懸賞抓捕鼓勵不同罪的逃亡者之間互相抓捕的同時，還會起到分化
逃亡集團的作用。

　　　　捕從諸侯來爲閒者一人，捧（拜）爵一級，有（又）購二萬錢。
不當捧（拜）爵者，級賜萬錢，有（又）行其購。數人共捕罪人而
當購賞，欲相移者，許之。捕盜賊、罪人，及以告劾逮捕人，所捕
格鬥而殺傷之，及窮之而自殺也，殺傷者除，其當購賞者，半購賞
之。殺傷群盜、命者，及有罪當命未命，能捕群盜、命者，若斬之
一人，免以爲庶人。所捕過此數者，贖如律。(《二年律令》：簡149
～153)

　　　　數人共捕罪人而獨自晝者，勿購賞。吏主若備盜賊，亡人而捕
罪人，及索捕罪人，若有告劾非亡也，或捕之而非群盜也，皆勿購
賞。捕罪人弗當，以得購賞而移與它人，及詐僞，皆以取購賞者坐
臧（贓）爲盜。(《二年律令》：簡154～155)

如果在追捕逃亡罪犯的過程中，殺死或者殺傷罪犯，賞金減半。逃亡過程中
的罪犯如果能夠抓獲逃亡的群盜罪犯，可以免罪爲庶人。要是抓捕的罪人不
夠數額而冒領賞金的話，按照盜竊同等金額的犯罪處罰。

三、詔書名捕

　　詔書名捕就是朝廷下發詔書，指明逃亡罪犯的姓名和其他特徵，通告全
國，加以追捕。詔書名捕的逃亡犯罪者都是一些影響較大的逃犯。

（一）秦朝詔書名捕事件

　　秦漢時期按照逃亡罪犯所犯罪行的嚴重程度，採取不同的方式進行抓

〔註96〕《睡虎地秦墓竹簡》，頁253。

捕，主要有逮捕，「貫高等謀逆發覺，逮捕高等。」〔註 97〕師古曰：「逮捕，謂事相連及者皆捕之也。一曰，在道守禁，相屬不絕，若今之傳送囚耳。」收捕，「於是二世乃使高案丞相獄，治罪，責斯與子由謀反狀，皆收捕宗族賓客。」〔註 98〕詔捕，「是時，詔捕陽陵朱安世不能得，上求之急，賀自請逐捕安世以贖敬聲罪。」〔註 99〕逐捕，「後使者至，上問，對曰：群盜，郡守尉方逐捕，今盡得，不足憂。」〔註 100〕疏捕，「有詔將八校尉與驍騎都尉、金城太守合疏捕山間虜。」〔註 101〕追捕，「侍朗莽通使長安，因追捕如侯。」〔註 102〕急捕，「七公其嚴敕卿大夫、卒正、連率、庶尹，謹牧養善民，急捕殄盜賊。」〔註 103〕參考文獻記載和漢簡資料，最高等級就是由皇帝發布詔書，在全國範圍內抓捕逃亡者。「其明敕百僚，婦女非身犯法，及男子年八十以上七歲以下，家非坐不道，詔所名捕，它皆無得繫。」〔註 104〕張晏曰：「名捕，謂下詔特所捕也。」詔書名捕就是對那些威脅國家政治或皇帝本人生命的逃亡罪犯，朝廷用詔告天下的方式加以追捕，類似於現在的全國通緝捉拿逃犯，是追捕逃亡罪犯最嚴厲的手段。

秦始皇時期有過數次大範圍內詔書追捕逃犯的記載。秦始皇十年（前 237 年），曾「大索，逐客。李斯上書說，乃止逐客令。」〔註 105〕這次大索是適應秦始皇逐客令的需要，以關東六國來到秦國的「客」為對象，按照名冊進行的全國性搜捕行為。後來因為李斯上了著名的「諫逐客書」而停止。「二十九年（前 218 年），始皇東遊，至陽武博狼沙中，為盜所驚。求弗得，乃令天下大索十日。」〔註 106〕博浪鐵錐乃張良與反秦志士所為，誤中副車之後，張良浪迹天涯，這次天下大索當然沒有任何效果。秦始皇三十一年（前 216 年），秦始皇在微行咸陽時，在蘭池地方遇到盜的襲擊，隨行武士擊殺盜後，始皇下令在關中大索十日，也屬於詔書追捕。

〔註 97〕《漢書》卷一《高祖本紀》，頁 67。

〔註 98〕《史記》卷一百一十八《李斯列傳》，頁 2561。

〔註 99〕《漢書》卷六十六《公孫賀傳》，頁 2878。

〔註 100〕《史記》卷六《秦始皇本紀》，頁 269。

〔註 101〕《漢書》卷六十九《趙充國傳》，頁 2976。

〔註 102〕《漢書》卷六十六《公孫賀傳》，頁 2881。

〔註 103〕《漢書》卷九十九《王莽傳》，頁 4171。

〔註 104〕《漢書》卷十二《平帝紀》，頁 356。

〔註 105〕《史記》卷六《秦始皇本紀》，頁 230。

〔註 106〕《史記》卷六《秦始皇本紀》，頁 249。

張耳、陳餘也曾被詔書「購求」，明令天下搜捕。據《史記‧張耳陳餘列傳》記載，秦滅魏以後，曾經發布詔書，懸賞千金追捕張耳，五百金懸賞陳餘。張耳、陳餘改變名姓，逃亡到陳，作了里監門。反而親自宣佈詔書，在里中抓捕。從中可以知道，朝廷知道要抓捕者的姓名以及其他的情況，抓捕命令從朝廷發出，一直貫徹到最基層的鄉里社會之中，由最底層的里監門向里中百姓宣佈抓捕命令，負責在里中進行搜索。當時的追捕命令是只有姓名，沒有畫像的。因此，逃亡者經過變名姓的偽裝之後就能夠很容易地躲過追捕。秦朝的這種詔書「大索」雖然有較強的威力，有的逃犯很快被抓獲，但更多的是對逃亡罪犯的威懾作用，實際收效並不大。

（二）西漢時期的詔書名捕事件

西漢王朝建立初期，許多項羽部下逃亡各地，其中不乏軍事、政治才能傑出者，成為西漢政權穩定的心腹大患，所以西漢初期的「名捕」主要針對他們。「項王亡將鍾離眛家在伊廬，素與信善，項王死後，亡歸信。漢王怨眛，聞其在楚，詔楚捕眛。……漢六年，人有上書告楚王信反，……人或說信曰：斬眛謁上，上必喜，無患。信見眛計事，眛……卒自剄。」〔註107〕鍾離眛是項羽手下驍將，多次打敗過漢軍，任其逃亡對漢朝統治的危害是很大的，而且他逃到了韓信手下，更是漢王朝必須抓獲的對象。

對項羽部下的追捕大概因為季布事件而有所收斂。季布被赦免後，任命為郎中，這一做法顯示出新政權對項羽餘黨的態度由抓捕鎮壓轉為懷柔安撫、委以官職，此後再沒有看到對項羽餘黨的大規模追捕。

景帝時期，「上立膠東王為太子。梁王怨爰盎及議臣，乃與羊勝、公孫詭之屬謀，陰使人刺殺爰盎及他議臣十餘人。賊未得也。於是天子意梁，逐賊，果梁使之，遣使冠蓋相望於道，覆按梁事。捕公孫詭、羊勝，皆匿王後宮。使者責二千石急，……王乃令勝、詭皆自殺，出之。」〔註108〕對公孫詭、羊勝的追捕也是一場由皇帝下令的詔書名捕。「及殺故吳相爰盎，景帝遂聞詭、勝等計劃，乃遣使捕詭、勝，必得。」〔註109〕

武帝時期，也有過一些詔書名捕的事件。江充窮治巫蠱之事，太子起兵

〔註107〕《史記》卷九十二《淮陰侯列傳》，頁2627。
〔註108〕《漢書》卷四十七《文三王傳》，頁2210。
〔註109〕《漢書》卷五十二《韓安國傳》，頁2396。

誅殺江充失敗後，「太子兵敗，亡，不得。」〔註110〕師古曰：「太子出亡，而吏追捕不得也。……太子之亡也，東至湖，藏匿泉鳩里。主人家貧，常賣履以給太子。太子有故人在湖，聞其富贍，使人呼之而發覺，吏圍捕太子，太子自度不得脫，即入室距戶自經。」這次追捕應該是由皇帝下令追捕的，「雖然，巫蠱始發，詔丞相、御史督二千石求捕，……。」〔註111〕因為有皇帝的命令，各地官吏才會拼盡全力追捕，這是一次大規模的詔書名捕事件。武帝時期，還有過詔書追捕豪俠的記載：

> 賀子敬聲，代賀為太僕，……征和中擅用北軍錢九千萬，發覺，下獄。是時，詔捕陽陵朱安世不能得，上求之急，賀自請逐捕安世以贖敬聲罪。上許之。後果得安世。安世者，京師大俠也。〔註112〕

張安世為什麼受到追捕，不得而知，但這也是一次詔書名捕事件。

> （張）放驕蹇縱恣，奢淫不制。前侍御史修等四人奉使至放家逐名捕賊，時放見在，奴從者閉門設兵弩射吏，距使者不肯內。
> 〔註113〕劉德曰：謂詔捕罪人有名者也。

這裡的奉使抓捕逃亡犯也是詔書名捕。

武帝死後，幼子繼位，霍光、上官桀等人共同輔政，有人上書誣陷霍光被昭帝識破，「尙書左右皆驚，而上書者果亡，捕之甚急。」〔註114〕這次陷害霍光的陰謀因為昭帝聰慧沒有得逞，對上書者的追捕也是下詔書追捕。

> 平帝即位，王莽秉政，陰有篡國之心，乃諷州郡以罪法案誅諸豪傑，及漢忠直臣不附己者，宣及何武等皆死。時名捕隴西辛興，興與宣女婿許紺俱過宣，一飯去，宣不知情，坐繫獄，自殺。〔註115〕
> 師古曰：詔顯其名而捕之。

這是平帝時期的詔書名捕事件，是王莽打擊政敵，陰謀篡漢的前奏。

「宦騎與黃門駙馬爭船，推墮駙馬河中溺死，宦騎亡，詔使孺卿逐捕不得，惶恐飲藥而死。」〔註116〕這是一次針對個人逃亡而出現的詔書名捕。

〔註110〕《漢書》卷六十三《武五子傳》，頁2744、2476。
〔註111〕《漢書》卷六十六《車千秋傳》，頁2885。
〔註112〕《漢書》卷六十六《公孫賀傳》，頁2878。
〔註113〕《漢書》卷五十九《張湯傳》，頁2655。
〔註114〕《漢書》卷六十八《霍光傳》，頁2936。
〔註115〕《漢書》卷七十二《鮑宣傳》，頁3094。
〔註116〕《漢書》卷五十四《李廣傳》，頁2464。

《漢書‧王尊傳》記載了詔書捕人的基本程序，王尊爲京兆尹時：

> 司隸遣假佐放奉詔書白尊發吏捕人，放謂尊：詔書所捕宜密。
> 尊曰：治所公正，京兆善漏泄人事。放曰：所捕宜令發吏，尊又曰：
> 詔書無京兆文，不當發吏。〔註117〕

詔書捕人時，由特別的使者攜帶詔書，到地方政府機關，調集人手，進行抓捕。大概詔書上邊明確規定了應該徵發官兵的具體情況，地方郡守要嚴格按照詔書規定配合抓捕行動。如果詔書沒有規定時，地方官員則可以拒絕執行使者命令。

（三）東漢時期的詔書名捕事件

東漢時期，皇帝詔書追捕逃犯的事件也時有發生：

> 寇榮少知名，桓帝時爲侍中。……延熹中，遂陷以罪辟，與宗
> 族免歸故鄉。吏承望諷旨，持之浸急，榮恐不免，奔闕自訟。未至，
> 刺史張敬追劾榮以擅去邊，有詔捕之。榮逃竄數年，會赦令，不得
> 除，積窮困，乃自亡命中上書。〔註118〕

寇榮不但受到詔書名捕，而且多次不能赦免。東漢時期影響最大的一次詔書追捕事件是對黨人的追捕，第一次黨錮事件發生時：

> 天子震怒，班下郡國，逮捕黨人，布告天下，使同忿疾，遂收
> 執膺等。其辭所連及陳寔之徒二百餘人，或有逃遁不獲，皆懸金購
> 募。使者四出，相望於道。〔註119〕

第一次對黨人的追捕過去不久，緊接著第二次對黨人的追捕就開始了。「又張儉鄉人朱並，承望中常侍侯覽意旨，上書告儉與同鄉二十四人別相署號，共爲部黨，圖危社稷。……而儉爲之魁。靈帝詔刊章捕儉等。……其死徙廢禁者，六七百人。」〔註120〕這兩次大規模的詔書名捕黨人，持續時間長，涉及範圍廣，是東漢時期對政治生活影響重大的詔書追捕事件。劉表就因爲涉案被追捕，「表亡走得免。」〔註121〕劉表亡命他鄉才免受牢獄之苦。

朝廷在追捕逃亡人犯的過程中，又大肆牽連，擴大打擊面。「及儉等亡命，

〔註117〕《漢書》卷七十六《王尊傳》，頁 3233。
〔註118〕《後漢書》卷十六《寇恂傳》，頁 627。
〔註119〕《後漢書》卷六十七《黨錮列傳》，頁 2187。
〔註120〕《後漢書》卷六十七《黨錮列傳》，頁 2188。
〔註121〕《後漢書》卷七十四《劉表傳》，頁 2419。

經歷之處，皆被收考，辭所連引，布遍天下。」〔註122〕詔書名捕逃犯的具體情況，在張儉逃亡的事例中可以看到：

> （靈帝）於是刊章討捕。儉得亡命，困迫遁走，望門投止，莫不重其名行，破家相容。後流轉東萊，止李篤家。外黃令毛欽操兵到門，篤引欽謂曰：張儉知名天下，而亡非其罪。……欽歎息而去。篤因緣送儉出塞，以故得免。其所經歷，伏重誅者以十數，宗親並皆殄滅。郡縣為之殘破。〔註123〕

張儉事件可以看到，凡是詔書追捕的逃犯，一旦接到詔書，所有地方的縣令要親自帶兵追捕，而不是派遣小吏應付差事；同時，膽敢收留逃亡人犯的，要受到重罰，以至室家宗族為之殘滅，鄉里郡縣受到株連。詔書名捕對地方社會而言等於一場浩劫。據《後漢書·靈帝紀》記載：

> 熹平元年，竇太后崩，有何人書朱雀闕，……於是詔司隸校尉劉猛逐捕，十日一會。猛以誹書言直，不肯急捕，月餘，主名不立。猛坐左轉諫議大夫，以御史中丞段熲代猛，乃四出逐捕，及太學遊生，繫者千餘人。〔註124〕

這也是一次著名的詔書追捕事件。

（四）漢簡中所見詔書名捕的典型狀態

漢簡中也有詔書名捕的案件記載，有的記載還非常詳細，可以看到秦漢時期詔書名捕的詳細過程。

> 詔所名捕平陵長藿里男子杜光字長孫故南陽杜衍□多□黑色肥大，頭少髮。年可卌十七八□□□□五寸□□□楊伯，初亡時駕瑰牡馬乘闌輂車黃茵張白車蓬騎瑰牡馬，因坐役使流亡□戶百廿三擅置田監史不法不道，丞相御史□執金吾家屬所二千石奉捕〔註125〕（183·13）

追捕逃犯的詔書中，指出了逃犯的姓名、籍貫、身體特徵，逃亡原因，乘坐的馬車，承擔追捕任務的具體機關等。這類由皇帝發布詔書追捕逃犯的事列是不多見的。地方政府必須執行上級發布的詔書名捕命令，到時間還要把追

〔註122〕《後漢書》卷六十七《夏馥傳》，頁2201。

〔註123〕《後漢書》卷六十七《張儉傳》，頁3210。

〔註124〕《後漢書》卷七十八《曹節傳》，頁2525。

〔註125〕《居延漢簡釋文合校》，頁294。

捕的情況彙報上去。

　　　　乙酉，萬歲侯長宗敢言之，官下名捕詔書曰：清河不知何七男
　　子共賊燔男子李□強盜兵馬及不知何男子凡六十九人點謀更□□□
　　怨攻盜賊燔人舍，攻亭〔註126〕（破城子探方五　Ｅ・Ｐ・Ｔ5：16）

　　　　元康元年十二月辛丑朔壬寅東部侯長長生敢言之，侯官移大守
　　府，所移河南都尉書曰：詔所名捕及鑄偽錢盜賊亡未得者牛延壽高
　　建等廿四，牒書到瘦侯史齊ν遂昌〔註127〕（20・12B）

　　　　部界中毋詔所名捕不道亡者。〔註128〕（116・23）

前一簡是萬歲侯長寫給上級的一份文書，是說接到朝廷名捕的詔書，詔書中
提到殺人犯李某、以及六十九人的強盜集團。後一簡是一封侯長寫給河南都
尉的文書，報告追捕的結果，受到追捕的犯盜鑄錢罪的逃亡者中有二十四人
沒有抓到，這些「詔書名捕」抓捕的逃犯都是一些對國家政治造成嚴重危害
的犯罪者或者犯罪集團。

　　1973 年甘肅省居延考古隊在居延漢代烽燧遺址發掘出了木簡牘一萬九千
餘枚，其中有肩水金關遺址出土的三枚木牘，編號爲 EJT1：1～3。這三枚簡
牘字跡相同，文字一共十二行，內容與破城子甲渠遺址發現的編號爲 EPT43：
92 號木牘相同，是爲同一件事發出的詔書名捕文書，現將所有內容列出，以
瞭解漢代詔書名捕的細節。

　　　　所逐驗大逆無道故廣陵王胥御者惠同產弟故長公主第卿□□
　　字中夫前爲故大子守官奴嬰齊妻嬰齊前病死麗戎從母捐□□男子字
　　遊爲麗戎智以牛車就載籍田倉爲事始元 92（破城子探方四三　Ｅ・Ｐ・
　　Ｔ43：92）〔註129〕

　　　　甘露二年五月己丑朔甲辰朔，丞相少史充、御史守少史仁以
　　請：詔有逐驗大逆無道故廣陵王胥御者惠同產弟（弟）、故長公主
　　第（第）卿大禅外人，移郡太守：逐得試（識）知外人者、故長公
　　主大奴千秋等，曰：外人一名麗戎，字中夫，前太子守觀奴嬰齊妻，
　　前死。麗戎從母捐之字子文，私（？）男第（弟）僵，居主馬市里

〔註126〕《居延新簡釋文合校》，頁 18。
〔註127〕《居延漢簡釋文合校》，頁 34。
〔註128〕《居延漢簡釋文合校》，頁 187。
〔註129〕《居延新簡》，頁 106。

第（第）。捐之姊（姊）子、故安道侯奴材，取不審縣裡男子字游
爲麗戎聟（婿），以牛車就（僦）載藉田倉爲事。始元二年中，主
女孫爲河間王后，與捐之偕之國。後麗戎、游從居主机菜第（第），
養男孫丁子沱。元鳳元年中，主死，絕戶，奴婢沒入諸官。麗戎、
游俱亡。麗戎脫籍，疑變更名字，遠走絕跡，更爲人妻，介罪民間，
若死，毋從知。麗戎此時年可廿三、四歲，至今年可六十所。爲人
中壯，黃色，小頭，黑髮，隋（橢）面，拘（鉤）頤，常戚（蹙）
額如頻（顰）狀，身小長，詐廲少言。書到，二千石遣毋害都吏嚴
教屬縣官令以下、嗇夫、吏、正、父老，雜驗問鄉里吏民，賞（嘗）
取（娶）婢及免婢以爲妻，年五十以上，刑（形）狀類麗戎者，問
父母昆弟（弟），本誰生子，務得請（情）實、發生從（蹤）跡。
毋督聚煩擾民。大逆，同產當坐，重事，推跡求窮，毋令居部界中
不覺。得者書言白報，以郵亭行，詣長安傳舍。重事，當奏聞，必
謹密之，毋留，如律令。

　　六月，張掖太守毋適、丞勳敢告部都尉卒人：謂縣：寫移；
書到。趣報，如御史書、律令。敢告卒人。/掾佷、守卒史禹、置
佐財。

　　七月壬辰，張掖肩水司馬陽以秩次兼行都尉事，謂候、〔城
尉〕：寫移；書〔到，廋（搜）索〔部〕界中，〔毋〕有，以書言，
會廿日，如律令。/掾遺、守屬況。

　　七月乙未，肩水候福謂候長廣宗等：寫〔移；書到〕，〔廋（搜）
索部〕

　　界中，〔毋有，以書〕言，會月十五日，須報府，毋〔失期〕，
如律令。/令史口。〔註130〕

這三枚木牘是西漢宣帝甘露二年（前52年）由丞相、御史兩府發布的命令，
追捕早年逃亡的奴婢，追捕的對象是大婢外人，名麗戎，身份是故長公主的
奴婢，又是故廣陵王御者惠的同產弟，整個文書介紹了麗戎的簡單經歷，逃
亡時的年齡以及體貌特徵。追捕詔書發到地方以後，要求郡守派遣得力的官
員實施追捕。隨後追捕命令到達張掖太守府，再由郡下達到縣，縣則下達到

〔註130〕簡文見鄔文玲《甘露二年御史書校讀》中國古代法律文獻研究第五輯，2012
　　　　年1月。

鄉里，由鄉里的嗇夫、鄉吏、里正、三老親自實地逐家追查，還發出懸賞。張掖太守受到追捕命令之後還要向丞相、御史府彙報。張掖太守傳達的追捕命令到達肩水司馬轄區後，肩水司馬負責把追捕命令傳達到下屬的各候長轄區，各候長轄區每十五天要彙報一次追捕結果。所有詔書名捕的追捕程序應該與此相同。危及政權穩定的謀反犯罪、逃亡政治犯、武裝強盜集團、殺人群盜等犯罪集團等都是詔書名捕的對象。

由朝廷下令追捕一個逃亡奴婢的事例是極爲少見的，麗戎是長公主的奴婢，長公主應該就是鄂邑蓋長公主，弟弟又是廣陵王德御者，姐弟二人與皇室有著密切聯繫，元鳳元年（前80年）燕王旦、長公主和上官桀謀反失敗，燕王旦和長公主被殺，丁外人也是謀反的主謀之一，大概麗戎知道這次謀反的一些內情，所以在二十九年後的甘露二年（前52年）還受到追捕。

四、地方名捕

詔書名捕以外，秦漢時期，對於逃亡者經常進行實名追捕，就是史料記載中的「名捕」。名捕命令的發出者多爲郡都尉一級，名捕命令中指出了追捕者的姓名、性別、年齡、基本的體貌特徵、籍貫，逃亡時間等內容。名捕命令發出後，轄區內的相關人員都要行動起來，投入追捕之中。「元康四年五月丁亥朔丁未，長安令安國、守獄丞左、屬禹敢言之：謹移髡鉗亡者田勞等三人年、長、物、色，去時所衣服。謁移左馮翊、右扶風、太常、弘農、河南、河內、河東、穎川、南陽、天水、隴西、安定、北地、金城、西河、張掖、酒泉、武都、漢中、廣漢、蜀郡……」〔註131〕元康爲漢成帝年號，四年爲公元前62年，此簡爲長安令向全國發布的追捕三名逃亡刑徒的通緝令。爲追捕三名逃亡刑徒而全國通緝，漢代追捕逃亡罪犯的力度是很大的。也有太守府發出的追捕文書，「月甲申，敦煌太守快、長史布施、騎千人定舜行丞事，敢告部都尉卒人，謂縣，督盜賊史□世□□□□□副護書到，各□□□□□泄□捕部界中，得以書言，毋有令史，廷郵報相監。」〔註132〕這是太守府發出的追捕逃犯的文書，要求轄區各部全力追捕逃亡罪犯。

「獄所逮一牒：河平四年四月癸末朔甲辰，效谷長增謂縣（懸）泉嗇夫、吏，書到，捕此牒人，毋令漏泄，先閱知，得遣吏送……（A）/掾賞、獄史

〔註131〕《敦煌懸泉漢簡釋粹》，頁21。
〔註132〕《敦煌懸泉漢簡釋粹》，頁22。

慶。（B）」〔註133〕這是河平四年（前25年）通緝追捕逃犯的牒書，由效谷縣長增發給懸泉置嗇夫，文書的起草者爲效谷縣掾賞和獄史慶。

「王莽居攝，誅鏃豪俠，名捕漕中叔，不能得。」〔註134〕師古曰：「指其名而捕之。」這是王莽針對游俠而發出的名捕命令，漕中叔由於得到强駑將軍孫建的庇護而得以逃脫。

王莽爲安漢公，執掌朝政後，長子王宇與妻兄呂寬以血塗王莽門，想借助神怪威脅王莽，使其歸還政權。被發覺後，王莽下令處死了王宇，呂寬逃亡投奔父親的朋友，廣漢太守摟護，不久，朝廷名捕呂寬的命令到了廣漢，摟護逮捕了呂寬，可見各地郡守對朝廷追捕逃犯的命令還是十分重視的。

> （王）尋復作符命，……莽以詐立，心疑大臣怨謗，欲震威以懼下，因是發怒。……收捕尋。尋亡，……隨方士入華山，歲餘捕得，辭連國師公歆子侍中東通靈將、五司大夫隆威侯棻，棻弟右曹長水校尉伐虜侯泳，大司空邑弟左關將軍掌威侯奇，及歆門人侍中騎都尉丁隆等，牽引公卿黨親列侯以下，死者數百人。〔註135〕

這是王莽在篡奪西漢政權的過程中針對反對派實行的名捕事件。

> 正月癸酉，河南都尉忠丞下郡大守諸侯相承書從事下當用者，實字子功年五十六，大狀黑色長鬢，建昭二年八月庚申亡，過客居長安當利里者洛陽上商里范義，壬午實買所乘車馬更乘辛牡馬白蜀車漆布並塗載布。〔註136〕（157‧24A）

這是一道內容比較完整的名捕命令，由河南都尉發布，追捕名叫「實」的逃亡者，不僅指明了他的各種特徵，連他曾經投奔過的地方和人員、所乘的馬車特徵都一一指出，方便下級機關追捕。

> 望□苑髡鉗鈦左右止大奴馮宣，年廿七八歲，中壯髮長五六寸，青黑色毋須，衣皁袍白布綺白鞋持劍亡〔註137〕（40‧1）

> 建平三年五月庚戌朔乙未，治書侍御史聽天侍御史望——使移部刺史郡大守諸侯相□男子沂相賜茂陵女子紀嬌皆有罪，疑殊死

〔註133〕《敦煌懸泉漢簡釋粹》，頁20。
〔註134〕《漢書》卷九十二《游俠傳》，頁3719。
〔註135〕《漢書》卷九十九《王莽傳》，頁4123。
〔註136〕《居延漢簡釋文合校》，頁258。
〔註137〕《居延漢簡釋文合校》，頁68。

以上與家屬俱亡，章所及姦能當窮竟□〔註138〕（破城子探方四十
三　E・P・T：43：31）

　　潁川郡長祝自建里李廣元鳳四年六月乙亥亡□□故□〔註139〕
（148・38）

以上簡文也屬於名捕逃犯的記載。

　　名捕平陵德明里李蓬字遊軍，年卅二三，坐賊殺平陵遊徼周勒
赦攻□□市賊殺遊徼業譚等亡爲人奴〔註140〕（114・21）

　　居延騎士廣都里李宗坐殺客子楊充元鳳四年正月丁酉亡〔註141〕
（88・5）

按照常規，地方郡都尉發布的追捕逃犯的命令應該比朝廷的詔書名捕事件要
多得多，也是地方抓捕逃亡者的最主要手段。

第三節　秦漢逃亡犯罪的贖免

　　面對大量的社會逃亡者，秦漢政府經常採取入財贖免的方式，使逃亡者
獲得回到故鄉的機會，減少逃亡犯罪。秦漢時期的犯罪贖免主要有賣爵和入
財兩種。

一、秦朝的逃亡犯罪贖免

　　秦律中的贖刑就是允許罪犯繳納一定的財物代替已經判處的刑罰。《商君
書・境內》：「爵自二級以上，有刑罪則貶，爵自一級以下，有刑罪則已。」
即一級爵位可以代替一次肉刑處罰。秦的爵位需要武功換得，所以比較珍貴，
以比較珍貴的爵位贖罪，與秦國嚴刑峻法的原則是一致的。

　　《法律答問》：「臣邦眞戎君長，爵當上造以上，有罪當贖者，其爲群盜，
令贖鬼薪鋈足，其有府（腐）罪，贖宮。」〔註142〕少數民族君長和爵位在上
造以上的人在贖罪上享有一定的特權。犯罪逃亡的群盜要處以死刑，可以入
財或者爵位贖免爲最輕的鋈足鬼薪。

〔註138〕《居延新簡》，頁102。
〔註139〕《居延漢簡釋文合校》，頁247。
〔註140〕《居延漢簡釋文合校》，頁186。
〔註141〕《居延漢簡釋文合校》，頁153。
〔註142〕《睡虎地秦墓竹簡》，頁200。

「內公孫毋（無）爵者當贖刑，得比公士贖耐不得？得比焉。」〔註143〕
這是對宗室成員贖罪方面的規定。具體的贖免在睡虎地秦墓竹簡中有記載，
《傅律》：「匿敖童，及占癃（癃）不審，典、老贖耐」、「盜徙封，贖耐」、「內
（納）姦，贖耐」、「抉籥（鑰），贖黥。」〔註144〕處以耐刑或者黥刑者，可以
入財贖罪，稱為「贖耐」、「贖黥」。其它罪名的贖罪記載極其少見，或許贖免
重罪需要的爵位太多，所以少見。

以爵位贖罪，在秦是有現實意義的，秦國提倡耕戰，立功者得到爵位，
所以有爵者應該比較多，出讓爵位贖罪對於減少犯罪者逃亡有一定現實意
義。對於家資較為豐厚的人來說，入財贖罪對他們也有好處，可以減少因為
躲避懲罰而導致的犯罪逃亡。但是，對於普通人而言，能夠贖免的只有耐罪
和黥罪，其他犯罪則不能贖免，這一點又影響到贖罪的效果。

秦在贖罪方面還有很多變通規定，《司空律》規定，有罪而繳納財物贖罪
的，應在判決規定的日期內加以訊問，如無力繳納賠償，即自規定日期起，
使之以勞役抵償債務，每勞作一天抵償八錢；官府給與飯食的，每天抵償六
錢。但是參加城旦舂勞役者，官府免費給與衣食。公士以下的人以勞役抵償
贖刑、贖死罪的，可以不施加刑具。還可以要求其他人代服勞役，可以用奴
隸、牛、馬來代替，男女奴隸服勞役時必須帶上刑具，防止逃亡。一家有兩
個勞動力服勞役贖罪時，可以容許輪流服役，農忙時還可以放假四十天，處
理農活。但手工業者和商人不能由他人代替服役贖罪。凡服役贖罪者沒有衣
服的，官府可以提供衣服，但必須通過增加勞役時間來償還衣服價值。贖罪
勞役時間未滿時，可以繳納現金，補足其餘部分〔註145〕。

上述規定考慮到了農業生產的需要，對社會發展是有利的，對減少犯罪
逃亡也有一定的作用。只是當時社會上逃亡人員太多，逃亡原因又極其複雜，
所以單純的贖罪是不能解決問題的。

二、西漢初期的逃亡犯罪贖免

西漢初期，在對犯罪的懲罰方面繼承了秦朝的贖罪精神，也有通過削去
爵位和繳納財物來減輕懲罰的規定。漢惠帝就規定：「民有罪，得買爵三十級

〔註143〕《睡虎地秦墓竹簡》，頁231。
〔註144〕《睡虎地秦墓竹簡》，頁143、178、179、164。
〔註145〕《睡虎地秦墓竹簡》，頁86。

以免罪。」〔註146〕應劭曰：「一級值錢二千，凡為六萬，若今贖罪入三十疋縑矣。」師古曰：「令出買爵之錢以贖罪。」此一詔書中最主要的規定在於交納六萬錢來贖罪，只是規定過於籠統，難知詳情。除了入錢贖罪以外，晁錯上書漢文帝，建議「今募天下入粟縣官，得以拜爵，得以除罪……使天下人入粟於邊，以受爵免罪，不過三歲，塞下之粟必多矣。於是文帝從錯之言，令民入粟邊，六百石爵上造，稍增至四千石為五大夫，萬二千石為大庶長，各以多少級數為差。」〔註147〕晁錯將納粟於邊、拜爵、贖罪三者結合起來，是對買爵贖罪和交錢贖罪的靈活變通。輸粟邊郡，買爵贖罪的做法在漢文帝時期取得了比較好的效果，後來邊郡食足，朝廷開始減免租稅就是明證。輸粟多，自然獲得爵位的人也多，相應以爵位贖罪的人也應該多。

　　西漢贖刑出現於惠帝時期，但從史料記載來看，文帝、景帝時期贖罪事例不多，「高后三年，（留文成）侯不疑嗣，十年，孝文五年，坐與門大夫殺故楚內史，贖為城旦。」〔註148〕張不疑是張良的兒子，參與殺死政府官員，應該是死罪，最後入財贖死，判為城旦刑。這是文帝時期出現的贖罪事例。

　　西漢初期文獻記載的贖罪個案和規定都很模糊，張家山漢簡的出現，為我們認識這一問題提供了材料。《二年律令》：

　　　　贖死，金二斤八兩。贖城旦舂、鬼薪白粲，金一斤八兩。贖斬、府（腐），金一斤四兩。贖劓、黥，金一斤。贖耐，金十二兩。贖罷（遷），金八兩。有罪當府（腐）者，移內官，內官府（腐）之（簡119）。

律文規定：贖罪金額以黃金計算，刑等共分為 6 等：一等贖死，二等贖城旦舂、鬼薪白粲，三等贖斬、府（腐），四等贖劓、黥，五等贖耐，六等贖遷。贖罪金額上，死罪贖免很重之外，從第二等開始，以四兩為一等。從最低的第六等金八兩始，每加一等，金額加四兩，一直至第二等。二等和一等的差額則為金一斤。不過，律文規定中沒有出現肉刑的贖免規定，而且將並非一個等級的刑罰歸併為一個等級加以贖免，如城旦舂與鬼薪、白粲、斬與府、劓與黥。贖耐重於贖遷，可能耐罪重於遷罪。《二年律令》：

　　　　船人渡人而流殺人，耐之；船嗇夫、吏主者贖耐。其殺馬牛及

〔註146〕《漢書》卷五《惠帝紀》，頁88。
〔註147〕《漢書》卷二十四《食貨志》，頁1134。
〔註148〕《漢書》卷十六《高惠高后文功臣表》，頁540。

　　　傷人，船人贖耐；船嗇夫、吏贖罨（遷）。其敗亡粟米它物，出其半，
　　　以半負船人。舳艫負二，徒負一；其可紐縠（繫）而亡之，盡負之，
　　　舳艫亦負二，徒負一；罰船嗇夫、吏金各四兩。流殺傷人，殺馬牛，
　　　有（又）亡粟米它物者，不負。（簡8）

行船造成人員馬牛傷亡的，直接責任者「船人」處罰要重一些，按後果和罪
過嚴重程度分別爲耐和贖耐，有管理之職的「船嗇夫、吏」則都相應輕一些，
分別爲贖耐和贖遷。《二年律令》：

　　　鞫（鞠）獄故縱、不直，及診、報、辟故弗窮審者，死罪，斬
　　　左止（趾）爲城旦，它各以其罪論之。其當縠（繫）城旦舂，作官
　　　府償日者，罰歲金八兩；不盈歲者，罰金四兩。□□□□兩，購、
　　　沒入、負償，各以其直（值）數負之。其受賕者，駕（加）其罪二
　　　等。所予臧（贓）罪重，以重者論之，亦駕（加）二等。其非故也，
　　　而失不圖者，以其贖論之。爵戍四歲及縠（繫）城旦舂六歲以上罪，
　　　罰金四兩。贖死、贖城旦舂、鬼薪白粲、贖斬宮、贖劓黥、戍不盈
　　　四歲，縠（繫）不盈六歲，及罰金一斤以上罪，罰金二兩。縠（繫）
　　　不盈三歲，贖耐、贖遷、及不盈一斤以下罪，購、沒入、負償、償
　　　日作縣官罪，罰金一兩。（簡93～98）

律文中提到的「其非故也，而失不圖者，以其贖論之」，是司法官員失誤造成
出錯判的，按照相應的等級處以懲罰，贖免等級相應不同。律文與贖罪劃分
爲 6 等的規定一致，即：一等贖死，二等贖城旦舂、鬼薪白粲，三等贖斬、
宮，四等贖劓、黥，五等贖耐，六等贖遷。《二年律令》：

　　　誣告人以死罪，黥爲城旦舂；它各反其罪。告不審及有罪先自
　　　告，各減其罪一等，死罪黥爲城旦舂，城旦舂罪完爲城旦舂，完爲
　　　城旦舂罪□，□鬼薪白粲及府（腐）罪耐爲隸臣妾，耐爲隸臣妾罪
　　　耐爲司寇，司寇、遷及黥顏（顏）頹罪贖耐，贖耐罪罰金四兩，贖
　　　死罪贖城旦舂，贖城旦舂罪贖斬，贖斬罪贖黥，贖黥罪贖耐，耐罪
　　　□金四兩罪罰金二兩，罰金二兩罪罰金一兩。（簡126～131）。

這條減罪贖免的律文除去沒有提到「贖遷」，代之以罰金外，六等贖罪規定一
致。漢初的贖罪規定中，對過失犯罪和特殊身份的人犯罪贖免有從輕的傾向，
見於《二年律令・賊律》的律文可以爲證：

　　　賊殺人、鬥而殺人，棄市。其過失及戲而殺人，贖死；傷人，

除。（簡 21）

　　父母毆笞子及奴婢，子及奴婢以毆笞辜死，令贖死。（簡 39）

　　諸吏以縣官事笞城旦舂、鬼薪白粲，以辜死，令贖死。（簡 48）

過失殺人和戲殺人都是沒有主觀上的故意，可以算失誤而入刑，規定贖死，是減輕刑罰。普通情況下，法定保辜期（20 日）內傷者死亡仍算殺人，故意傷害的要處加害者棄市死刑。但犯罪主體是對子、奴婢擁有家長、主人權力的父母或對罪徒有管教權的官吏，在其行使權力時相對的被害人受到毆笞或笞，沒有造成當場毆笞死或笞死這樣的客觀後果，而是在以後的二旬保辜期內死亡，並無殺人故意，改爲贖罪實際上可能更多的是在考慮他們的特殊身份，而不管他們是出於故意還是過失。按賊律的其他條文和史籍記載，可知鬥傷人、傷者 20 天內死亡的情況下，加害人仍定罪爲鬥殺人處以棄市死刑。漢初對女性的贖罪處刑也有減輕的規定，「女子當磔若要（腰）斬者，棄市。當斬爲城旦者黥爲舂，當贖斬者贖黥，當耐者贖耐。（簡 88、89）」這裡對女性犯罪減輕贖免懲處看不到別的原因，大概是對女性的特別照顧吧。

　　從上面所引的律文可以知道，漢初對犯罪贖免有嚴密的規定。逃亡犯罪當中，很多人是因爲別的犯罪，爲了躲避懲罰而逃亡，這些贖免規定可以認爲適應於逃亡犯罪者的贖罪。另外，在律文中也可以看到專門針對逃亡犯罪的贖免規定。《二年律令·亡律》：

　　諸舍亡人及罪人亡者，不智（知）其亡，盈五日以上，所舍罪
當黥□贖耐；完城旦舂以下到耐罪，及亡收、隸臣妾、奴婢及亡盈
十二月以上，贖耐。（簡 170、171）

「舍亡人」就是接納，包庇逃亡犯罪者，「罪人亡者」是監督罪犯勞作而讓罪犯逃亡，這在睡虎地秦墓竹簡中有不少的記載，秦律對監督罪犯而讓罪犯逃亡有嚴密的處罰規定，漢律中的這一規定與秦律在精神上是一致得。如果不知道監督的罪犯逃亡超過五天，容納、包庇逃亡罪犯，按律當處黥刑的可以減輕爲「贖耐」，就是按照耐刑贖罪。律文後半部分有缺字，但也是對於逃亡犯罪者的贖罪規定大概是沒有問題的。漢初與逃亡犯罪贖免有關的律文還有：《二年律令》：

　　越邑里、官市院垣，若故壞決道出入，及盜啓門戶，皆贖黥。
其垣壞高不盈五尺者，除。（簡 182）

當戌，已受令而遣不行盈七日，若戌盜去署及亡盈一日到七

日，贖耐，過七日，耐爲隸臣；過三月，完爲城旦。（簡398）

相國上內史書言，請諸詐（詐）襲人符傳出入塞之津關，未出

入而得，皆贖城旦舂；將吏智（知）其請（情），與同罪。（簡497）

不按規定隨便穿越邑里與逃亡犯罪類似，大體可以看作一種短距離的逃亡；被徵發戌邊的人員接到命令後，爲躲避兵役逃亡不超過七天，要處以耐刑，超過七日，要罰爲隸臣，過三月，要罰爲城旦。律文明確記載，耐刑和隸臣都可以贖罪，大概城旦刑也可以贖罪。負責控制盜賊的官員擅自離開崗位的處罰與逃亡者相同，贖罪規定也相同。沒有符傳而出入津關也屬於逃亡犯罪，要處以城旦舂的刑罰。守關將吏知情不報，與逃亡犯罪同罰，都可以贖罪。

從張家山漢簡的律文規定來看，漢代法律對犯罪贖免的規定是逃亡犯罪贖免的基礎，這些規定在不同的程度上影響到漢代逃亡犯罪贖免。逃亡犯罪的贖免規定考慮到了所犯罪行的輕重，影響的嚴重與否以及犯罪主體的身份特徵，這種嚴密的贖罪規定應該是漢代一直實行的政策，也是漢代司法領域具體執行逃亡犯罪贖免的基礎，這一法律規定對漢代控制逃亡犯罪應該是有一定效果的。

三、武帝以後的逃亡犯罪贖免

漢代犯罪贖免的高潮出現在武帝時期，由於對外戰爭頻繁，各種社會問題層出不窮，犯罪人數隨之增加，隨之而來的犯罪逃亡者數量也急劇上升。爲了解決政府財政問題，入財贖罪才開始盛行。「令死罪入贖錢五十萬減死一等。……（太始二年）九月，募死罪入贖錢五十萬減死一等。」〔註149〕這是武帝時期專門針對死刑罪犯的贖免規定，與惠帝時期入錢三十萬減罪一等相比，贖金數額增長了很多。武帝時期在對匈奴戰爭中出現了許多軍事犯罪者，贖罪案件也空前增加。

（李）廣殺匈奴三千餘人，盡亡其軍四千人，獨身脫還，及公

孫敖、張騫皆後期，當斬，贖爲庶人。」〔註150〕

平陽懿侯（曹）宗嗣，徵和二年，坐與中人姦，闌入宮掖門，

〔註149〕《漢書》卷六《武帝紀》，頁205、206。

〔註150〕《漢書》卷六《武帝紀》，頁176。

入財贖完爲城旦。〔註151〕

見於《漢書‧景武昭宣元成功臣表》的贖罪事件最多：

> （蘇建）元朔六年，坐爲前將軍與翕侯信俱敗，獨身脫來歸，
> 當斬，贖罪，免。……（公孫敖）元狩二年坐將兵擊匈奴與票騎將
> 軍期後，畏懦當斬，贖罪。……（張騫）元狩二年，坐以將軍擊匈
> 奴畏懦，當斬，贖罪，免。……（高不識）坐擊匈奴增首不以實，
> 當斬，贖罪，免。……（韓延年）坐爲太常行大行令事留外國書一
> 月，乏興，入穀贖，完爲城旦。……（楊僕）元封四年，坐爲將軍
> 擊朝鮮畏懦，入竹二萬個，贖完爲城旦。……（多卯）延和四年，
> 坐與歸義趙文王將兵追反虜，到弘農擅棄兵還，贖罪，免。……（王
> 恢）坐使酒泉矯制害，當死，贖罪，免。……（趙第）太始三年，
> 坐爲太常鞠獄不實，入錢百萬贖死，而完爲城旦。〔註152〕

武帝時期大規模的贖罪事件，使一些犯罪者得到贖罪的機會，免於逃亡，在減少犯罪逃亡方面應該有一定的效果。只是贖罪金額很高，很多人難以繳納，使贖罪規定成爲一紙空文，司馬遷受到李陵降敵事件的牽連，被處以死刑，「家貧，財賂不足以自贖，交遊莫救，左右親近不爲一言。」〔註153〕司馬遷當時爲太史令，尚且繳不出數十萬的贖金，一般百姓恐怕就更難了。

對於當時入財贖罪的問題，貢禹上書元帝：

> （武帝）闢地廣境數千里，自見功大威行，遂從嗜欲，……是
> 以天下奢侈，官亂民貧，盜賊並起，亡命者眾。郡國恐伏其誅，則擇
> 便巧史書習於計簿能欺上府者，以爲右職。姦軌不勝，則取勇猛能操
> 切百姓者，以苛暴威服下者，使居大位。故亡義而有財者顯於世，欺
> 謾而善書者尊於朝，誖逆而勇猛者貴於官。故俗皆曰：「何以孝悌爲？
> 財多而光榮。何以禮義爲？史書而仕宦。何以謹愼爲？勇猛而臨官。」
> 故黥劓而髡鉗者猶復攘臂爲政於世，行雖犬彘，家富勢足，目指氣使，
> 是爲賢耳。故謂居官而置富者爲雄桀，處姦而得利者爲壯士，兄勸其
> 弟，父勉其子，俗之壞敗，乃至於是。察其所以然者，皆以犯法得贖

〔註151〕《漢書》卷十六《高惠高后文功臣表》，頁 532。
〔註152〕《漢書》卷十七《景武昭宣元成功臣表》，頁 643、645、646、648、653、655、
658、660、661。
〔註153〕《漢書》卷六十二《司馬遷傳》，頁 2731。

罪，求士不得眞賢，相守崇財利，誅不行之所致也。〔註154〕

在貢禹看來，入財贖罪之弊端主要在於使國家的法律背離了賞善罰惡的宗旨，使有錢的惡人得不到應有的懲罰，使良善的窮人得不到赦免，結果使整個社會善惡不分，正義得不到伸張，社會風俗極度敗壞，最終導致了西漢政權的滅亡。入財贖罪的弊端直到西漢末年依然存在。「今欲令民量粟以贖罪，如此則富者得生，貧者獨死。是貧富異刑而法不一也。」〔註155〕結果，很多人認爲西漢末期許多刑徒起義就與輸財贖罪有關，是「使死罪贖之」〔註156〕的結果。

> 當徙邊未行，行未到若亡勿徙，赦前有罪，後發覺勿治。奏當
> 當上勿上，其當出入其□□□在所縣爲傳，疑者讞廷尉，它如律令。
> 丞相御史分行詔書，爲駕各……〔註157〕（簡565）

這是見於懸泉漢簡的一道大赦詔書殘簡，規定那些應該徙邊還未成行或者到了目的地又逃亡的犯罪者，可以免於流放。

西漢時期的入財贖罪之法，對亡命者也有效，那麼，所有的亡命罪犯都可以通過入財而贖罪，結束他們的逃亡生涯。但要繳納很高的贖金，絕非一般人所能承受，從這一角度來說，贖罪在減少逃亡犯罪方面的效果要大打折扣的。

四、東漢的逃亡犯罪贖免

西漢時期雖然有入財贖罪的法律規定，但沒有直接與逃亡有關的贖罪法規，這樣的法規直到東漢明帝時期才出現。「天下亡命殊死以下，聽得贖論，死罪入縑二十匹，右趾至髡鉗城旦舂十匹，完城旦舂至司寇作三匹。其未發覺，詔書到先自告者，半入贖。」〔註158〕此後，東漢政府多次頒佈關於亡命者入財贖罪的詔書，其贖罪標準基本上沒有大的改變。只是在交納縑的數量上稍微有些變動而已。

東漢章帝時期，社會治安狀況尚好的時候，社會上就充斥著大量的逃亡者，「死罪亡命無慮萬人。」〔註159〕東漢後期，政治腐敗，各種社會矛盾空前

〔註154〕《漢書》卷七十二《貢禹傳》，頁3077。
〔註155〕《漢書》卷七十八《蕭望之傳》，頁3275。
〔註156〕《漢書》卷七十八《蕭望之傳》，頁3278。
〔註157〕《懸泉漢簡釋粹》，頁16。
〔註158〕《後漢書》卷二《明帝紀》，頁98。
〔註159〕《後漢書》卷四十六《郭躬傳》，頁1544。

激化，犯法者、亡命者必然更多，在眾多的亡命者中，又有多少人願意或者有能力繳納鉅資以贖罪呢？東漢亡命贖罪的詔書在早期七次，分別是：明帝即位、永平八年、永平十五年、永平十八年、章帝建初七年、元和元年、章和元年。中期八次：分別是和帝永元三年、八年、安帝永初元年、元初二年、延光三年、順帝永建元年、陽嘉元年、永和五年。晚期是桓帝建和三年的一次。這與朝廷對流民無名數者的賜爵數量恰好重合，東漢對流民和無名數者的賜爵是在明帝即位、永平三年、永平十二年、永平十七年、永平十八年、章帝即位、建初三年、建初四年、和帝永元八年、永元十二年、元興元年、安帝永初三年，元初元年、順帝永建元年、永建四年、陽嘉元年等。這一重合至少顯示出東漢流民和無名數者與犯罪亡命者之間有著極密切的關係，亡命者是流民無名數者的重要組成部分。

東漢逃亡犯罪贖免詔令一覽表

	時　　間	內　　　　容	出　處
1	明帝即位（57年）	天下亡命殊死以下，聽得贖論：死罪入縑二十匹，右趾至髡鉗城旦舂十匹，其未發覺，詔書到先自告者，半入贖。	98頁
2	永平八年（65年）	詔三公募郡國中都官死罪繫囚，減罪一等，勿笞，詣度遼將軍營，屯朔方、五原、之邊縣，妻子自隨，便占著邊縣，父母同產欲相代者，恣聽之。其大逆無道殊死者，一切募下蠶室。亡命者令贖罪各有差。	111頁
3	永平十五年（72年）	詔亡命自殊死以下贖：死罪縑四十匹，右趾至髡鉗城旦舂十匹，完城旦至司寇五匹。犯罪未發覺，詔書到日自告者，半入贖。	118頁
4	永平十八年（75年）	春三月丁亥，詔曰：「其令天下亡命，自殊死已下贖：死罪縑三十匹，右趾至髡鉗城旦舂十匹，完城旦至司寇五匹。吏人犯罪未發覺，詔書到自告者，半入贖。	123頁
5	建初七年（82年）	亡命贖：死罪入縑二十匹，右趾至髡鉗城旦舂十匹，完成旦至司寇三匹，吏人有罪未發覺，詔書到自告者，半入贖。	143頁
6	元和元年（84年）	詔郡國中都官繫囚，減死一等，勿笞，詣邊縣，妻子自隨，占著在所。其犯殊死，一切募下蠶室，其女子宮。繫囚鬼薪、白粲已上，皆減本罪一等，輸作司寇。亡命者贖，各有差。	147頁
7	章和元年（87年）	詔郡國中都官繫囚，減死罪一等，詣金城戍，犯殊死者，一切募下蠶室。其女子宮。繫囚鬼薪、白粲已上，皆減本罪一等，輸司寇作。亡命者贖：死罪縑二十匹，右趾至髡鉗城旦	158頁

		春七匹，完城旦至司寇三匹。吏民犯罪未發覺，詔書到自告者，半入贖。	
8	永元三年（91年）	郡國中都官繫囚死罪贖縑，至司寇及亡命，各有差。	171 頁
9	永元八年（96年）	詔郡國中都官繫囚減死罪一等，詣敦煌戍，其犯大逆，募下蠶室。其女子宮。自死罪已下，至司寇及亡命者入贖，各有差。	182 頁
10	永初元年（107）	丙戌，詔死罪以下及亡命贖，各有差。	208 頁
11	元初二年（108）	詔郡國中都官繫囚，減死罪一等，勿笞，詣憑翊、扶風屯，妻子自隨，占著所在；女子勿輸。亡命死罪以下贖，各有差。	224 頁
12	延光三年（124）	詔郡國中都官死罪繫囚，減死一等，詣敦煌、隴西及度遼營；其右趾以下及亡命者贖，各有差。	240 頁
13	永建元年（127）	詔減死罪以下徙邊；其亡命贖，各有差。	253 頁
14	陽嘉元年（132）	九月，詔郡國中都官繫囚皆減死一等，亡命者贖，各有差。	260 頁
15	永和五年（140）	丁丑，令死罪以下及亡命贖，各有差。	269 頁
16	建和三年（147）	詔死罪以下及亡命者贖，各有差。	294 頁

　　東漢最高統治者對逃亡犯罪的關注與西漢一樣，在政權建立的初期，由於鬱積的各種社會犯罪能量得到了有效的宣泄，社會犯罪數量會有所減少，加上政府全力招撫逃亡流民，致力於小農經濟的恢復和重建，逃亡犯罪數量也會有所減少。所以兩漢王朝建立初期都沒有看到很多專門的針對逃亡犯罪贖免的規定，即使在《二年律令》中，專門針對逃亡犯罪的贖免律令也不是很多。東漢初期與西漢基本相同，在光武帝時期也沒有看到針對逃亡犯罪的贖免詔書。但到了明帝時期，就出現了專門針對逃亡犯罪的贖免詔書，隨後更是連綿不斷，反映出東漢逃亡犯罪問題遠比西漢嚴重。西漢初期對逃亡犯罪的贖免金額由金二斤八兩到八兩不等，以後的各個時期，對犯罪贖免的金額又有不同的規定。東漢時期針對逃亡犯罪贖免的詔書中，對贖罪應該繳納的縑數也不斷變化，死罪逃亡者的贖罪縑數在三十匹到二十匹之間，斬右趾

至髡鉗城旦舂罪犯逃亡的贖罪縑數在十匹至七匹之間，完城旦至司寇罪犯逃亡的贖罪縑數在五匹至三匹之間。各類逃亡犯罪者自首的話，贖罪縑數會減半。漢代縑的價格差別甚大，一匹通常在五、六百錢左右，完城旦以下的輕刑若要贖罪，至少需要三匹縑，每匹五百錢尚需要一千五百錢，以平歲穀價每石八十錢算，需要十八石多，相當於成人一年的糧食。罪行稍重者贖罪用的縑數也更多，逃亡者贖罪的負擔將更重。漢代普通逃亡者生活困苦，要想拿出許多財物來贖罪基本是不可能的。

雖然東漢時期絲織品的價格經常變動，從總體上看，東漢逃亡犯罪的贖免金額與西漢初期相較，還是有一定程度的降低，就此而言，對逃亡犯罪的贖免應該是有一定效果的。

東漢早期和中期一直實行流民賜爵和逃亡者贖罪這兩項政策，這一事實顯示出流民和亡命確實是東漢政府頭疼的問題，也顯示出東漢政府在解決這一問題上的決心和持續不斷的努力。東漢後期，這兩項政策幾乎同時停止，但並不意味著流民問題已經徹底解決，相反，應該是朝廷一次次的賜爵和入財贖罪的詔書已經形同虛設，沒有了任何價值，所以不得不停止下來。

入財贖罪的目的在於減輕刑法，但到了漢靈帝時期，竟然先後在建寧元年、熹平三年、四年、六年、光和三年、五年、中平四年七次下詔，「令天下繫囚罪未決入縑贖。」結果，那些還沒有確定犯罪的人也要受到一層盤剝。

東漢政府長期實行亡命者入縑贖罪的政策，但從東漢長期以來一直受到流民困擾來看，這一政策在減少流民問題上的作用是極為有限的。

本章小結

對逃亡犯罪者進行追捕和加以懲治是秦漢王朝一貫的政策，但從秦漢王朝控制和追捕逃亡犯罪者的實際效果來看，幾乎是追捕愈力，逃亡愈烈。秦朝嚴刑酷法之下，「赭衣塞路，囹圄成市，天下愁怨，潰而叛之。」〔註160〕犯罪逃亡空前增加，負有追捕和懲治職責的郡縣政府卻沒有積極行動，進行抓捕，出現的反而是沛令和會稽守那樣窩藏、容忍逃亡犯罪者的官吏，更有劉邦那樣本是鎮壓逃亡犯罪的官吏，自己卻成為逃亡犯罪者。強大的秦王朝

〔註160〕《漢書》卷二十三《刑法志》，頁 1096。

被淹沒在逃亡犯罪的滔天巨浪之中。武帝後期，盜賊橫起，逃亡犯罪者布滿天下，朝廷嚴加鎮壓，酷吏布滿於郡，繡衣絡繹於途，首匿之法急出，故縱之律見布，嚴禁通行飲食，重治沈命之吏。結果卻大出武帝意料之外，逃亡犯罪者不但沒有減少，帶來的反而是各級政府官吏互相包庇，以下瞞上，使逃亡犯罪更加嚴重。究其根本，抓捕懲治在控制逃亡犯罪方面實在是等而下之的最後一招。當封建政府面臨無法依靠政府機關鎮壓解決的社會問題時，最高統治者通過酷法督促各級官員鎮壓的結果，必然會使政府官員蠅營狗苟，整個官僚機構魚爛腐敗。受到監督的官員要麼與逃亡犯罪者勾結，要麼對逃亡犯罪熟視無睹，任其發展，只是文牘應付上級，尸位素餐，無所作為。秦朝如此，武帝後期亦然。王夫之的分析道出了其中的秘密。「孰謂秦之法密，能勝天下也？項梁有櫟陽逮，蘄獄掾曹咎書抵司馬欣而事得免。其他請託公行，貸賄相屬而不見於史者，不知凡幾也。項梁，楚之大將軍之子，秦之所尤忌者，欣，獄掾，馳書而難解。則其他位尊而權重者，抑孰與御之？法愈密，吏權愈重，死刑愈繁，賄賂愈章。徒飾以免罪罟，而天子之權倒持於掾史。設大辟於此，設薄刑於彼，細及於牛毛，而東西可以相竄。見知故縱，蔓延相逮，而上下相倚以匿姦。閏位之主，竊非分而夢寐不安，籍是以鉗天下，而為天下所鉗，固其宜也。」〔註161〕要想控制逃亡犯罪，不使衝破封建統治的堤防，就要在鎮壓、抓捕之外想辦法。秦二世一意孤行，使逃亡犯罪日甚一日，漢武帝改弦易轍，與民休息，終於使西漢王朝經受住了逃亡犯罪浪潮驚濤怕岸般的襲擊，轉危為安，其間微妙之處足以引人深思。

〔註161〕王夫之《讀通鑒論》，頁9，中華書局，1975年。

第七章　逃亡犯罪的特點和影響

　　在春秋戰國之際，中國社會發生了劇烈的變化，儘管學術界對變化前後的社會性質、社會狀況有不同看法，但在肯定春秋戰國之際中國社會發生了巨變則是一致的。春秋時期是前一社會形態的最後存在時期，戰國是新制度的初步確立時期，秦漢則是新社會形態逐步完善和定型時期。春秋時期的逃亡犯罪可以看作是前一社會形態之下的典型形態，而秦漢時期的逃亡又是新型社會形態之下最早出現的逃亡犯罪。就典型性而言，兩者有著可比較性，從比較中，可以看到不同社會形態下逃亡犯罪的不同特點。與春秋時期的逃亡相較，秦漢時期的逃亡犯罪表現出明顯的特點，對秦漢社會政治、經濟、周邊社會發展都帶來一定的影響。秦漢逃亡犯罪出現的原因、政府在預防和控制逃亡犯罪方面的經驗教訓則影響到整個封建社會。

第一節　秦漢逃亡犯罪的特點

　　與春秋時期的逃亡相比，秦漢時期的逃亡犯罪表現出明顯的特點，即逃亡原因複雜化、逃亡主體多元化、逃亡規模擴大化。充分認識秦漢時期逃亡犯罪的特點，是我們考察秦漢逃亡的重要環節。

一、逃亡原因複雜化

　　春秋時期有眾多的逃亡事件，就其原因而言，基本上都可以歸結爲政治性質的逃亡。諸侯國被滅亡，君主地位被剝奪，受到國內權臣逼迫等導致的君主逃亡，是因爲政治鬥爭而引起的逃亡；在更替國君、確立君位繼承人、

政治權利爭奪、封地爭奪過程中的失敗者，以及違背禮制而被驅逐的公卿大夫們的逃亡也是因爲政治原因；即使爭奪封地，也屬於政治事件，因爲在春秋時期，封地是貴族政治地位和權利的基礎、象徵，沒有了封地也就失去了政治上發言的機會；此外還有大量的家臣、公子、公孫逃亡，也都是政治原因導致的逃亡。至於「民潰」、「師潰」等形式下的民眾和軍隊逃亡，也大多是由於諸侯國暴政虐民等政治原因引起的。與春秋時期多由於政治原因引起逃亡相比，秦漢時期的逃亡原因要複雜的多。

（一）秦漢逃亡犯罪的根本原因

春秋時期，由於生產工具比較落後，個體農民只能以家族或者宗族爲單位集體耕作，個體成員依靠集體力量而生存，生產效率雖低，但生產規模較大，抵抗各種天災人禍和內部自我救助的能力都比較強，所以在春秋時期普通民眾逃亡事件很少。秦漢時期，由於鐵製農具的推廣使用，加上封建政府的強力推行，以村社、宗族爲單位的集體耕作逐漸消失，個體小農以家庭爲單位的勞動方式逐漸普遍，社會勞動方式發生了根本性變化。隨著以小農家庭爲基礎的農業勞動方式普及而來的是個體小農生產效率的提高和生產規模的縮小。生產效率的提高，爲秦漢社會文明的發展創造了物質基礎。勞動規模的縮小，小農家庭爲主的勞動形式在生產過程中所能耕種的土地面積、糧食產量、整個小農家庭的收入規模，都被限定在極小的範圍內。小農經濟中辛苦勞動所得的收入在扣除必要的支出後，幾乎沒有任何盈餘，失去了積累財富和擴大再生產的機會。不僅如此，由於小農經濟本身的過分脆弱，承受天災人禍和遇到災害時自我救助和恢復生產的能力大爲削弱，容易因爲各種原因陷於破產。從一定意義上說，鐵製農具帶來農業生產力的巨大進步後形成的小農勞動方式，既是促進社會文明進步的基礎，也是小民逃亡犯罪形成的社會經濟條件。

春秋時期，社會成員生活在一個個宗族之中，宗法宗族利用共同的土地和財產進行生產，對貧困的宗族成員實行救助，因而很少有社會成員因爲貧困而逃亡的現象。秦漢時期，隨著社會生產力的發展，社會基層經濟組織也發生了急劇的變化，原來以聚族而居的宗族爲載體的基層經濟組織一變而爲以五口之家爲單位的個體經濟組織，尤其是商鞅變法以來，極力提倡五口之家的小農家庭，將強迫民眾分家定爲制度，強制實行。隨著秦統一六國，五口之家的小農經濟組織隨之被推廣到全國，失去了宗族共同體的庇護和救助

以後，個體小農開始直接面對國家政權。秦漢時期的小農，一方面要受到頻繁的兵役、勞役的侵擾，同時又要負擔沉重的捐稅，又失去了宗族共同體的救助和庇護，使小農經濟的脆弱性充分暴露，成為民眾逃亡的客觀條件之一。

　　秦漢時期，隨著大一統中央集權制國家的建立，封建官僚制度取代了世卿世祿制和分封制，各級封建官僚的政治命運、經濟收入、社會地位基本來源於以皇帝為首的中央政權，官僚的政治前途、經濟利益與地方社會的發展在本質上失去了同一性。「上明聖主，為民愛日如此，而有司輕奪民時如彼，蓋所謂有君無臣，有主無佐，元首聰明，股肱怠惰者也。」〔註1〕就是官僚與地方社會利益不一致帶來的直接後果。同時，集權制中央政府的各種政策和措施與地方社會的發展需求也不會完全一致，有時甚至是徹底的相反。中央政權對各級官吏的考覈與監控主要依靠一年一度的上計，在原則上，上級部門依靠考績的好壞決定對官吏的升降和獎懲，結果出現官吏為了得到好的考績而一味按照上級意圖，不顧地方社會的根本利益，對地方民眾進行盤剝，民眾無法生存時便開始走上逃亡之路。這一點與春秋時期的封邑管理制度截然不同，從本質上來說，封建官僚制度的建立與社會逃亡的大量出現有著同一的關係。

（二）秦漢逃亡犯罪的直接原因

　　秦漢時期，隨著土地私有制的確立，此起彼伏的土地兼併浪潮隨之出現。在一次次的土地兼併中，大量小農失去自己的土地，失去了生存的依據，同時還要承擔賦稅徭役，無以為生的小農很容易走上犯罪道路，或者嘯聚山林，搶劫為生；或者小偷小摸，獲取生活資料；當他們觸犯了國家法律成為罪犯時，為了免於懲罰，便會亡命而去。大量失去土地的小農走上了逃亡之路，這也是春秋時期所沒有的。春秋時期，土地一般是集體所有，封邑貴族實行勞役制剝削，村社成員集體勞動，自己既沒有土地，也就不存在喪失土地的問題。這樣的勞動方式使他們不容易離開土地，亡命他鄉。

　　在春秋時期，雖然有社會成員對統治者的剝削不滿而發出逃亡的呼聲，但從整體上看，基本不存在大規模的逃亡現象。春秋時期實行勞役制剝削，勞動者在耕種完公田之後還有時間耕種私田，私田上的收穫可以用來維持生活。由於封君利益與封邑利益的一致性，使封君在向封邑徵收各種物資的時

〔註1〕《潛夫論·愛日》。

候能夠充分考慮到封邑的承受能力，不會進行竭澤而漁的剝削，使自己失去安身立命的所在，也就避免了由於苛捐賦雜稅導致的民眾逃亡現象。春秋時期，每當遇到各種天災人禍，封邑內部的救助不能解決問題時，還會在「宗宗」、「親親」的宗法關係之下求救於別的封君貴族，甚至求救於別的諸侯國，在一般情況下都會得到幫助。這種由宗族小共同體到諸侯國大共同體再到天下諸侯之間的災害救助體系，保證了宗族成員在遇到天災人禍時能夠得到有效的幫助，使其免於逃亡。

與春秋時期相比，秦漢政府的各種苛捐雜稅也是民眾逃亡的重要原因之一。秦漢時期的田租稅率雖然不高，但要參考產量進行徵收，輕稅的好處也就打了折扣。稅率低，有利於田多的豪強地主，參考產量，卻不利於精耕細作的小農。況且，估計農戶戶等，估計田地產量也為地方豪強轉嫁賦稅於小民、貪官污吏中飽私囊提供了機會。貪官污吏的橫征暴斂，嚴重影響到農業生產的正常發展，成為農民破產逃亡的因素之一。

與春秋時期相比，秦漢時期在地方遇到水旱災害或者其他引起農業歉收的各種自然災害時，有些地方郡守為了自己的利益，不知體恤民情，減少賦稅徵收，還一味強收民租，其結果反而加重了民眾負擔，促成了災民向流民的轉變。官吏在催繳租稅以外也會因緣田租，巧立名目，「用度不足，奏請一切增賦，稅城郭埇及園田，過更，算馬牛羊。」〔註2〕「增賦」在無形中加重了小民負擔，增加了逃亡幾率。西漢末年，「翼平連率田況奏郡縣貲民不實（舉百姓財，不以實數），莽復三十稅一。……青、徐民多棄鄉里流亡，老弱死道路，壯者入賊中。」〔註3〕政府的苛捐雜稅和地方官吏的橫征暴斂成為民眾逃亡的起因。

秦漢時期，頻繁的自然災害也是民眾逃亡的原因之一。自然災害在歷史上是十分普遍的現象，災害之可怕在其突然性、危害性，不像一般的人為事件，危害是逐漸積累起來而且也有迹可尋。「至今上即位數歲，漢興七十餘年之間，國家無事，非遇水旱之災，民則人給家足，都鄙廩庾皆滿，而府庫餘貨財。」〔註4〕即使是太平盛世，人們對災害還是心有餘悸，一旦遇到水旱災害，一切都會受到嚴重影響。其實秦漢時期的太平盛世並不多見，災害也不

〔註2〕《漢書》卷八十四《翟方進傳》，頁3423。
〔註3〕《漢書》卷九十九《王莽傳》，頁4157。
〔註4〕《史記》卷三十《平準書》，頁1420。

僅僅是水旱之災，若是社會動亂再加上災害頻仍的話，脆弱的小農經濟會立刻受到致命的打擊，人們的生活會受到嚴重影響。無法生存下去的小農會鋌而走險，觸犯法律、危及現存社會秩序，最終走向犯罪道路，成爲流亡者。除去水旱爲災以外，蝗蟲、地震、霜雪冰雹、風災、疾疫等都是發生較爲頻繁的災害，對社會造成的危害也較嚴重。每有大的災害發生時，受到災害威脅的民眾都會走向逃亡之路。

春秋時期也有自然災害，但由於聚族而居，再加上封邑民眾的多寡直接影響到封君的利益，所以在遇到災害時封邑統治者和諸侯國君都會盡力進行援助，一般很少出現由於自然災害導致民眾逃亡的現象。自然災害導致大規模的民眾逃亡，是秦漢時期才開始出現的。最根本的原因在於封建官僚制度之下，官吏的經濟和政治利益與地方社會的發展沒有本質上的一致性，所以地方民眾的災難並不能使他們傾力相救，解決民眾困難，而是一切以自己的利益爲轉移，以政府的利益爲轉移。同樣是自然災害，在不同的政治體制之下，會出現不同的結果，對逃亡的影響也不同。

秦漢時期，吏治腐敗也是導致民眾逃亡的重要原因之一。「民流亡，去城郭，盜賊並起，吏爲殘賊，歲增於前。」〔註5〕鮑宣將官吏貪殘害民列爲導致民眾逃亡的七種原因之一。秦漢官吏負有「民之師帥」的責任，他們負責落實政府的各項方針政策，負責組織社會生產，教化民眾，維持社會治安。各級官吏責任重大，若是官吏貪殘酷暴，將使國家政策無法得到落實，尤其是各種關係國計民生的政策，由於官吏不忠於職守，使其效果化爲烏有，或者乾脆使惠民措施變成殘民暴政，最終給民眾帶來無窮禍害。

官吏貪贓枉法是秦漢吏治最難以治理的問題。西漢懲治貪贓者「與盜同法」。如淳曰：「律，主守而盜直十金，棄市。」〔註6〕不可謂不嚴，但官吏「志但在營私家，稱賓客，爲姦利而已。」〔註7〕政府雖然懲罰嚴厲，官吏的貪殘之風卻難以根除。姦吏貪殘，無時不見，但每於國家有重大行動——如制度變革、或發生災害需要救濟、或對內對外有大舉措的時候，貪官們往往會借機生事，巧取豪奪。無論國家出臺的各種政策對民生多麼有利，最後都要通過各級官吏的手一一落到實處，官吏的貪殘會使任何好的政策都走到他的反

〔註5〕《漢書》卷七十二《鮑宣傳》，頁3087。
〔註6〕《漢書》卷六十六《陳咸傳》，頁2902。
〔註7〕《漢書》卷七十二《鮑宣傳》，頁3088。

面，對社會、對民生帶來極壞的影響，給地方社會帶來無窮災害，不堪忍受的民眾只有逃亡一途了。而春秋時期基本上看不到地方管理者貪殘虐民的現象，也看不到由於地方管理者的暴虐而導致社會成員大規模逃亡的現象。

春秋時期兵農合一，封邑貴族在取得封地的同時，也要向國君承擔戰時出兵的義務，兵士、作戰費用均出自貴族封邑，不存在軍官貪污軍費、虐待士兵的行為。戰爭對諸侯國的壓力也被分解到各地封邑貴族身上。春秋時期基本上沒有借戰爭發橫財的事件，也極少士兵因為將領虐待或戰敗而逃亡的事件。秦漢時期戰爭不少，每次戰爭都要消耗大量的經費，給國家財政帶來巨大壓力。同時，將吏貪污軍費，虐待士兵，侵擾地方民眾，不但加重了國家的財政負擔，還直接導致了士兵的逃亡。一次次的戰爭，出動士兵動輒數萬、數十萬，除去不堪軍官凌虐逃亡的士兵外，戰敗逃亡的士兵也不會少，這也是春秋時期看不到的。

酷吏隨意利用法律條文，以私人喜好審理案件，法律案件判決上的冤苦就難以避免。無辜百姓無端獲罪，蒙受冤獄之苦，心中對朝廷的怨恨自然難以消除。同時，受到獄訟案件牽連的百姓，長期不能投入農業生產，正常生計受到影響，流亡的契機就隱含其中。各級官吏在執行公務和審理各類案件時，動輒遷延時日，也會妨礙農時，小農家庭不能按時耕種收穫，使其生活無著時，最後也會走向流亡。

鄉亭部吏是秦漢朝廷在地方社會最基層的管理者，負有管理地方社會，落實國家政策，控制鄉里社會成員逃亡的任務。但到了西漢晚期，鄉官里吏暴虐殘民已成地方公害，影響民眾正常的社會生活。鄉官里吏對民眾的盤剝也是促使民眾逃亡的原因之一。春秋時期，一個個宗法宗族形成地方小共同體，民眾在封邑官員和宗族長的管理之下，地緣管理中夾雜著濃厚的血緣性，在溫情脈脈的血緣關係之下，很少看到因為基層管理者凌虐民眾而導致的逃亡事件。這與秦漢時期地方管理者擾民導致逃亡犯罪形成鮮明對比。

在兩漢時期還經常受到外族威脅，西漢時期的匈奴和東漢時期的羌族侵擾尤其嚴重。外族入侵邊境，不但肆意掠奪，殺害民眾，使邊境地區民眾生產、生活受到致命的破壞，而且因為連年兵災，朝廷徵調無已，無形中加重了小民的負擔。不堪負擔的小民又群起而四散逃亡，死亡流離之中，壯者為盜為賊，老弱婦女死亡而填溝壑，大量逃亡人口隨之出現。

秦漢時期造成逃亡犯罪的原因很複雜，既有政治、經濟制度變化方面的

原因、還有勞動方式、基層經濟組織變化等客觀條件。而土地兼併、官吏貪殘、自然災害、苛捐雜稅、連綿不斷的戰亂則是形成逃亡犯罪的具體原因。與春秋時期相比，形成逃亡的原因空前複雜了。

二、逃亡主體多樣化、結果簡單化

　　春秋時期的逃亡主體主要是各種政治人物，「民潰」、「師潰」等民眾逃亡和士兵逃亡的事件並不太多。與此不同，秦漢時期逃亡者的身份就非常複雜了，幾乎涉及到了所有的社會成員，太子、諸侯王、列侯、各級官吏、軍人、普通民眾、罪犯、刑徒等各種成分都有。男子逃亡以外，還有大量的婦女逃亡在外。如此種類繁多的逃亡人口是春秋時期不可能看到的，逃亡者在逃亡後的活動也與春秋時期截然不同。

　　春秋時期許多出奔者永遠居於奔國，在該國繁衍生息，世代相傳，成為該國之臣民。晉人丕豹、先蔑奔秦，賈季奔狄，齊人榮施、高彊奔魯，魯人臧紇、南蒯奔齊，皆終生未能返回故國。楚申公巫臣攜夏姬奔晉，在晉生兒育女，其女長大後嫁給晉大夫叔向。陳公子完奔齊後子孫昌盛，至戰國初期，陳氏代齊為諸侯。也有許多出奔者通過各種渠道歸還本國。奔者回歸本國的途徑有三種。第一，為本國君主或執政召迎。被執政大夫迎歸的國君如鄭昭公和衛獻公，被天子或國君召回的大夫如周之王子帶和魯之成季。在多數情況下，只有當國內政治形勢發生有利於出奔者的大變化，他們才有可能被迎回或召回。如鄭昭公之歸國，是在其擁戴者祭仲逼使鄭厲公出奔之後；秦公子鍼之返秦，是在迫害他的景公去世之後。第二，採用武力強行返回。一些君主雖然流亡在外，但還掌握著一定的兵力，時機成熟，他們便有可能武力復辟。鄭厲公以櫟邑之軍侵鄭，迫使大夫傅瑕殺死鄭君子儀而復登君位，即其一例。出奔的大夫欲利用手中的兵力強行打回本國，近乎以卵擊石，大多以失敗而告終。如鄭國伯有帶兵殺回鄭而戰死於街肆，晉國欒盈率曲沃之甲攻打絳都而兵敗被殺。第三，靠外國軍隊的幫助返回。國君如依靠齊人之力歸國的莒郊公，賴齊魯等國伐衛而登上君位的衛惠公；大夫如在楚莊王率兵攻入陳國後得以歸還的孔寧和儀行父，在楚屈建攻下陳國後返陳的公子黃。靠以上三種方式返其本國的出奔者，時間最短的僅一年，如孔寧、儀行父，大多需好幾年，最長者達十幾年，如衛獻公、鄭厲公。

　　被引渡回國顯然是出奔者最慘的結局，因為被引渡者大多遭致酷刑而

死。宋國南宮萬及其同黨孟獲與鄭國堵女父、尉翩和司齊被引渡回國，皆受醢刑。被引渡者都是在本國犯有大罪，為本國現政府深惡痛絕者，弒君殺二大夫的南宮萬和孟獲，殺死三卿的堵女父等人，皆屬此類。

　　遭暗殺的奔者同樣被其本國統治者視為不共戴天的敵人。鄭國子臧得罪其父鄭文公後奔楚，鄭文公「使盜誘之」，在陳國和宋國的交界處將他暗殺。在爭奪王位鬥爭中失敗的王子朝奔楚長達十一年，仍死於周敬王所派遣的殺手刀下。

　　從奔者的四種不同結局可以看出，奔者出奔之後與其本國的關係朝著三個方向發展：或繼續原有的不相容關係而變本加厲，奔者最終為本國所殺；或從不相容關係轉化為相容關係，奔者回歸本國；或者成為他國臣民。〔註8〕

　　春秋時期選擇出奔國也有一定的原則，出奔者選擇出奔國主要看對方是否強大，與本人是否有很近的姻親關係。奔國的強大不僅能為出奔者的安全提供一定的保障，而且有實力為出奔者的復歸給予卓有成效的援助。緊密的姻親關係可以增加出奔者的安全感，使他們更有理由相信將得到可靠的幫助。

　　晉國既是大國又常為霸主，國力強大，首屈一指，因而，許多列國出奔者不辭辛苦投奔於它。尤其是楚國的出奔者，往往不屑於較近的陳、蔡或鄭、宋，卻長途跋涉，越國而奔向晉。著名的析公、雍子、申公巫臣、苗賁皇和椒舉皆為奔晉的楚人。楚材晉用突出反映了奔者期望寄身於強大國家的心態。申公巫臣逃出楚國初擬奔齊，恰值齊國在革之戰中為晉大敗，「不處不勝之國」的心態使他當即改道奔晉。接納國的強大確實是出奔者考慮的重要因素。

　　不少出奔者投奔自己的舅家則表明姻親關係受到重視。齊公子糾奔魯，因其母是魯女。莒公子去疾奔齊，因齊是其母的娘家。郱隱公奔魯後不久即奔齊，乃因他是「齊甥」。當然，在國家勢力強大與有姻親關係之間，投奔者首選的是強大，因為只有強大的國家，才可能庇護自己，為自己以後返回故土提供保障。

　　與上述春秋時期的逃亡者在逃亡後的活動相比，秦漢時期的逃亡者所能追求的逃亡結果就少了很多。其一，除去西漢初期恢復分封制，出現了不同的政權以外，大部分時間都是中央集權制的統治，由於天下大一統，受到中

〔註8〕陳筱芳《試論春秋時期奔者與本國和奔國的關係》，《西南民族學院學報》，1997年6期。

央政權的嚴密控制，所以逃亡者基本上得不到有實力的政權的庇護，他們不管逃到何處，始終受到追捕的威脅，只要沒有得到赦免，就始終是逃亡者，是罪犯，就永遠不能結束他的逃亡生涯。其二，秦漢時期的各種人員一旦成為逃亡者，雖然可以隱姓埋名求生，但其政治前途就此結束，沒有得到赦免的話，就不能再次進入仕途，成為政府官員，而永遠都要背上逃亡者的心理負擔，過擔驚受怕的日子。張敞逃亡後，家人聽到有使者到來就驚恐萬狀、寇榮在逃亡途中的上書都清楚地表現出這一點。其三，春秋時期的逃亡，有時是逃亡者由於違背國家禮制，或因為其他原因自己逃亡，但對於國家政權而言，很少見到國家出動軍隊或者派遣人員專門追捕逃亡者的行為，有時各國政府乾脆以逃亡來懲治那些觸犯了禮制的人員。不管是國家允許逃亡還是自己逃亡，把逃亡看作是對逃亡者的一種懲罰這一點是一樣的。秦漢時期，逃亡是各種人員，因為各種原因，不能在原地繼續生活時採取的一種脫離戶籍，亡命他鄉的做法。從原則上來說，是違反國家法律，要受到國家政權懲治的一種犯罪行為。其四，春秋時期的逃亡者主要是各種各樣的政治人物，他們在逃亡他國的時候經常是舉族逃亡或者帶著自己封邑的百姓出奔他國，有時還要攜帶自己的家產，乘上馬車，帶著扈從，從容出逃。但秦漢時期的逃亡卻不同，各種因犯罪而逃亡者大多是孤身一人，匆匆忙忙上路後就開始了亡命天涯的漫漫旅程，很少有攜家帶口逃亡的，更不用說有帶著家產逃亡的了。其五，秦漢時期的逃亡者在亡命過程中往往從事搶劫、偷盜、甚至結成團夥危害地方社會治安，進而危及國家政權的存在和穩定，對社會治安造成嚴重的威脅，甚至成為統治者頭疼的大事件，這在春秋時期也是看不到的。

三、逃亡規模擴大化

　　與春秋時期相比，秦漢逃亡犯罪在規模上有擴大化的趨勢，其擴大化表現在逃亡犯罪的人口空前增多，隨之而來的是逃亡時間變長，逃亡犯罪人員所到的地區範圍擴大，逃亡犯罪帶來的影響也加重了。

（一）逃亡犯罪人口增多

　　春秋時期的逃亡者，不管因為什麼原因，出奔他國時，一般都會帶著自己的家人，或者還會帶上族人，但即便如此，規模也不會太大，就僅有的政治逃亡者而言，其逃亡規模是有限的，多者百餘，少者數十，甚至數人。與

此相比，秦漢時期的逃亡就大不相同了，漢初諸侯王逃亡匈奴，如藏荼、盧綰，就是帶著自己的部下一起逃亡的。保守估計，一次逃亡帶走的軍隊、民眾也在萬人以上。武帝時期對外戰爭增多，在對匈奴的戰爭中，經常出現軍隊戰敗亡入匈奴的記載，一次動輒數千，也是春秋時期難以看到的。此外，在遇到戰爭、自然災害等天災人禍時出現的大規模民眾流亡，出現百餘萬人一起浩浩蕩蕩逃亡他鄉的情況，這在春秋時期是絕對難以看到的。秦漢時期逃亡規模大還表現在每次社會性大逃亡持續的時間都比較長。如西漢初年由於長期戰亂造成的大規模逃亡事件。西漢初年「時大城名都民人散亡，戶口可得而數裁什二三，是以大侯不過萬家，小者五六百戶。」〔註9〕大量民眾逃亡他鄉，這樣的逃亡直到文帝時期還沒有結束。「上令薄昭與屬王書諫數之，曰：諸從蠻夷來歸誼及以亡名數自占者，內史縣令主。相與委下吏，無與其禍，不可得也。」〔註10〕顯然直到文帝時期，逃亡到周邊地區的民眾才逐漸回到故鄉，而這樣的過程又因為商人對農民的土地兼併而延緩。「晁錯復說上曰：……（商人）亡農夫之苦，有阡陌之得，因其富厚，交通王侯，力過吏勢，以利相傾，千里遊敖，冠蓋相望，乘堅策肥，履絲衣縞，此商人所以兼併農人，農人所以流亡者也。」〔註11〕商人對農民的兼併主要是對土地的兼併，原來逃亡而去者還沒有完全返鄉，而鄉里民眾又因為商人兼併失去土地重新踏上逃亡之路。如此前後反覆，陳陳相因，使逃亡犯罪問題的解決變得很困難。每次大規模的逃亡犯罪持續的時間也很長。

　　秦漢之際形成的逃亡犯罪浪潮持續了很長時間，「故逮文景四五世間，流民既歸，戶口亦息，列侯大者至三四萬戶，小國自倍。富厚如之。」〔註12〕這次大規模的民眾逃亡經過了六、七十年，經過幾代君主的不懈努力，才最終解決。

　　武帝時期由於連年對外戰爭，國內過度徵發，再加上黃河決口等自然災害，引起民眾大規模逃亡，逃亡人口最多時達到二百四十萬，中間經過昭帝、宣帝的不斷努力，在宣帝時期才逐漸安定下來，持續時間也有數十年之久。

　　東漢後期，從安帝時起就出現了大規模的流民潮，「自帝即位以後，頻遭

〔註9〕　《漢書》卷十六《高惠高后文功臣表》，頁527。
〔註10〕　《漢書》卷四十四《淮南厲王劉長傳》，頁2139。
〔註11〕　《漢書》卷二十四《食貨志》，頁1132。
〔註12〕　《漢書》卷十六《高惠高后文功臣表》，頁528。

元二之厄，百姓流亡，盜賊並起，郡縣更相飾匿，莫肯糾發。」〔註13〕由於朝廷政治腐敗，在解決流民問題上不能盡心盡力，逃亡問題也就一直沒有得到根治，順帝永建六年（131年）詔書：

> 比蠲除實傷，贍恤窮匱，而百姓猶有棄業，流亡不絕。〔註14〕

> 蕃上書諫曰：況當今之世，有三空之厄哉！田野空、朝廷空、倉庫空，是謂三空。加兵戎未戢，四方離散，是陛下焦心毀顏，坐以待旦之時也。〔註15〕

田野空者，土地沒有出產，蓋因民人逃亡，無人耕種也。這次流民潮直到東漢政府名存實亡的獻帝時期，還在繼續擴大。東漢政府也就在這浩浩蕩蕩的逃亡浪潮中滅亡了。

社會上存在著數以百萬計的逃亡人口。這些人口既然脫離了戶籍，政府對他們也就失去了控制。這些游離於政府權力控制網之外的人員，如果在短時期內能夠回歸原籍，重新納入政府控制網絡之內的話，僅僅是對社會秩序的短期衝擊。但在秦漢時期，不但逃亡者數量大，而且持續逃亡的時間很長。這就意味著數量巨大的社會成員在長達數十年的時間裏，政府無法對他們實行有效的控制。他們既不能得到政府的救助，政府的公共權力也不能為他們提供生存秩序上的保障，自然，政府也無法向他們徵收各種賦稅，他們也不會向政府提供勞役。但人類社會的存在畢竟需要一定的社會秩序和權力來加以維持，既然政府機關不能在逃亡者形成的社會秩序中發揮主導作用，那麼，別的權力和秩序就會趁虛而入，取代政府權力和正常的社會秩序，成為逃亡者所依賴的社會秩序和權力機制。秦漢時期，在持續而大規模的逃亡犯罪浪潮之中，總會出現各種各樣的反政府武裝集團，其起因即在於此。武帝末年橫行各地的大規模盜和群盜集團。王莽時期的各種反政府武裝集團，東漢末年的盜和以張角兄弟為首的武裝集團，都是在這樣的背景之下形成的。

（二）逃亡範圍擴大

秦漢時期逃亡規模擴大還表現在人們的逃亡區域空前擴大。根據春秋時期諸侯國家地理位置的不同，一般分成中原地帶、周邊國家、和弧形中間地帶三大部分，中原地帶的範圍自東往西，以沂山、泰山、黃河中游河段為北

〔註13〕 《後漢書》卷四十六《陳忠傳》，頁1558。
〔註14〕 《後漢書》卷六《順帝紀》，頁258。
〔註15〕 《後漢書》卷六十六《陳蕃傳》，頁2162。

界，至洛陽盆地的西端折向東南，沿伏牛山、桐柏山、大別山脈到長江下游
爲界，順流而至東海。其外圍是齊、晉、秦、楚及吳越等爭霸國家。中原地
帶的國家主要有周王室和鄭、宋、魯、衛、曹、許等諸侯國。這些國家在春
秋初期曾經一度強大，但隨著齊、晉、秦、楚、吳等國的強大，以及爭霸戰
爭的不斷進行，這些國家逐漸淪爲周邊諸強爭奪的對象，被迫依附於周邊強
國。

　　周邊地帶位於中國大陸的邊緣，是春秋時期落後少數民族的主要活動區
域。這一地帶呈巨大的半環狀，其北部自東北平原，內蒙古高原和冀北山地
向西推移，含有楔入晉國領土的太行山脈。經過晉北、陝北、甘肅黃土高原，
緣及青海東部，轉而南下，過四川盆地，雲貴高原再折向東，越過嶺南的珠
江流域。浙閩丘陵，抵達東海之濱。將中原和弧形中間地帶的齊、晉、燕、
秦、楚、吳等國拱圍起來。其間活動的主要是社會發展較落後的戎狄部落，
他們部落分散，一直沒有能形成強有力的政權，一直都無力與中原地區的國
家相對抗，反而成爲弧形中間地帶國家擴充領土時的攻擊對象。

　　從齊國所在的山東半島、魯西北平原向西方延伸，經過晉國的河內、河
東，至秦國的涇渭平原，商洛山地，再向東南過楚國的南陽盆地、江漢平原，
到大別山以東與吳國交界的淮南，在東亞大陸上構成一個巨大的弧形。春秋
中葉，齊、晉、秦、楚的領土逐漸接壤，對中原國家形成半包圍狀態。弧形
中間地帶的這些國家，在春秋初期實力並不強大，與中原國家鄭、衛等諸侯
國相比，在實力上也不占什麼優勢，但是由於所處地理位置以及民風、習俗
的影響，數十年以後就成爲地方千里，甚至數千里的一流強國，在政治舞臺
上叱吒風雲，更相稱霸。〔註16〕

　　在這樣的地理形勢之下，春秋時期的逃亡者在選擇出逃地點時一般都以
對方是否足夠強大爲首要條件，其次看是否有姻親關係。以此爲前提，春秋
出奔可以分爲這樣幾類：在中原諸侯國之間的出奔，如魯國出奔者逃向鄭國、
衛國、陳國等；中原諸侯國向弧形中間地帶國家出奔，如魯國出奔者逃向齊
國、晉國、楚國等；弧形中間地帶國家的人員在同類國家間出奔，這類事件
極多，最著名的就是所謂「楚才晉用」，大量楚國人逃向晉國，也有晉國人逃
亡楚國、吳國的事件，還有秦國、晉國兩國人員的互相奔逃對方國家的事例
也很多；弧形中間地帶國家人員出奔到中原諸侯國家，著名的有齊桓公奔逃

〔註16〕 宋傑《先秦戰略地理研究》，首都師範大學出版社，1999年，頁49～66。

莒國、公子糾出奔魯國，晉國公子重耳先後出逃到鄭國、曹國、衛國等，其
間夾雜著晉國、秦國出奔者逃向戎狄部落的事件。總體來說，這些戎狄部落
基本是在晉國和秦國的國土之內生存的一些獨立政權，況且這種出奔事件也
極少。

　　從這些眾多的出奔事件中我們基本可以畫出春秋時期出奔者活動的地理
範圍。北邊最遠到達現在的河北平原、汾河谷地、黃土高原南部，西邊到達
現在的陝西關中平原和甘肅東部，南邊基本在漢水流域、南陽盆地一線，東
南可以到達現在的浙江省，東邊到達山東平原。與春秋時期相比，秦漢時期
逃亡者的逃亡範圍有了很大的變化，逃亡者「北走胡，南走越」是西漢初期
直到東漢末年人們常說的一句話。北走胡，就是逃亡匈奴，漢代匈奴主要活
動區域是在現在的蒙古大草原，最北可以到達亞洲的最北部，東面可以到達
東北平原，西部直達中亞地區，逃亡者越過了黃土高原，穿過了蒙古大草原，
逃到了更遠的地方。漢代逃向匈奴的各類人員數以十萬計，顯示了「北走胡」
數量的巨大，也顯示出秦漢時期逃亡者的逃亡範圍在北方是大大地拓寬了。
逃亡者所到之處，也使經濟文化的交流範圍隨之擴大，這種大範圍的逃亡，
對地區的經濟、文化、社會生產力的發展都有著不可替代的作用。

　　除去向西、北的逃亡範圍擴大以外，朝東的逃亡也大大拓寬了。春秋時
期出奔者最東就是到達齊國，很少看到到達燕國的事件。秦漢時期卻出現了
大量逃亡現在朝鮮半島的事件。這些逃亡事件從秦朝開始出現，直到東漢末
年還在繼續。

> 　　朝鮮王滿，燕人。……燕王盧綰反，入匈奴，滿亡命，聚黨千
> 餘人，椎結蠻夷服而東走出塞，……居秦故空地上下障，稍役屬眞
> 番、朝鮮蠻夷及故燕、齊亡在者王之。……傳子至孫右渠，所誘漢
> 亡人滋多，又未嘗入見。〔註17〕

所謂「故燕、齊亡在者」就是在秦滅六國的過程中，出逃的燕國和齊國人口，
他們已經逃到了現在的朝鮮半島。向現在遼東半島和朝鮮半島地區的逃亡連
綿不斷，直到東漢末年。

> 　　邴原字根矩，北海朱虛人也。……原以黃巾方盛，遂至遼
> 東，……原在遼東，一年中往歸原居者數百家，游學之士，教授之

〔註17〕《漢書》卷九十五《朝鮮傳》，頁 3863～3864。

聲，不絕。〔註18〕

遼東與朝鮮半島接壤，東漢末年，遼東半島上聚集了大批的逃亡者。秦漢時期，逃亡範圍在東部可以到達遼東半島和朝鮮半島。

春秋時期的逃亡者，最南邊只是到長江中下游一帶，東南可以到達浙江地區，但到了秦漢時期，逃亡人口最遠到達了嶺南的珠江流域，吳王劉濞逃亡就曾到達閩江地區。《三國志》記載了許靖率領宗族逃亡的情況：

> 孫策東渡江，皆走交州以避其難，靖身坐岸邊，先載附從，疏
> 親悉發，乃從後去。……既至交阯，交阯太守士燮厚加敬待。〔註19〕

「南走越」已經不是原來的吳越之地，而是到更遠的交阯一帶，現在的廣西、雲南了。

秦漢時期，隨著大一統政權統治區域的拓寬，以及對外交流範圍的擴大，逃亡犯罪者活動的範圍相應擴大。而隨著逃亡犯罪者的足迹所到之處，逃亡犯罪事件本身在政治上、經濟上、文化上的影響也隨之擴大。這是春秋時期逃亡犯罪主要在中原地區進行活動無法比擬的。

第二節　秦漢逃亡犯罪的影響

秦漢時期眾多的逃亡犯罪事件，不可避免地影響到當時社會政治、經濟、文化的變遷，從而影響到秦漢社會的發展。

一、逃亡犯罪與秦漢政治格局變遷

（一）逃亡犯罪與秦漢之際的政治格局

秦漢時期大量的逃亡事件，在一定程度上影響到了政治格局的變化。秦朝末年，由於大量反秦志士逃亡民間，逃亡者人數多，成分複雜，反政府活動頻繁。六國舊貴族、豪俠、基層犯罪官吏混迹其間，這些人才能各異，不會甘心永遠逃亡，在得不到赦免時，便積極活動，伺機東山再起。楚國貴族「項梁殺人，與籍避仇於吳中。吳中賢士大夫皆出梁下。每吳中有大徭役及喪，項梁常為主辦，陰以兵法部勒賓客及子弟，以是知其能。」〔註20〕項梁

〔註18〕《三國志》卷十一《邴原傳》，頁 350。
〔註19〕《三國志》卷三十八《許靖傳》，頁 964。
〔註20〕《史記》卷七《項羽本紀》，頁 296。

處心積慮，經過長期準備，等到陳勝首義，機會成熟時，迅速組成了數千人的反秦義軍，成為推翻暴秦的主力軍之一。秦末，有很多類似於項梁的反秦人物活動於社會上，「三十六年，……黔首或刻其石曰：始皇帝死而地分。」〔註21〕就是無名反秦者的傑作。除去這些無名的反秦者外，還有公開反秦者，張良與志同道合的大力士合作，鑄造一百二十斤的大鐵錐，乘秦皇帝東遊之際，在博狼沙奮勇阻擊，可惜誤中副車。陳勝起義後，「山東郡縣少年苦秦吏，皆殺其守尉令丞反，以應陳涉，相立為侯王，合縱西向，名為伐秦，不可勝數也。」〔註22〕在推翻秦王朝的戰爭中，首舉義旗的是不甘心逃亡的陳勝、吳廣，主力軍領袖項梁、項羽、劉邦、張良等都是逃亡他鄉的亡命者，各種各樣的逃亡者發揮了極其重要的作用。

秦政府「重以貪暴之吏，刑戮妄加。民愁亡聊，亡逃山林，轉為盜賊。赭衣半道，斷獄歲以千萬數。」〔註23〕法網嚴酷，觸犯法律被處勞役刑的人很多。黥布犯罪輸驪山服勞役，當時驪山刑徒達數十萬，黥布主動與他們的首領交往，得到他們的信任後，率領他們逃亡川澤之中，組成了反秦的武裝集團。「彭越者，昌邑人也，字仲。常漁巨野澤中，為群盜。……居歲餘，澤間少年相聚百餘人，往從彭越。」〔註24〕彭越作為亡於澤中為「盜」的「少年」們的首領，最後率領他們參加了秦末農民起義。黥布、彭越都是反秦戰爭中著名的軍事集團首領，他們率領的以亡命人員為主體的武裝集團在推翻秦政權的鬥爭中起了不可估量的作用。

秦朝的社會矛盾和暴政造成了大量的逃亡者，他們或隱匿活動，尋找機會，或公開與政府對抗，形成公開的反政府武裝。大量逃亡犯罪者的活動衝擊著正常的社會秩序，加速了社會的無序化和政治的腐敗，是秦朝統治的巨大隱患。秦朝皇帝出遊、刻石帶有鎮懾逃亡犯罪者的意味；地方官吏在無法鎮壓逃亡犯罪時轉而容忍並與之勾結，變得首鼠兩端，苟且偷安，使秦王朝失去基層政權的強力支撐，破壞了秦朝統治的基礎。戍卒一呼，貌似強大的秦王朝傾刻間灰飛煙滅，和大量的逃亡犯罪影響下地方政府的腐敗有直接的關係。陳勝、項梁、項羽、劉邦、黥布、彭越等人正是利用了這些以逃亡者

〔註21〕《史記》卷六《秦始皇本紀》，頁259。
〔註22〕《史記》卷六《秦始皇本紀》，頁269。
〔註23〕《漢書》卷二十四《食貨志上》，頁1137。
〔註24〕《史記》卷九十《彭越列傳》，頁2591。

爲主體的反秦力量，實現了他們推翻秦王朝的目標。從某種程度上說，是大量的逃亡犯罪人員推翻了秦王朝的統治。

在楚漢戰爭之中，劉邦之所以能夠以弱勝強，最終戰勝項羽，在劉邦看來關鍵在於能夠用人，「夫運籌帷幄之中，決勝千里之外，吾不如子房；塡國家，撫百姓，給餽饟，不絕糧道，吾不如蕭何；連百萬之眾，戰必勝、攻必取，吾不如韓信。三者皆人傑，吾能用之，此吾所以取天下者也，項羽有一范增而不能用，此所以爲我擒也。」〔註25〕在所謂的漢三傑之中，張良是脫離韓王歸附於劉邦的，韓信是從項羽隊伍中逃亡而來，在蕭何的推薦下韓信被拜爲大將。韓信爲劉邦戰勝項羽做出了極大的貢獻。拜將之初，他向劉邦詳細分析了楚漢雙方的具體情況，提出項羽集團「其強易弱」的看法，建議劉邦利用三秦地區對項羽及其分封的三秦王的不滿情緒，利用部下急於東歸的心理，出發攻秦，劉邦從其計東進，很快佔領關中。漢二年，在劉邦彭城大敗，率數十騎逃歸滎陽時，韓信從關外收拾殘兵，協助劉邦堅守滎陽，阻止了項羽西進。隨後韓信率軍北上，擊敗魏王豹、代相夏說，他把收編的軍隊和自己的精兵送到滎陽前線，加強了正面戰場的力量，使劉邦恢復了元氣。漢三年，韓信率領三萬人出擊燕、趙，韓信以背水陣法，擊敗二十萬趙軍，又接受降將李佐車和平取燕的建議，燕國順利歸降，隨後韓信再次將精兵交給劉邦，使被困成皋的劉邦再次擺脫了困境。

韓信帶領殘兵，擊敗了二十萬齊軍和援齊的楚軍，被劉邦封爲齊王。漢五年（202 年），垓下決戰，韓信率自己的三十萬大軍，獨當項羽，打敗楚軍，結束了楚漢戰爭，隨後再次被劉邦奪軍。韓信每次都能以弱軍戰勝強敵，組建數量龐大的軍隊，再輸送給劉邦，使漢軍勢力復振，滎陽、成皋之戰，若沒有韓信的軍隊參加，劉邦的後果將不堪設想。

陳平亡楚歸漢對劉邦戰勝項羽也起了極其重要的作用。劉邦被困滎陽時，陳平提出在楚軍內部行反間計，劉邦交給陳平黃金四萬斤，並在楚軍中散佈謠言，成功離間了項羽和大將鍾離眛、謀士范增之間的關係。接著獻計劉邦，以婦女二千人披甲，佯裝投降，聲東擊西，使劉邦成功脫逃。顯然，陳平亡楚歸漢對劉邦勢力的發展也有重大作用。

劉邦集團中逃亡而來者不在少數，這些逃亡人員在一定程度上改變了集團雙方的實力對比，對雙方的勝負以至於對後來的政局都帶來不小的影響。

〔註25〕《漢書》卷一《高帝紀》，頁 56。

（二）逃亡犯罪與兩漢之際的政治格局

王莽的新朝建立後，伴隨著天災和王莽的暴政，鄉里民眾紛紛逃亡，有的流亡他鄉，有的逃入營堡，躲避兵災。這些逃亡者形成了眾多的軍事集團，活動在各地，直接影響了當時的政治格局。

著名的綠林兵就是在王莽末年，遇到連續不斷的自然災害，南方一些無法生存的災民只好逃亡到沼澤地區挖取野菜求生，大量逃亡者之間經常發生衝突，互相爭奪不休。新市人王匡、王鳳主動出面為他們評理諍訟，受到逃亡者的擁護，遂被推舉為首領，很快聚集了數百人。接著吸納四方逃亡者，很多後來的著名將領，像馬武、王常、成丹都是這時候逃亡投奔而來。他們以綠林山為根據地，攻佔周圍的地區，數月之間就形成了一支七八千人的隊伍。〔註26〕形成綠林兵的成員都是一些逃亡求食者。整個綠林兵就是以逃亡求食、求生為契機而形成的一支軍隊。這支軍隊成為推翻王莽政權的重要力量。

> 琅邪人樊崇起兵於莒，眾百餘人，轉入太山，自號三老。時青徐大饑，寇賊蜂起，眾盜以崇勇猛，皆附之，一歲間至萬餘人。崇同郡人逄安、東海人徐宣、謝祿、楊音各起兵，合數萬人，復引從崇。共還攻莒，不能下，轉掠至姑幕……遂北入青州，所過擄掠，還至太山，留屯南城。初、崇等以困窮為寇，無攻城徇地之計。……赤眉遂寇東海，與王莽沂平大尹戰，敗，死者數千人，乃引去，掠楚沛汝南潁川，還入陳留，攻拔魯城，轉至濮陽。〔註27〕

由於黃河決堤和連年旱災，黃河下游和淮河流域的社會生產力受到了致命的破壞，無法生存的災民紛紛走上了逃亡之路，搶劫求生。赤眉軍就是以這些逃亡求食、求生者為基礎而形成的。在逃亡求生的過程中不斷有大量的逃亡者加入，他們攻打縣城、搶劫地方，依靠集體的力量獲得生活資料，在求生的過程中形成了強大的軍事集團。赤眉軍和綠林軍一起，推翻了王莽政權。

劉秀在王莽政權被推翻後，特別注意收羅各地逃亡者，最後形成了自己的武裝集團，他自己被稱為「銅馬帝」，就是收羅了活動在河北平原地區的以「銅馬」為首的大批逃亡犯罪武裝後，加強了自己的軍事力量，又逐一消滅異己勢力，最後統一了全國，建立了新的王朝。西漢、王莽政權的滅亡，東

〔註26〕《後漢書》卷十一《劉玄傳》，頁467。
〔註27〕《後漢書》卷十一《劉盆子傳》，頁478。

漢王朝的建立，都與社會上存在的大量逃亡犯罪人員形成的武裝集團有著密切的關係，誰能夠善加處理和利用這些逃亡武裝集團，誰就能在政治舞臺上站穩腳跟，在未來的政治資源分配中占得一席之地。如果不能正確處理這些逃亡武裝集團問題，政權的存在基礎就會受到影響，直至最後滅亡。

（三）逃亡犯罪與東漢末年的政治格局

東漢末年，大量的逃亡人口形成大大小小的宗族集團活動在各地，這些掌握著人力物力的宗族集團在一定程度上也影響到軍事集團的實力變化。

劉焉、劉璋父子能夠控制益州，成為一方割據勢力，就是依靠逃亡人口組成的軍事力量，《英雄紀》：「先是，南陽、三輔人流入益州數萬家，（劉璋）收以為兵，名曰東州兵。」〔註28〕後來地方大姓發動叛亂，劉璋依靠東州兵，擊敗叛軍，鞏固了自己在益州的統治。

曹操軍事實力的強大，也是因為吸納了大量逃亡武裝。初平二年，「青州黃巾眾百萬人入兗州，……（曹操為兗州牧）追黃巾至濟北。乞降。冬，受降卒三十餘萬，男女百萬餘口，收其精銳者，號為青州兵。」〔註29〕曹操收編了這支逃亡者組成的精銳後，實力大增，為他以後戰勝群雄奠定了基礎。對逃亡武裝集團的利用態度在一定程度上決定了政治集團勢力發展的走向，而逃亡武裝集團的歸屬又影響到政治格局的變化。

在秦漢之際、兩漢之際、東漢末年的政權更迭過程中，逃亡人員不但擔當了登高一呼的領袖角色，就是武裝集團的主要成員也是以逃亡者為主體形成的，這些為社會統治秩序所不容，受到現政府極力追捕鎮壓的逃亡犯罪者，承擔了推翻舊政權建立新政權的任務，深深影響了政權的的更迭和政治格局的變遷。

二、逃亡犯罪與匈奴社會發展

中原地區的各種人員因為不同的原因逃亡到周邊地區，尤其是大量漢人亡入匈奴，對匈奴社會的發展產生了重要的影響。

（一）逃亡匈奴的漢人

自匈奴崛起而與中原農業民族對峙，雙方的人員往來隨之出現，而且這

〔註28〕《三國志》卷三十一《劉璋傳》，頁868。
〔註29〕《三國志》卷一《武帝紀》，頁9。

種往來大多數情況下屬於政府禁止的犯罪行爲。中原人士流入匈奴開始甚早，據《戰國策・燕策三》記載，燕王喜二十七年，秦將軍樊於期逃亡至燕，燕太傅鞠武建議將樊於期送入匈奴，以避免收留逃亡罪犯而激怒秦國。秦始皇曾經發三十萬大軍進攻匈奴，又築長城，大量徙民實邊加以戍守。秦亡後，實邊的移民，服役的編戶、防守的戍卒有不少人亡入匈奴。漢昭帝始元四年（前83年）眾律爲單于謀劃，「穿井築城，治樓以藏穀，與秦人守之。」〔註30〕秦人就是秦時中原人口亡入匈奴者，其子孫人稱秦人。

西漢建立，匈奴也迅速強大起來，由於匈奴的強大，大批漢人開始逃亡匈奴。漢初，燕代地區的諸侯王勢力多次反叛，失敗後逃亡匈奴。「高祖五年（前202年）秋七月，燕王藏荼反，上自將征之，九月，虜荼。」〔註31〕據《史記・韓信盧綰傳》記載，藏荼的兒子也亡入匈奴。隨後，韓王信、代相陳豨、燕王盧綰都先後逃亡匈奴，此後的吳王劉濞、淮南王劉長、劉逐都曾勾結匈奴作爲內應。

劉邦打擊諸侯王的做法引起了某些諸侯王的反叛和出降，這種叛亂後的亡降，當然不會是隻身獨往，其屬下的大批將士會隨之亡入匈奴，盧綰曾率其黨萬人亡入匈奴，韓王信、陳豨、所屬將士亡入匈奴的人數也不會少。保守估計下來亡入匈奴的人數當在二萬人上下。隨著匈奴的入侵，邊境地區的吏民大量被劫掠出境，流入匈奴，這雖然不能嚴格說是自己逃亡，但在脫離戶籍，流落他鄉這一點上與逃亡一致，也可以看作是一種變相的逃亡犯罪。

昭帝元風三年（前78年）匈奴入五原殺掠數千人。王莽新朝建立之初，匈奴「入塞寇盜，大輩萬餘，中輩數千，少者數百，殺朔方太守、都尉，略吏民畜產不可勝數，緣邊虛耗。」〔註32〕西漢一朝除元成哀平的半個世紀以外，匈奴沒有停止過對漢朝的邊境掠奪，大量邊境吏民流入匈奴。亡入匈奴的漢人人口，最少在十萬口以上〔註33〕。

從武帝時期進行的大規模對匈奴戰爭中，有許多漢朝軍人亡入匈奴，數百人、數千人的記載並不少見，軍人亡入匈奴數量也不少。王莽執政時期，邊畔重開，邊境地區的民眾不堪王莽暴政，漢人亡入匈奴的數量開始大增。

〔註30〕　《漢書》卷九十四《匈奴傳》，頁3782。
〔註31〕　《漢書》卷一《高祖本紀》，頁58。
〔註32〕　《漢書》卷九十四《匈奴傳》，頁3824。
〔註33〕　林幹《匈奴通史》，內蒙古人民出版社，1979年，頁14。

東漢時期，匈奴勢力衰落，但不時還有人逃亡匈奴，只是數量上不如西漢時期多而已。大量的漢人亡入匈奴，對匈奴社會的發展帶來了多方面的影響，直接推動了匈奴社會的發展和進步。

（二）匈奴社會經濟結構的變化

匈奴的社會經濟是以游牧經濟為主的、結構畸形的經濟。從漢代文獻《史記》、《漢書》、《鹽鐵論》、《淮南子》來看，匈奴人並無農業。手工業也比較簡單，門類不夠齊全，經濟受自然條件約束和限制特別大，一有自然災害（如大雪、旱災），往往遭受滅頂之災。隨著入匈漢人的大量增加，匈奴的農業發展起來，手工業門類也開始齊全，經濟結構趨於完善和合理。

漢人大量流人匈奴為其帶來了更多的中原文明和技術。由中原運往匈奴的綢緞和手工藝品，已逐漸為匈奴貴族和一般人民所接受。這在考古發掘中得到了證明，「匈奴墓葬中往往發現漢式的絲綢服裝、漢式青銅鏡、馬蹬、漆器等。這種現象，在漢匈毗連的地方，尤為顯著。」〔註34〕在匈奴人接受漢人物質產品的同時，社會經濟結構也開始發生變化。

1. 促進農業發展

文帝時期降於匈奴的宦者中行說說：「匈奴之俗，人食畜肉，飲其汁，衣其皮，畜食草飲水，隨時轉移。」〔註35〕《淮南子・原道訓》說：「雁門之北，狄不穀食」。《鹽鐵論・備胡》也說：「匈奴……內無室宇之守，外無田疇之積，隨美草甘水而驅牧。」則匈奴原來沒有農業。隨著漢人的大量流入，匈奴的農業逐步發展起來，其地位越來越重要。考古發掘也證明了這一點，屬於公元前 2～1 世紀的諾顏山墓葬「發現有穀物、農具以及與農業有關的大型陶器，這說明農業也佔有很重要的地位」〔註36〕

值得重視的是，匈奴的農業不僅在漠北發展起來，地位也越來越重要，而且匈奴人自己也學會了農耕並用之於軍事屯田以對抗漢朝。

武帝元狩四年（前 119 年），衛青出擊匈奴，發騎兵一部「至寘顏山（約在蒙古國杭愛山西南）趙信城，得匈奴積粟食軍。軍留一日而還，悉燒其城餘粟以歸。」〔註37〕西漢降將李廣利被殺時，漠北「會連雨雪數月，畜產死，

〔註34〕《匈奴史論文選集》，中華書局，1983 年，頁 340。
〔註35〕《史記》卷一百十《匈奴傳》，頁 2999。
〔註36〕《匈奴史論文選集》，頁 385。
〔註37〕《史記》卷一百十一《衛將軍驃騎列傳》，頁 2935。

人民疫病，穀稼不孰。」〔註 38〕如果上述活動可能出自降附匈奴的漢人，那麼以下這條材料則可以證實匈奴人確實開始發展農業。「昭帝時，匈奴復使四千騎田車師。宣帝即位，遣五將將兵擊匈奴，車師田者驚去。」〔註 39〕這四千騎多數應是匈奴人。漢宣帝地節四年（前 66 年），「匈奴怨諸國共擊車師，遣左右大將各萬餘騎屯田右地，欲以侵迫烏孫西域。」〔註 40〕這已是軍事屯田了。可見匈奴的社會經濟已有了相當的變化，同漢人的描述大有不同。 這足以說明匈奴人已經學會從事農業生產。它不但出現於漠北，而且出現於西域；其生產者，不但有漢人，也有匈奴人。匈奴社會開始農業生產，在一定程度上改善了經濟結構的單一性，「亡人」對匈奴社會發展的影響是深遠的。

2. 掌握築城穿井技術

逐水草而居的匈奴本無所謂建築業。漢代中期以後，隨著漢人大量流入和農業生產的逐步增加，匈奴定居一處的人數也逐漸增多，為了適應定居者防禦的需要，建築業發展起來，出現了若干城，如趙信城、范夫人城，眾律曾謀劃「穿井築城，治樓以藏穀。」前蘇聯和蒙古學者在漠北地區集中發掘出了屬於公元前 2～1 世紀的匈奴城鎮遺址，如伊勒沃加、高瓦一道布、德爾津方臺地等。〔註 41〕築城技術是農業文明發展水平的集中體現，而匈奴雖然出現了農業生產，但規模和發展水平恐怕都不能過高估計，匈奴修築城郭是同漢人流落匈奴的進程相一致的，逃亡匈奴的漢人在其中的作用恐怕是很大的。

值得提出的是，匈奴人自己也建築城鎮，並在西域實現定居。郅支城的出現就是典型例子。五單于紛爭以後，郅支單于西奔康居，「發民作城，日作五百人，二歲乃已。」〔註 42〕從《漢書‧陳湯傳》記載的戰鬥過程來看，這個郅支城，土城外有重木城，而且築有城樓，築城技術已經相當高了。

除了築城以外，匈奴還掌握了穿井技術，並大量造井。漢武帝元鼎六年（前 111 年），「遣太僕公孫賀將萬五千騎出九原二千餘里，至浮苴井。」〔註 43〕以井做地名，說明井已經成為這一地區為人們所熟知的標誌性東西。漢昭

〔註 38〕《漢書》卷九十四《匈奴傳》，頁 3781。
〔註 39〕《漢書》卷九十六《西域傳》，頁 3922。
〔註 40〕《漢書》卷九十四上《匈奴傳》，頁 3788。
〔註 41〕《匈奴史論文選集》，頁 415。
〔註 42〕《漢書》卷七十《陳湯傳》，頁 3009。
〔註 43〕《漢書》卷九十四上《匈奴傳》，頁 3771。

帝始元四年（前83年），從漢朝逃亡匈奴的衛律在匈奴「穿井數百，」〔註44〕漢哀帝元壽二年（前1年），「單于出塞，到休屯井。」〔註45〕可見井已在匈奴大量出現。水井基本與定居和農業社會相聯繫，對於逐水草而居的匈奴人來說，掌握掘井技術的意義是巨大的，可以在一定程度上緩解人畜飲水單純依靠自然河流的局面，對社會經濟發展的促進作用是不言而喻的。

3. 手工業技術的進步和門類的齊全

匈奴雖早已於公元前7世紀進入鐵器時代，但其規模、技術水平遠不如漢朝。隨著漢人的大量流入，公元前3世紀～公元前1世紀，匈奴的冶鐵業就已經開始發展起來，這可以從蒙古諾顏山墓葬出土的鐵器加以證明。特別是前蘇聯布利亞特加盟自治共和國烏蘭烏德附近，發掘出了屬於公元前二世紀的匈奴人所使用的鐵器和鑄造鐵器的模型以及煉鐵爐，林幹先生判斷說：「可見鐵器冶煉的規模不小……冶煉和鑄造的技術已達到相當的水平。」〔註46〕匈奴冶鐵業的發展同漢人流落匈奴的進程是相一致的。

（三）影響到匈奴社會文化的發展

1. 生活習俗的變化

儘管匈奴有著強烈的民族自豪感，「南有大漢，北有強胡。胡者，天之驕子也，不爲小禮以自煩。」〔註47〕匈奴社會有著獨特的風俗、習慣，「匈奴之俗，本上氣力而下服役，以馬上戰鬥爲國，故有威名於百蠻。」〔註48〕但隨著與漢人接觸的增多，匈奴人的生活習慣發生了變化，「匈奴好漢繒絮食物。」〔註49〕開始喜歡漢人的物品，尤其是絲綢、布帛，秦漢時期漢人的大量流入匈奴更加加劇了這種影響。

隨著匈奴與漢人接觸的增多，入匈漢人的混闔家庭成爲漢化的典型，衛律、李陵亡入匈奴後都娶匈奴女子爲妻，顯示匈奴人對漢人的接受程度已經很高。張騫的胡妻冒險同張騫一起從匈奴逃回漢朝。蘇武同胡婦所生的兒子通國，宣帝時派人「致金帛贖之。……通國隨漢使者至，上以爲郎。」〔註50〕

〔註44〕《漢書》卷九十四上《匈奴傳》，頁3782。
〔註45〕《漢書》卷九十四上《匈奴傳》，頁3782、3817。
〔註46〕《匈奴史論文選集》，頁281。
〔註47〕《漢書》卷九十四上《匈奴傳》，頁3780。
〔註48〕《漢書》卷九十四上《匈奴傳》，頁3797。
〔註49〕《史記》卷一百十《匈奴傳》，頁2899。
〔註50〕《漢書》卷五十四《蘇武傳》，頁2468。

張騫的胡妻、蘇武願意歸漢的胡子都是匈奴人接受漢文化的典型。

2. 文字圖書的出現

相對於高度發達的漢文化而言，「無文書，以言語爲約束」〔註51〕的匈奴，無論是思想觀念，還是文化生活都處於較低的發展階段。隨著漢人的大量流入，匈奴社會逐步發生了變化，隨之出現了文字圖書。匈奴本無文字，也無圖書。文帝時期，宦者中行說逃亡匈奴後，「教單于左右疏記，以計課其人眾畜物。中行說遺漢書以尺二寸牘，及印封皆令廣大長。」〔註52〕在漢朝逃亡者的幫助下，匈奴開始用漢朝的文書格式。第一次將文字記錄使用在自己的政治、軍事、經濟管理上

「建昭四年（前35年）正月，以誅郅支單于，告詞郊廟，赦天下。群臣上壽置酒，以其圖書示後宮貴人。」〔註53〕則匈奴人已經有了地圖。若此圖爲入匈漢人所繪，則顯示出逃亡犯罪者對匈奴文化發展的直接推動，即使是匈奴人自己所爲，大概也離不開亡命匈奴的漢人的影響。

東漢初年，南匈奴日逐王比「密遣漢人郭衡奉匈奴地圖，二十三年，詣西河太守求內附。」〔註54〕此圖有可能爲流落匈奴之漢人所爲。若爲匈奴人自己所爲，則表明匈奴受漢文化薰陶已很深了。

3. 若干新觀念的出現

愛人觀念。漢宣帝神爵四年（前58年），匈奴發生內亂，單于兵敗。《漢書‧匈奴傳》記載：

> 使入報其弟右賢王曰：「匈奴共攻我，若肯發兵助我乎？右賢
> 王曰：『若不愛人，殺昆弟諸貴人。各自死若處，無來污我」〔註55〕

在「上氣力而下服役」「人人自爲趨利」的匈奴，經常發生兄弟、父子互相殘殺的事件，人們大多習以爲常，並不認爲是忤逆、殘忍。但受到亡入匈奴漢人的影響，西漢後期出現了「愛人」這一帶有濃厚農業民族和儒家色彩的觀念，不能不說是亡入匈奴的漢人的貢獻。

報恩觀念。呼韓邪單于臨死留下遺言說：「有從中國來降者，勿受，輒送

〔註51〕《漢書》卷九十四上《匈奴傳》，頁3743。
〔註52〕《史記》卷一百十《匈奴傳》，頁2899。
〔註53〕《漢書》卷九《元帝紀》，頁295。
〔註54〕《後漢書》卷八十九《南匈奴傳》，頁2942。
〔註55〕《漢書》卷九十四上《匈奴傳》，頁3791。

至塞，以報天子厚恩。」烏珠留單于也說：「先單于受漢宣帝恩，不可負也。」〔註56〕則匈奴統治者心中已經有了報恩觀念，相信這種觀念在匈奴人中是比較普遍的。

孝的觀念。匈奴人逐水草而居，崇尚武力，本無所謂孝敬父母的觀念，但這種情況在西漢後期也發生了變化。呼韓邪單于以後，匈奴單于皆稱「若鞮」。「自呼韓邪後，與漢親密，見漢謚帝為『孝』，慕之，故皆為『若鞮』。」〔註57〕若鞮就是孝的意思。這種統治者稱號的變化，實際是統治政策和統治觀念的轉化，這一轉化顯示出孝觀念在匈奴社會中的影響越來越大。

漢匈一家親的觀念。呼韓邪單于曾與韓昌、張猛刑良馬而誓，「自今以來，漢與匈奴合為一家，世世毋得相詐相攻。有竊盜者，相報，行其誅，償其物。」〔註58〕這是長期和親的結果，也與大量漢人入匈有極大關係。

這些全新觀念的出現，不但反映著匈奴受漢人影響的加深，而且反映著匈奴社會的變化，其中亡入匈奴的漢人所起的作用自不待言。

4. 學習漢文化的要求

據《後漢書·儒林傳》記載，東漢明帝崇尚儒學，「為功臣子孫、四姓末屬別立校舍，搜選高能以受其業，自期門羽林之士，悉令通《孝經》章句，匈奴亦遣子入學。」〔註59〕匈奴人對漢文化的態度在東漢初年出現如此巨大的變化，是以西漢時期漢人入匈的增多和漢文化影響的加深為基礎的。

在漢匈長期對峙、交流不能正常進行的情況下，被迫、被動逃亡匈奴的大量漢人，不但為匈奴地區帶來了中原先進的經濟文化，大大促進了匈奴社會的發展。而且，他們活躍在大漠內外，邊塞西陲，對於邊疆地區的開發也起到了重要作用。同時，大大促進了漢匈之間的民族交流和融合，為大漠南北與中原的統一奠定了基礎。這一點，從東漢時隨著南匈奴內附、北匈奴西遷，大量漢人回撤，匈奴社會發展進程受挫可以看得更清楚。

（四）對匈奴政治發展的影響

匈奴統治者為了適應對漢王朝戰爭的需要，對那些熟悉漢朝軍政情況，曾經為西漢王朝領兵作戰，在漢朝政治軍事領域有一定影響的犯罪逃亡者，

〔註56〕《漢書》卷九十四下《匈奴傳》，頁3818、3823。
〔註57〕《漢書》卷九十四下《匈奴傳》，頁3828。
〔註58〕《漢書》卷九十四下《匈奴傳》，頁3801。
〔註59〕《後漢書》卷七十九《儒林傳》，頁2546。

一旦來到匈奴，就會給他們很高的待遇。如漢初韓王信投降後，「爲匈奴將兵往來擊邊」；盧綰在漢高祖死後「遂將其眾亡入匈奴，匈奴以爲東胡盧王」；趙信逃亡匈奴後「單于既得翕侯（趙信），以爲自次王」；李陵亡降匈奴後，「單于壯陵，以女妻之，立爲右校王，衛律爲丁靈王。」二師將軍李廣利亡降匈奴後「單于素知其漢大將貴臣，以女妻之，尊寵在衛律上。」〔註60〕這些逃亡者得到匈奴統治者的重視，常在單于左右，幫助單于出謀劃策，服務於匈奴對漢朝的戰爭。有的逃亡將軍親自率領部下與漢軍作戰。韓王信及其將士「與匈奴約共攻漢，反，以馬邑降胡，擊太原。」〔註61〕燕王盧綰反叛後，「率其黨數千人降匈奴，往來苦上谷以東。」〔註62〕李陵、衛律也率匈奴將兵與漢軍惡戰。徵和三年（前90年）：

> 匈奴使大將與李陵將三萬餘騎追漢軍，至濬稽山，轉戰九
> 日……貳師將軍將出塞，匈奴使右大都尉與衛律將五千騎擊漢軍於
> 夫羊句山狹。〔註63〕

這些逃亡者原來都是漢朝的諸侯王或者高級將領，他們熟悉漢軍情況，現在反戈一擊，加入了匈奴對漢朝作戰的行列，其有利於匈奴，不利於漢朝是顯然的。文帝時期的宦者中行說投降後，「日夜教單于候利害處。」〔註64〕爲匈奴戰勝漢軍出謀劃策，影響到文帝、景帝時期的漢匈關係。

更多的逃亡將領則針對漢軍特點，提供針鋒相對的戰法，幫助匈奴兵作戰。趙信投降後：

> 教單于益北絕幕，以誘疲漢兵，徼極而取之，毋近塞。單于從
> 之。

> 衛律爲單于謀穿井築城，治樓以藏穀，與秦人共守之。漢兵至，
> 無奈我何。〔註65〕

趙信所爲，增加了漢軍戰勝匈奴的難度。衛律教匈奴人修築工事、積蓄糧草、

〔註60〕《史記》卷九十三《韓信盧綰列傳》，頁2634、2639、《史記》卷一百一十《匈奴列傳》，頁2908、《漢書》卷五十四《李陵傳》，頁2457、《漢書》卷九十四《匈奴傳》，頁3780。

〔註61〕《史記》卷九十三《韓信盧綰列傳》，頁2633。

〔註62〕《史記》卷一百一十《匈奴列傳》，頁2895。

〔註63〕《漢書》卷九十四《匈奴傳》，頁3779。

〔註64〕《史記》卷一百一十《匈奴列傳》，頁2901。

〔註65〕《漢書》卷九十四《匈奴傳》，頁3768、3782。

屯兵堅城，這對於長途奔襲，利在速戰速決的漢軍來說是致命的打擊。李陵敗降後，武帝曾派公孫敖帶兵深入匈奴，希望能把李陵接回來。公孫敖無功而返，回來報告說抓到匈奴士兵，說李陵教單于訓練士兵來防備漢軍，所以漢軍沒有什麼收穫。實際上「教單于為兵」的是投降匈奴的李緒，而不是李陵。「李緒本漢塞外都尉，居奚侯城，匈奴攻之，緒降，而單于客遇緒，常坐陵上。」〔註66〕所謂李緒教「單于為兵」應該是針對漢軍特點對匈奴軍隊的改造和訓練。

更有甚者，漢軍逃亡人員出賣漢軍情報，會直接導致戰爭失敗。武帝時漢軍準備在馬邑伏擊匈奴，雁門「尉史知漢謀，乃下，具告單于。」〔註67〕結果使漢朝調動了數十萬軍隊，長時間準備的一次戰役歸於失敗。匈奴大軍同李陵率領的漢軍激戰之後，準備撤軍時，「會陵軍候管敢為校尉所辱，亡降匈奴，具言：『陵軍無後救，射矢且盡，獨將軍麾下及成安侯校各八百人為前列，以黃與白為幟，當使精騎射之即破矣。』」〔註68〕竟使漢軍名將成為階下囚，又連累司馬遷受宮刑之辱，賊子逃亡，危害竟至於此，令人歎惋。

有些逃亡匈奴的漢人參與了匈奴內部的政治鬥爭，也對匈奴政治帶來一定影響。狐鹿姑單于「病且死，謂諸貴人：『我子少，不能治國，立弟右谷蠡王。』及單于死，衛律等與顓渠閼氏謀，匿單于死，詐矯鄲單于令，與貴人飲盟，更立子左谷蠡王為壺衍鞮單于。」〔註69〕除參與單于之位的爭奪外，有些逃亡匈奴漢人的建議對匈奴的對外政策也帶來影響。趙信和衛律先後向匈奴單于提出重新和親的建議。元狩四年（前119年），經過多次戰爭後，漢匈雙方都暫時無力發動更大的戰爭時，「單于用趙信計，遣使好辭請和親。」〔註70〕雖然沒有成功，但這一計劃是以對漢朝情況的充分瞭解為前提的。漢昭帝時，匈奴已經衰敗，衛律為了保存匈奴實力，建議與漢和親，又「謀歸漢使不降者蘇武、馬宏等……欲以通善意。」〔註71〕

逃亡匈奴的漢人出賣國家情報，還活動勾引對漢政府不滿的軍政官員逃

〔註66〕《漢書》卷五十四《李陵傳》，頁2457。
〔註67〕《漢書》卷九十四《匈奴傳》，頁3765。
〔註68〕《漢書》卷五十四《李陵傳》，頁2454。
〔註69〕《漢書》卷九十四《匈奴傳》，頁3782。
〔註70〕《漢書》卷九十四《匈奴傳》，頁3771。
〔註71〕《漢書》卷九十四《匈奴傳》，頁3782。

亡匈奴。漢初，漢朝商人王黃勸降了張勝，張勝又說降了盧綰，王黃還充當了陳豨與匈奴聯繫的中介，〔註72〕嚴重影響了漢朝對匈奴的戰略。如果說出賣國家情報、幫助匈奴作戰對漢朝帶來危害的話，逃亡漢人對匈奴文化上的影響對漢朝戰勝匈奴帶來的負面影響則更加嚴重，更加長遠。文帝時，中行說投降後：

> 初，匈奴好漢繒絮食物，中行說曰：「匈奴人眾不能當漢之一郡，然所以強者，以衣食異，無仰於漢也。今單于變俗好漢物，漢物不過什二，則匈奴盡歸於漢矣。其得漢繒絮，以馳草棘中，衣褲皆裂敝，以示不如旃裘之完善也。得漢食物皆去之……於是說教單于左右疏記，以計課其人眾畜物。

> 中行說令單于遺漢書以尺二寸牘，及印封皆令廣大長，倨傲其辭曰：「天地所生日月所置匈奴大單于敬問漢皇帝無恙。」所以遺物言語亦云云。」

> 中行說曰：「匈奴之俗，人食畜肉，飲其汁，衣其皮。畜食草飲水，隨時轉移。故其急則人習騎射，寬則人樂無事，其約束輕，易行也。君臣簡易，一國之政猶一身也。父子兄弟死，取其妻妻之，惡種姓之失也。故匈奴雖亂，必立宗種。

> 自是之後，漢使欲辯論者，中行說輒曰：「漢使無多言，顧漢所輸匈奴繒絮米糵，令其量中，必善美而已矣，何以為言乎？且所給備善則已。不備，苦惡，則候秋熟，以騎馳蹂而稼穡耳。」日夜教單于候利害處。〔註73〕

中行說所為，不但極力阻止匈奴漢化，盡量保持匈奴游牧民族的特色和匈奴人對自己習俗和文化的自信心，以此保證匈奴軍隊的好戰之心和野蠻剽悍的風俗，保持對漢軍作戰的主動性。還幫助匈奴統治者加強了對國家政權的管理能力，提高了匈奴軍隊的組織和機動作戰能力，使匈奴在對漢軍作戰中始終處於主動，這種優勢一直保持到武帝時期，可見中行說說教對匈奴社會發展影響的長遠。

〔註72〕見《史記》卷九十三《韓信盧綰列傳》
〔註73〕《史記》卷一百一十《匈奴傳》，頁2899～2901。

三、逃亡犯罪與地區經濟發展

（一）逃亡犯罪與諸侯王轄區經濟的恢復

西漢王朝時承戰亂之後，社會經濟遭到極大的破壞，幾十年後，西漢經濟能夠得到恢復，中央政府的各種政策所起的作用極其重要。但是，當時諸侯王控制地區的政治、軍事、經濟都不歸中央政府管轄，所以諸侯王地區經濟的恢復和發展要依靠諸侯王國的力量。漢初封國不僅在政治上獨立行使職權，而且在經濟上享有如下四個方面的自主權。這些主權為他們吸引逃亡人口，發展地區經濟創造了條件。

第一，徵收賦稅。漢初諸侯王經濟權力很大。他們在封國內可以徵收漢廷規定的各種賦稅。王國賦稅的徵收和漢中央政府一樣，主要有兩大類：一是租賦，即田租和人口稅；一是山川園池和市井之稅。前者供給王國官吏俸祿、養活軍隊以及政府日常開支，後者則主要用於供王室自身的開支，亦即諸侯王的「私奉養」。

漢初地稅的徵收實行什五稅一之制。景帝元年（前 156 年）改為三十稅一。其間文帝時即實行輕搖薄賦政策，時或「什五稅一」，或「三十稅一」，十三年曾免徵天下租稅。人口稅包括算賦和口賦。西漢政府規定：「民年十五以上至五十六出賦錢，人百二十為一算，為治庫兵馬。七歲至十四歲，出口錢人二十。」〔註 74〕除田租和人頭稅外，政府還徵收獻費。獻費徵收主要是送交皇帝供天子享用的。但由於漢政府開始沒有統一規定數額，由各諸侯王和郡國自行收取，故諸侯王常假公濟私，加重人民負擔，因而引起了人民的反對。至高祖十一年（前 197 年）二月，高帝下詔，統一天下民獻費為。人歲六十三錢。

第二，興辦工商業。諸侯王國疆域遼闊，物產豐富。漢初國家對地方興辦工商業幾乎沒有限制。「漢興，海內為一，開關梁，弛山澤之禁，是以富商大賈周流天下。交易之物莫不通。」〔註 75〕各諸侯王常根據本國的形勢，因地制宜地開辦冶鐵、煮鹽、漁業等手工作坊，發展地方工商業。吳王劉濞最為典型，吳封地有豫章郡銅山，劉濞招徠天下亡命者盜鑄錢，又煮海水為鹽。積累了鉅額財富，做到了「無賦」，就是免除百姓賦稅而國用饒足。

第三，鑄造貨幣。漢初，聽民自鑄錢。這樣便為諸侯王鑄幣提供了合法

〔註 74〕《漢書》卷一《高帝紀》，頁 46。
〔註 75〕《史記》卷一百二十九《貨殖列傳》，頁 3261。

經營的權力。因此吳、齊、趙等國紛紛開辦鑄幣作坊。《鹽鐵論·錯幣篇》載，「吳王擅障海澤，鄧通專西山，山東姦滑咸聚吳國、秦、雍、漢、蜀因鄧氏，吳鄧錢佈天下。」齊國設有鑄錢官長，臨淄、臨朐、陽丘、姑幕各設有鑄幣作坊，分別鑄有臨淄四銖、臨朐四銖、陽丘四銖、姑幕四銖錢。

　　第四，徵收工商稅。諸侯王爲擴大私藏府的收入，對工商賈人徵有工商稅。「趙王（彭祖）擅權，使使即縣爲賈人榷會，入多於國經租稅。」〔註76〕《索隱》曰：「經，常也。謂王家入多於國家常納之租稅也。」另據《史記·齊悼惠王世家》載：「齊臨淄十萬戶，市租千金，人眾殷富，巨於長安。」〔註77〕膠西王劉端私府收入以鉅萬計，致使「府庫壞漏盡，腐財物以鉅萬計，終不得收徙。」〔註78〕梁王劉武「財以鉅萬計，不可勝數。及死，藏府餘黃金尚四十餘萬斤，他財物稱是。」〔註79〕

　　諸侯王國掌握了較多的政治、經濟特權，在政治上、經濟上有較多的獨立性，使他們能夠實行靈活的政策，大力招攬逃亡者，以加快地方經濟的恢復和發展。

　　　　然其居國以銅鹽故，百姓無賦。卒踐更，輒與平賈。歲時存問
　　　茂材，賞賜閭里。佗郡國吏欲來捕亡人者，頌共禁弗與，如此者四
　　　十餘年，以故能使其眾。〔註80〕

吳國的發展顯然與招攬了大量逃亡者有關，他招攬逃亡者的措施主要有以下幾項。首先是收攬庇護犯罪逃亡者，凡是逃亡來吳者，皆得到吳王的收留、庇護而免於受到漢政府懲罰，即使受到漢朝政府追捕，也無法抓到。這些逃亡者受到諸侯王國的庇護，他們自然會爲諸侯王國效力；同時，利用國家財政上的優勢，給民眾免除租稅。漢代的租稅雖然不重，但因爲各種原因，最後加到百姓身上時對百姓的影響還是很大的，所以減免賦稅對百姓來說誘惑還是很大的。這也成爲逃亡者亡命諸侯國的原因之一。其三，減免百姓的徭役，服虔曰：「以當爲更卒，出錢三百，謂之過更。自行爲卒，謂之踐更。吳王欲得民心，爲卒者雇其庸，隨時月與平賈也。」〔註81〕晉灼曰：「謂借人自

〔註76〕　《史記》卷五十九《五宗世家》，頁2098。
〔註77〕　《史記》卷五十二《齊悼惠王世家》，頁2008。
〔註78〕　《史記》卷五十九《五宗世家》，頁2097。
〔註79〕　《史記》卷五十八《梁孝王世家》，頁2087。
〔註80〕　《史記》卷一百六《吳王濞列傳》，頁2823。
〔註81〕　《漢書》卷三十五《吳王劉濞傳》，頁1905。

代爲卒者，官爲出錢，顧其時庸平賈也。」不管哪一種解釋，有一點是相同的，就是諸侯王國政府利用自己的強大財力，替應該服徭役人員出錢，免除他們的徭役。第四，經常對百姓進行財物金錢的賞賜，這樣的賞賜對於改善百姓生活還是有一定作用，對貧困的逃亡者而言還是有一定的吸引力。

　　正是這些優惠措施，吸引了很多的逃亡犯罪者來到諸侯王國地區，也正因爲他們的到來，爲諸侯王國地區的發展提供了充足的勞動力，使諸侯王國地區的農業、手工業生產能夠很快發展起來。

　　《漢書·吳王劉濞傳》記載了晁錯的上書：「今吳王前有太子之隙，詐稱病不朝，於古法當誅。文帝不忍，因賜几杖，德至厚也。不改過自新，乃益驕恣，公即山鑄錢，煮海爲鹽，誘天下亡人謀作亂逆。」〔註82〕吳王劉濞利用逃亡人員即山採銅，鑄造錢幣，又即海煮鹽，販運四方，促進了吳國地區經濟的發展，爲吳國積累了大量的財富，人口數量也大大增加。財富和人口的增加，成爲吳王起兵反叛的物質基礎。「敝國雖狹，地方三千里，人民雖少，精兵可具五十萬，……吳國雖貧，寡人節衣食用，積金錢，修兵革，聚糧食，夜以繼日，三十餘年也。……寡人金錢在天下者往往而有，非必取於吳，諸王日夜用之不能盡。……王專並將其兵，未渡淮，諸賓客皆得爲將、校尉、行間候、司馬，獨周丘不用。周丘者，下邳人，亡命吳，沽酒無行，王薄之，不任。」〔註83〕周丘這樣的逃亡者在吳王劉濞周圍應該不少。吳王劉濞的封地由於吸引了大量的逃亡人口，勞動力數量增加很快，社會經濟恢復、發展速度遠遠超過其他地區，很快變得富庶起來。諸侯王國通過招納亡命者發展了地區經濟，爲漢初全國經濟的恢復做出了貢獻。

　　《二年律令》中有津關令，提到臨晉關、函谷關等五座重要關卡，記載了行人出入各個關隘時應該遵守的各種規範，這些關卡基本處於諸侯王國與漢政府的交界處，這些嚴密的規定從一個側面說明，當時諸侯王國地區對漢王朝轄區逃亡人口的招攬力度是很強的，也隱約透露出招攬逃亡人口與地區經濟、社會發展間的關係。

　　《史記·貨殖列傳》：「楚越之地，地廣人稀，飯稻羹魚，或火耕而水耨，果隋蠃蛤，不待賈而足，地勢饒食，無飢饉之患」〔註84〕江淮以南雖然開發

〔註82〕　《漢書》卷三十五《吳王劉濞傳》，頁1906。
〔註83〕　《漢書》卷三十五《吳王劉濞傳》，頁1910、1914。
〔註84〕　《史記》卷二十四《貨殖列傳》，頁3270。

較遲，但自然條件優越，關東地區與江淮地區距離很近，又易於生存，且不受漢政府的重視，自然成爲逃亡者的首選之地，中原地區的逃亡者經常逃亡南下。秦漢之際，天下大亂，許多中原地區的民眾逃亡於此。武帝以後，流民逃亡江淮地區的人口逐漸增加，如武帝元鼎二年山東被河災，數歲不登。朝廷令饑民流徙就食江淮之間。除了漢初吳王劉濞、淮南王劉長謀反時大力招誘天下亡命者以外，兩漢之際的戰亂，南邊更成爲中原逃亡者棲身之所：

> 范平字子安，吳郡錢塘人也。其先鉒侯馥，避王莽之亂適吳，因家焉。〔註85〕

> 韓績字興齊，廣陵人也。其先避亂，居於吳之嘉興。〔註86〕

范平、韓績的祖先曾經亡命吳地；胡廣、士燮先人曾逃亡至交州，〔註87〕《後漢書·任延傳》記載，「時天下新定，道路未平通，避亂江南者皆未還中土，會稽頗稱多士。」〔註88〕大規模的逃亡者進入江南，對地方文化的發展也帶來影響，竟至於達到「多士」的程度。流民逃入不僅增加了江淮地區的人口，而且帶來了先進的生產技術，促進了經濟的發展。徐、充一帶「人稠土狹，不足相供」。至西漢末，穎川郡人口密度達192人/平方公里，淮陽國達147人/平方公里。臨淮郡、東海郡、沛郡、廣陵國的人口都有所增加。考古發現這些地方的漢代遺址相當密集，正可以證明之。東漢時，淮南人口顯著增加，如揚州人口由西漢時的320萬增加至433萬多。隨著人口的增加、工商業的發展和交通的暢達，淮河流域的城市也大爲發展。淮水流域的陶（定陶），泗水流域的睢陽、壽春、宛（南陽）、陽翟等都成爲當時的交通都會。〔註89〕東漢時期長江中下游地區的人口與經濟已經比西漢時期有很大的發展，安帝永初年間甚至還調揚州五郡租米賑濟關東諸郡。〔註90〕顯示出江南地區的發展。

（二）逃亡犯罪與關東地區經濟發展

大量逃亡人口的流入，對地區經濟的發展帶來正面影響的同時，那些人

〔註85〕《晉書》卷九十一《儒林傳》，頁2346。
〔註86〕《晉書》卷九十四《隱逸傳》，頁2443。
〔註87〕《後漢書》卷四十四《胡廣傳》，頁1504、《三國志》卷四十九《吳書·士燮傳》，頁1191。
〔註88〕《後漢書》卷七十六《任延傳》，頁2460。
〔註89〕李修松《秦漢時期淮河流域經濟發展簡論》，安徽史學，1998年第2期。
〔註90〕《後漢書》卷五《安帝紀》，頁208。

口逃出的地區，其經濟會受到致命的打擊，導致地區經濟的衰落。秦漢時期的關東地區，是社會政治經濟的核心地區，司馬遷說：「昔唐人都河東、殷人都河內、周人都河南。夫三河在天下之中，若鼎足，王者所更居也，建國各數百千歲，土地狹小，民人眾，都國諸侯所聚會，故其俗纖儉習事。」〔註91〕司馬遷生活在武帝時期，上述記載表現的是武帝時期關東地區的具體狀況。但到了東漢章帝時期，情況卻發生了變化。

> 元和三年二月壬寅，告常山、魏郡、清河、鉅鹿、平原、東平郡太守、相曰：朕唯巡守之制，以宣聲教，……前祠園陵，遂望祀華、霍，東柴岱宗，為人祈福。今將禮常山，遂徂北土，歷魏郡，經平原，升踐堤防，詢問耆老，……今肥田尚多，未有墾闢。其悉以賦貧民，給與糧種，務盡地力，毋令游手。所過縣邑，聽半入今年田租，以勸農夫之勞。〔註92〕

章帝是東漢比較清明的君主，章帝所言也是自己親歷親見，那麼原來地狹人眾的關東地區何以成為田地荒蕪之區，社會經濟如此衰落呢？原因可能很多，但有一點是不能忽視的，就是自武帝後期直到東漢時期連綿不斷的關東民眾的大規模流亡。

關東民眾逃亡的首要原因在於黃河水患。關東地區地處黃河下游，黃河及其支流的河床不太固定，經常泛濫成災，甚至奪汴入淮。而河水泛濫的主要地區就在於冀州、青州、兗州、豫州、徐州之間，遇到河水泛濫，民眾逃亡就隨之發生。西漢武帝時期，「山東被河災，及歲不登數年，人或相食，方二三千里。天子憐之，令饑民得流亡就食江淮間，欲留，留處。使者冠蓋相屬於道護之。下巴蜀粟以賑焉。」〔註93〕《漢書‧石慶傳》記載「關東流民二百萬口，無名數者四十萬。」〔註94〕這次從關東地區逃亡而出的民眾有二百四十萬口之多，朝廷雖然採取了許多措施解決問題，但因為吏治的腐敗，使其救濟效果大打折扣。「公卿議欲請徙流民於邊以讁之，……慶慚不任職，上書曰：……城郭倉廩空虛，民多流亡，罪當伏斧質，上不忍至法。願歸丞相印，乞骸骨歸，避賢者路。上報曰：……唯吏多私，徵求無已，去者便，

〔註91〕 《史記》卷一百二十九《貨殖列傳》，頁3262。
〔註92〕 《後漢書》卷三《章帝紀》，頁154。
〔註93〕 《漢書》卷二十四《食貨志》，頁1172。
〔註94〕 《漢書》卷四十六《石慶傳》，頁2197。

居者擾，故爲流民法，以禁重賦。……今流民愈多，計文不改，君不繩責長吏，而請以興徙四十萬口，搖蕩百姓，孤兒幼年未滿十歲，無罪而坐率，朕失望焉。」〔註95〕

這次因爲河災引起的逃亡人口又因爲吏治的腐敗而加重，民眾的逃亡方向主要是向南逃亡到江淮地區，在政府的組織下，一部分遷徙到北方邊境地區。由於自武帝以後還發生過多次黃河水患，所以逃亡出去的人口回歸的似乎不太多。

此後關東地區民眾的逃亡更是史不絕書。「（徵和二年）制詔御史曰：終不自革，乃以邊爲援，使內郡自省作車，又令耕者自轉，以困農煩擾畜者，重馬傷耗，武備衰減，下吏妄賦，百姓流亡。……」〔註96〕這種逃亡直到昭帝時期還沒有解決，「始元四年，詔曰：比歲不登，民匱於食，流庸未盡還。」〔註97〕經過昭帝朝十餘年的努力，武帝時期出現的大規模的民眾逃亡潮流才基本平息，「至昭帝時，流民稍還，田野益闢，頗有蓄積。」〔註98〕但直到宣帝時期，招攬逃亡民眾還鄉的工作還在繼續。「（地節三年）詔曰：今膠東相成勞來不怠，流民自占八萬餘口，治有異等。……流民還歸者，假公田，貸種、食，且勿算事。」〔註99〕

王成後來被揭發，有弄虛作假的嫌疑，宣帝如此重獎王成，顯示出招徠逃亡民眾還鄉在當時政治生活中所佔地位是何等重要，也說明當時民眾脫籍逃亡對社會政治的影響。

昭宣時期的努力雖然收到了成效，但到元帝時期，關東地區由於水災，再次出現民眾逃亡的潮流。《漢書·于定國傳》：「上始即位，關東連年被災害，民流入關，言事者歸咎於大臣，上於是數以朝日引見丞相，御史，入受詔，條責以職事曰：……關東流民飢寒疾疫，已詔吏轉漕，虛倉廩開府臧相賑救。」〔註100〕元帝時期西漢政府已經趨於衰落，政府的救濟措施已經沒有了武帝時期那樣有力度，只能做一些常規性的開倉救濟，但對於動輒數十百萬的逃亡民眾來說，僅僅開倉救濟顯然是不能徹底解決問題的。「（初元元年）捐之對

〔註95〕《漢書》卷四十六《石慶傳》，頁2198。
〔註96〕《漢書》卷六十六《劉屈氂傳》，頁2897。
〔註97〕《漢書》卷七《昭帝紀》，頁221。
〔註98〕《漢書》卷二十四《食貨志》，頁1141。
〔註99〕《漢書》卷八《宣帝紀》，頁248。
〔註100〕《漢書》卷七十一《于定國傳》，頁3043。

曰：今天下獨有關東，關東大者獨有齊楚，民眾久困，連年流離，離其城郭，相枕席於道路。」〔註101〕顯然，朝廷的救濟措施沒有起到什麼作用。

成帝時期是水旱災害更加頻繁的時期，也是關東地區民眾大規模逃亡他鄉的時期。「河平元年三月，流民入函谷關。」〔註102〕流入函谷關的民眾自然是關東地區的逃亡者。成帝時期政府對逃亡民眾的救濟措施已經看不到了，這些得不到救濟的逃亡者只好流離道路，掙扎在死亡線上，人口的損耗就可想而知了。見於《漢書·成帝紀》和其他列傳的逃亡記載有：

> 陽朔二年，秋，關東大水，流民欲入函谷、天井、壺口、五阮關者，勿苛留。

> 鴻嘉四年，關東流冗者眾，青、幽、冀部尤劇，朕甚痛焉。流民欲入關，輒籍內，所之郡國，謹遇以理，務有以全活之。〔註103〕

> （永始二年）策免宣曰：……歲比不登，倉廩空虛，百姓飢饉，流離道路，疾疫死者以萬數。人至相食，盜賊並興，群職曠廢。〔註104〕

> （永始二年）永對曰：……百姓財竭力盡，愁恨感天，災異屢降，飢饉仍臻。流散冗食，餒死於道，以百萬數。……（元延元年）比年喪稼，時過無宿麥。百姓失業流散，群輩守關。……流恩廣施，賑瞻困乏，開關梁，內流民，恣所欲之，以救其急。〔註105〕

> 死者恨於下，生者愁於上，怨氣感動陰陽，因之以飢饉，物故流離以十萬數。〔註106〕

水旱災害和暴政導致的逃亡人口得不到政府的絲毫救濟，只會越積越多，以至於無法收拾，引起更大的社會問題。到了哀帝、平帝和新莽時期，關東民眾逃亡就更加嚴重了。

「間者陰陽不調，寒暑異常，變異屢臻，山崩地震，河決泉湧，流殺人民，百姓留連，無所歸心，司空之職尤廢焉。」〔註107〕是因為黃河決口而導

〔註101〕《漢書》卷六十四《賈捐之傳》，頁2833。
〔註102〕《漢書》卷二十三《天文志》，頁1310。
〔註103〕《漢書》卷十《成帝紀》，頁313、318。
〔註104〕《漢書》卷八十三《薛宣傳》，頁3393。
〔註105〕《漢書》卷八十五《谷永傳》，頁3462、3471。
〔註106〕《漢書》卷三十六《劉向傳》，頁1956。
〔註107〕《漢書》卷八十六《師丹傳》，頁3507。

致災民逃亡他鄉。在建平二年策免孔光的詔書中也講到了民眾逃亡問題。「歲比不登，天下空虛，百姓飢饉，父子分散，流離道路，以十萬數。」〔註108〕也是指哀帝時期關東地區的民眾逃亡現象。

　　（元始二年）郡國大旱，蝗，青州尤甚，民流亡。〔註109〕

　　（天鳳六年）青徐民多棄鄉里流亡，老弱死道路，壯者入賊中。……流民入關者數十萬人，置養澹官以稟之，吏盜其稟，飢死者什七八。〔註110〕

　　移檄告郡國曰：……其死者則露屍不掩，生者則奔亡流散，幼孤婦女，流離繫虜，此其逆人之大罪也。〔註111〕

　　元元無聊，飢寒並臻，父子流亡，夫婦離散，廬落丘墟，田疇蕪穢，疾疫大興，災異蜂起。〔註112〕

　　西漢武帝時期開始一直到東漢章帝時期，前後持續一百餘年，在這百餘年中，關東地區大規模的逃亡潮流一直沒有徹底平息過，更不用說這些流民能夠得到政府的救濟和安置了，大量的逃亡者不是遠走他鄉就是死於道路，由於社會人口的減少，對關東地區的社會生產力造成的破壞是難以估量的，其最明顯的標誌就是人口減少、耕田荒蕪，富庶的關東地區逐漸衰落了。逃亡人口對逃入地的經濟發展會帶來促進和正面影響，相應，對逃出地區而言，其影響就是負面的，會破壞人口逃出地區社會生產力的發展水平。

（三）逃亡犯罪與關中地區經濟發展

　　西漢時期，關中因為是京畿所在，享受諸多優惠，再加上嚴密的控制，所以沒有見到大規模的逃亡者出現。東漢時期，國都東遷，關中的地位急劇下降，關中的民生也連帶受到影響，東漢政府曾經在章帝建初元年（76年）、和帝永元五年（93年）、安帝永初三年（109年）三次將上林池苑假與貧民耕種採捕。建武二年（26年）、五年（28年）、靈帝熹平四年（175年）、獻帝興平元年（194年）都有三輔地區大旱，朝廷設法救濟的記載，這些饑民、災民都是逃亡者出現的基礎。

〔註108〕《漢書》卷八十一《孔光傳》，頁3358。
〔註109〕《漢書》卷十二《平帝紀》，頁353。
〔註110〕《漢書》卷九十九《王莽傳》，頁4157、《食貨志》，頁1145。
〔註111〕《後漢書》卷十三《隗囂傳》，頁517。
〔註112〕《後漢書》卷二十八《馮衍傳》，頁966。

「元初二年（115 年）春正月，詔稟三輔及並、梁六郡流冗貧人。」〔註113〕貧人與逃亡者之間有著連帶關係。秦漢時期，關東地區民眾逃亡與自然災害有極大關係，但關中地區的民眾逃亡卻主要是戰亂等人為因素。秦漢之際的社會動亂由於劉邦最早進入關中、後來又以關中為根據地，減少了戰爭對這一地區影響。西漢政府的長期統治，關中地區的豪族實力逐漸發展起來，在兩漢之際的社會動亂中，雖然有不少的軍事集團在關中地區展開爭奪，但由於關中地區地方勢力的強大，形成了較為強大的以壁壘為依託的軍事集團，在一定程度上抵制了流寇武裝對關中地區的破壞，因此，關中地區一直沒有看到大規模的民眾逃亡現象。但在新莽末年的戰火中，長安城卻遭到了致命的破壞，十二個城門均毀於戰火。〔註114〕隨著東漢政府定都洛陽，關中的戰略地位逐漸下降，東漢後期，羌禍成為引起關中民眾逃亡的重要因素。

東漢安帝、順帝以後，羌族叛亂時有發生，「（永初二年）馬融客於涼州、漢陽界中，會羌虜颷起，邊方擾亂，米穀湧貴，自關以西，道殣相望。」〔註115〕可見羌人叛亂對關中地區的影響。龐參力主朝廷放棄金城等地，移民於三輔時說：「三輔山原曠遠，民庶稀疏，故縣丘城，可居者多。」〔註116〕三輔受到戰亂的影響，已經開始衰落了。安帝「永初四年（110 年）春正月，詔以三輔比遭寇亂，人庶流冗，除三年逋租、過更、口算、芻藁。」〔註117〕這次減免租賦就因戰亂而起。西漢時期號稱「陸海」的關中三輔地區，到東漢竟然成為流徙罪犯的謫戍之地，安帝元初二年（115 年）「詔郡國中都官繫囚減死一等，勿笞，詣馮翊、扶風屯，妻子自隨，占著所在」。〔註118〕可見三輔地區人口流亡之嚴重。

東漢靈帝時期，關東地區出現大規模的黃巾起義，關中地區則飽受羌人侵擾，結果導致「三郡（河東、憑翊、京兆）之民皆以奔亡，南出武關，北徙壺谷（壺關之谷），冰解風散，唯恐在後。今其存者，尚十三四，軍吏士民悲愁相守，民有百走退死之心。」〔註119〕引起關中地區民眾的大規模逃亡。

〔註113〕《後漢書》卷五《安帝紀》，頁 222。
〔註114〕王仲殊《西漢長安城考古工作的初步收穫》，《考古通訊》，1957 年第 3 期。
〔註115〕《後漢書》卷六十《馬融傳》，頁 1953。
〔註116〕《後漢書》卷五十一《龐參傳》，頁 1688。
〔註117〕《後漢書》卷五《安帝紀》，頁 214。
〔註118〕《後漢書》卷五《安帝紀》，頁 224。
〔註119〕《後漢書》卷五十七《劉陶傳》，頁 1850。

隨後的韓遂、馬超之亂，李榷、郭汜之亂，又引起了關中民眾大規模的逃亡。據《後漢書·劉焉傳》記載：「初，南陽、三輔民數萬戶流入益州，焉悉收以為眾，名曰：東州兵。」〔註120〕劉焉依靠這支軍隊成功地控制了益州地區，可以想見逃亡者是不少的。東漢末年割據漢中的張魯也是依靠逃亡人口形成自己的武裝集團。「韓遂，馬超之亂，關西民奔魯者數萬家。」〔註121〕以一家五口計，也有數十萬之多。文獻記載：

> （陶謙）為徐州牧，是時，徐方百姓殷盛，穀實甚豐，流民多歸之。〔註122〕

> 關中膏腴之地，傾遭荒亂，人民流入荊州者十萬餘家，聞本土安寧，皆企望思歸。而歸者無以自業，諸將各竟招懷，以為部曲。〔註123〕

數十百萬的人民逃出關中地區，關中地區的衰落已經是無可避免了。

　　整個秦漢時期，江淮地區的經濟逐漸發展起來，而關東、關中地區的經濟發展速度逐漸放慢，表現出一定程度的衰落，都與不同時期持續不斷的人口逃亡有極大關係。江淮地區由於人口的持續逃入，社會生產力有了很大的提高，而關東、關中地區由於人口的流失，經濟隨之衰落下去。至於東漢末年由於人口的大逃亡促成東吳地區、四川盆地、荊襄地區、漢中地區經濟實力的迅速上升，最終奠定三國鼎立局面的經濟基礎就更是學界熟知的了。

本章小結

　　春秋時期是前一社會形態的最後存在時期，戰國是新制度的初步確立時期，秦漢則是新社會形態逐步完善和定型時期。春秋時期的逃亡犯罪是前一社會形態之下的典型形態，而秦漢時期的逃亡又是新型社會形態之下最早出現的逃亡犯罪。與春秋時期相較，秦漢逃亡犯罪表現出明顯的特點，對當時的政治、經濟、周邊社會都帶來一定的影響。

　　與春秋時期的逃亡相比，秦漢時期的逃亡犯罪表現出明顯的特點，即逃亡原因複雜化、逃亡主體多元化、逃亡規模擴大化。秦漢時期的逃亡原因十

〔註120〕《後漢書》卷七十五《劉焉傳》，頁2433。
〔註121〕《後漢書》卷七十五《劉焉傳》，頁2436。
〔註122〕《後漢書》卷七十三《陶謙傳》，頁2367。
〔註123〕《三國志》卷二十一《衛覬傳》，頁610。

分複雜。鐵製農具帶來農業生產力的巨大進步後形成的小農勞動方式，既是促進社會文明進步的基礎，也是小民逃亡犯罪形成的經濟背景；隨著秦統一六國，五口之家的小農經濟組織被推廣到全國，失去了宗族共同體庇護和救助以後，個體小農開始直接面對國家政權。秦漢時期的小農，一方面要受到頻繁的兵役、勞役的侵擾，同時又要負擔沉重的捐稅，又失去了宗族共同體的救助和庇護，使小農經濟的脆弱性充分暴露，成爲民眾逃亡的重要原因之一；封建官僚體制之下，各級官吏爲了得到好的考績而一味按照上級意圖，不顧地方社會的根本利益，對地方民眾進行盤剝，民眾無法生存時便開始走上逃亡之路，封建官僚制度的建立與社會逃亡的大量出現有著同一的關係；秦漢時期的此起彼伏的土地兼併浪潮、政府的苛捐雜稅、頻繁的水旱災害、官吏貪贓枉法再加上經常出現的兵災和外敵入侵，都成爲民眾逃亡他鄉的直接原因。秦漢時期逃亡犯罪的主體的身份也十分複雜，幾乎涉及到了所有的社會成員，太子、諸侯王、列侯、各級官吏、軍人、普通民眾、罪犯、刑徒等各種成分都有。男子逃亡以外，還有大量的婦女逃亡在外。逃亡者在逃亡後的活動也與春秋時期截然不同。秦漢時期的任何人一旦踏上逃亡犯罪之路，就面臨著法律的制裁，失去了正常人的很多權利而只能過擔驚受怕的亡命生活，在亡命過程中往往從事搶劫、偷盜、甚至結成團夥危害地方社會治安，進而危及國家政權的存在和穩定，對社會治安造成嚴重的威脅。

秦漢逃亡犯罪在規模上有擴大化的趨勢，其擴大化表現在逃亡犯罪的人口空前增多，逃亡時間變長，逃亡犯罪人員所到的地區範圍擴大，逃亡犯罪帶來的影響也加重了。

秦漢時期，除去政治十分清明的時期外，大部分時間社會上存在著數以百萬計的逃亡人口，不但逃亡者數量大，而且持續逃亡的時間很長。這就意味著數量巨大的社會成員在長達數十年的時間裏，政府無法對他們實行有效的控制。在持續而大規模的逃亡犯罪浪潮之中，各種各樣的反政府武裝集團也就出現了。

秦漢逃亡犯罪者的活動範圍有了很大的變化，「北走胡，南走越」是西漢初期直到東漢末年人們常說的一句話。北走胡，就是逃亡匈奴，漢代匈奴主要活動區域是在現在的蒙古大草原，最北可以到達亞洲的最北部，東面可以到達東北平原，西部直達中亞地區，逃亡者越過了黃土高原，穿過了蒙古大草原，逃到了更遠的地方。漢代逃向匈奴的各類人員數以十萬計，顯示了「北

走胡」數量的巨大，也顯示出秦漢時期逃亡者的逃亡範圍在北方是大大地拓寬了。朝東則逃亡到了朝鮮半島。朝南最遠到達了嶺南的珠江流域，「南走越」已經不是原來的吳越之地，而是到更遠的交阯一帶，現在的廣西、雲南了。

由於大量人員的逃亡，導致軍事政治人才的流動，大規模普通民眾的逃亡，更是直接影響到政治集團軍事實力的變化，從而影響到秦漢之際、兩漢之際、東漢末年的政治格局變遷。善於利用逃亡人口者，就能不斷壯大自己的政治軍事實力，在激烈的政治鬥爭中立於不敗之地，否則，必然失敗。

由於大量人口逃亡匈奴，影響到匈奴社會的發展，加速了匈奴社會經濟結構的變化，加快了匈奴社會經濟發展的進程；大量的逃亡人口還影響到匈奴社會文化的進步，影響到匈奴對漢朝的政治態度。

大規模的人口逃出與流入對地方經濟發展的影響是截然不同的。西漢初年由於大量逃亡人口逃入諸侯王轄區，促進了諸侯王統治地區經濟的恢復和發展。西漢後期關東地區連綿不斷的水旱災害，導致大量人口逃亡而去，勞動力的大規模減少直接影響了該地區經濟的發展速度，而兩漢之際和東漢後期關中地區飽受兵禍襲擾，人口四散逃亡，直接導致了關中地區經濟的衰落。

簡短結語

包括流民在內的逃亡犯罪從秦漢時期開始就一直是困擾中國社會的一大問題，社會性逃亡犯罪一旦形成規模，就會如洪水猛獸般失去控制，對社會統治秩序造成嚴重地衝擊，甚至徹底破壞現存社會秩序。為了控制社會逃亡的出現、數量、流向及其影響，秦漢王朝的統治階級想盡了一切辦法，包括嚴刑峻法鎮壓、各級官吏追捕、朝廷加強管理、國家實施教化、厲行輕繇薄賦、適時假田安民、鼓勵官吏招撫、政府出資安置等等。秦漢政府四百餘年來預防、控制社會逃亡的種種措施為以後的封建政府所繼承，成為中國封建社會控制逃亡犯罪的基本方式。

但從中國兩千年的歷史發展來看，無論統治階級如何煞費苦心，逃亡犯罪問題始終未能徹底解決，問題的癥結在於產生社會逃亡的原因是非常複雜的。戶籍管理制度作為一種社會規範，其出現的同時也就意味著違反行為的出現，也就是說，只要有國家戶籍管理制度和相關的遷移規定，社會逃亡就不可避免，此其一；社會逃亡作為社會犯罪的一種，至少是與規定這一犯罪的法律規範以及維護這一法律規範的政治組織相始終。由此看來，想要徹底

根絕逃亡犯罪是基本不可能的。雖然根絕不可能，但把逃亡犯罪及其對社會秩序的衝擊控制在一定的限度內，不要對社會秩序造成過大的衝擊則是歷朝政治家的理想。秦漢四百餘年來預防和控制社會逃亡犯罪的艱辛歷程，恰好是兩千餘年中國封建政府控制和預防逃亡犯罪的縮影。秦王朝對逃亡犯罪的控制是徹底失敗了，西漢初期的七十餘年較爲成功，武帝後期又激起了大規模的社會逃亡，經過昭帝、宣帝時期的努力，逃亡浪潮最終得以平息，隨後出現了西漢末年直到東漢初的逃亡犯罪浪潮，經過光武帝、明帝、章帝時期努力，逃亡浪潮再次平息，隨後出現了連續不斷的逃亡潮，直到東漢政府滅亡。

爲什麼逃亡犯罪浪潮會經常性地反覆出現，從秦漢時期的逃亡犯罪的情況來看，其根本原因在於社會犯罪的不可避免，更重要的原因在於政治的腐敗、賦役的繁重、土地兼併、社會矛盾的階段性激化、自然災害、戰亂的不可避免，這些封建政府難以控制的因素都會導致逃亡犯罪的增加。政府雖然採取了一系列的措施，但卻難以根治，其原因在於措施本身就是臨時性的，治標不治本的。

第一，政府的所有措施受當時政治是否清明的影響，明君盛主、清官廉吏、居安思危、比較注意整頓吏治，注意緩和社會矛盾，社會犯罪減少、逃亡的壓力也就輕一些。而昏君佞臣、貪官污吏當道、吏治腐敗時，情況就大不一樣，雖然還有很多的措施，但效果卻大相徑庭。封建社會家天下的統治模式要想長期實現聖君賢相是根本不可能的，相反，到會經常出現昏庸之君、殘暴之臣，貪官污吏更是時有所見。階段性出現的逃亡犯罪浪潮即肇因於此。

第二，整個封建政府在預防和控制逃亡犯罪時，基本是從統治階級的立場出發，嚴刑酷法鎮壓的時候多，而從根本上解決問題的時候少，重在鎮壓打擊，疏於教化疏導。而且其控制逃亡的根本出發點在於控制封建國家的服役人數，納稅人數，當兵的人數，而徭役沉重、賦稅繁苛、兵役擾民恰是逃亡出現的重要原因。目的與手段之間存在著根本的矛盾衝突，這也是封建社會難以控制逃亡犯罪的原因之一。

第三，在整個封建社會，社會生產力的發展水平必竟有限，加上中國人口相對較多，整個國家用於賑濟災民的物資儲備經常不足，加上比較呆板的行政程序，一旦遇到重大災情，災民嗷嗷待哺，臨災救濟，急於星火，但政府官員往往囿於各種規定，難以及時救濟，即使能夠救濟，也往往由於物資

儲備有限，杯水車薪，無濟於事。更不用說官吏在執行過程中貪贓枉法、營私舞弊、欺上瞞下，侵吞災糧，天災加上人禍，想要人們不逃亡，無異緣木求魚、癡人說夢。

　　秦漢時期的逃亡犯罪及其預防與控制的種種成功的經驗和失敗的教訓，全方位地顯示了封建政府面對大規模社會逃亡時所能採取的措施及其最終效果，對以後的封建政府在解決這一問題上有著榜樣的作用，對我們觀察整個封建社會逃亡問題有著示範作用。

主要參考書目

一、主要參考文獻

1. 司馬遷《史記》，中華書局，1959 年。

2. 班固《漢書》，中華書局，1962 年。

3. 范曄《後漢書》，中華書局，1965 年。

4. 陳壽《三國志》，中華書局，1959 年

5. 阮元校勘《十三經注疏》，中華書局，影印版，1979 年。

6. 上海書店出版社影印《諸子集成》，1986 年。

7. 商鞅著、蔣禮鴻撰《商君書錐指》，中華書局，1986 年。

8. 商鞅著、高亨注釋《商君書注釋》，中華書局，1974 年。

9. 貫誼撰，閻振益、鍾夏校注《新書校注》，中華書局，2000 年。

10. 高亨《詩經今注》，上海古籍出版社，1980 年。

11. 董仲舒著、蘇興撰《春秋繁露義證》，中華書局，1996 年。

12. 桓寬著、王利器校注《鹽鐵論校注》，中華書局，1992 年。

13. 王符著、汪繼培箋《潛夫論箋校正》，中華書局，1985 年。

14. 孫新衍輯、周天遊典校《漢官六種》，中華書局，1990 年。

15. 劉珍等撰吳樹平校注《東觀漢紀校注》，中州古籍出版社，1987 年。

16. 楊伯峻《春秋左傳注》，中華書局，1990 年。

17. 周天遊輯注《八家後漢書輯注》，上海古籍出版社，1986 年。

18. 繆文遠《戰國策新校注》，巴蜀書社，1987 年。

19. 應劭撰、吳樹平校釋《風俗通義校釋》，天津人民出版社，1980 年。

20. 長孫無忌等《唐律疏議》，法律出版社，1998 年。

21. 洪適《隸釋》，中華書局，1980 年。

22. 楊樹達《積微居金文説》，中華書局，1997 年。

23. 王先謙《漢書補注》，中華書局，1993 年。

24. 楊樹達《漢書管窺》，上海古籍出版社，1984 年。

25. 王鳴盛《十七史商榷》，商務印書館，1959 年。

26. 許慎《説文解字》，中華書局，1998 年。

27. 趙翼《廿二史箚記》，中華書局，1963 年。

28. 梁玉繩等撰《史記漢書諸表訂補十種》，中華書局 1982 年。

29. 梁玉繩《史記志疑》，中華書局，1981 年。

30. 陳直《漢書新證》，天津人民出版社，1959 年。

31. 顧棟高《春秋大事表》，中華書局，1993 年。

32. 馬百非《秦集史》中華書局，1982 年。

33. 睡虎地秦墓竹簡整理小組《睡虎地秦墓竹簡》，文物出版社，1978 年。

34. 林海村《樓蘭尼雅出土文書》，文物出版社，1985 年。

35. 謝桂華、李均明、朱國炤等《居延漢簡釋文合校》，文物出版社，1987 年。

36. 李均明《散見簡牘合輯》，文物出版社，1987 年。

37. 俞偉超《中國古代公社組織的考察》，文物出版社，1988 年。

38. 甘肅省文物考古研究所《居延新簡》，文物出版社，1990 年。

39. 甘肅文物考古研究所編《敦煌漢簡釋文》，甘肅人民出版社，1991 年。

40. 林海村、李均明《疏勒河流域出土漢簡》，文物出版社，1994 年。

41. 吳九龍《銀雀山漢簡釋文》，文物出版社，1995 年。

42. 高文《漢碑集釋》，河南大學出版社，1997 年。

43. 張家山二七四號漢墓竹簡整理小組《張家山漢墓竹簡釋文》（釋文修訂本），文物出版社，2006 年。

44. 胡平生、張德芳《敦煌懸泉漢簡釋粹》，上海古籍出版社，2001 年。

45. 程樹德《九朝律考》，中華書局，1963 年。

46. 楊寬《古史新探》，中華書局，1965 年。

47. 高敏《雲夢秦簡初探》，河南人民出版社，1979 年。

48. 楊寬《西周史》上海人民出版社，1999 年。

49. 林劍鳴《秦漢史》上海人民出版社，1991 年。

50. 楊寬《戰國史》，上海人民出版社，1980 年。

51. 李學勤《東周與秦代文明》，文物出版社，1980 年。

52. 中華書局編輯部《雲夢秦簡研究》，中華書局，1981 年。

53. 柳春藩《秦漢封國食邑賜爵制》，遼寧人民出版社，1984 年。

54. 甘肅省文物工作隊、甘肅省博物館《漢簡研究文集》，甘肅人民出版社，1984 年。

55. 沈家本《歷代刑法考》，中華書局，1985 年。

56. 張傳璽《秦漢問題研究》，北京大學出版社，1985 年。

57. 錢穆《先秦諸子繫年》，中華書局，1985 年。

58. 栗勁《秦律通論》，山東人民出版社，1985 年。

59. 陳直《居延漢簡研究》，天津古籍出版社，1986 年。

60. 葛劍雄《西漢人口地理》，人民出版社，1986 年。

61. 韓連琪《先秦兩漢史論叢》齊魯書社，1986 年。

62. 吳榮曾《先秦兩漢史研究》中華書局，1985 年。

63. 彭衛《漢代婚姻形態》，三秦出版社，1988 年。

64. 孔慶明《秦漢法律史》，陝西人民出版社，1992 年。

65. 俞榮根《儒家法思想通論》，廣西人民出版社，1992 年

66. 楊生民《漢代社會形態研究》，北京師範學院出版社，1993 年。

67. 楊生民《戰國秦漢治國思想新考》金城出版社 2011 年。

68. 黃今言《秦漢軍制史論》，江西人民出版社，1993 年。

69. 劉俊文主編《日本學者研究中國史論著選譯》第三卷，中華書局，1993 年。

70. 高恒《秦漢法制論考》，廈門大學出版社，1994 年。

71. 高恒《秦漢簡牘中法制文書輯考》社會科學文獻出版社 2007 年。

72. 錢杭《中國宗族制度新探》，中華書局（香港），1994 年。

73. 劉樂賢《戰國秦漢簡帛叢考》，文物出版社，2010 年。

74. 白壽彝主編《中國通史》（上古時代、秦漢時期），上海人民出版社，1995 年。

75. 閻步克《士大夫政治衍生史稿》，北京大學出版社，1996 年。

76. 晁福林《夏商西周的社會變遷》，北京師範大學出版社，1996 年。

77. 馮爾康《中國古代的宗族與祠堂》，商務印書館，1996 年。

78. 楊向奎《宗周社會與禮樂文明》，人民出版社，1997 年。

79. 宋傑《先秦戰略地理研究》，首都師範大學出版社，1997 年。

80. 葛劍雄《中國移民史》第二卷，福建人民出版社，1997 年。

81. 金春峰《漢代思想史》，中國社會科學出版社，1997 年。

82. （日）堀毅《秦漢法制考論》，法律出版社，1998 年。

83. 田昌五、臧知非《周秦社會結構研究》，西北大學出版社，1998 年。

84. 高敏《秦漢史探討》，中州古籍出版社，1998 年。

85. 王子今《秦漢區域文化研究》，四川人民出版社，1998 年。

86. 葛志毅、張維明《先秦兩漢的制度與文化》，黑龍江教育出版社，1998 年。

87. 寧可《寧可史學論集》，中國社會科學出版社，1999 年。

88. 李玉福《秦漢制度史論》山東大學出版社，2002 年。

89. 宋傑《中國貨幣發展史》，首都師範大學出版社，1999 年。

90. 宋傑《秦漢監獄制度研究》中華書局 2014 年。

91. 孟祥才《先秦秦漢史論》山東大學出版社，2001 年。

92. 崔永東《金文簡帛中的刑法思想》，清華大學出版社，2000 年。

93. 許倬雲《西周史》，生活、讀書、新知三聯書店，2001 年。

94. 蕭群忠《孝與中國文化》，人民出版社，2001 年。

95. 葛兆光《中國思想史》，復旦大學出版社，2001 年。

96. 錢杭《血緣與地緣之間》，上海社會科學院出版社，2001 年。

97. 趙沛《兩漢宗族研究》，山東大學出版社，2002 年。

98. 卜憲群《秦漢官僚制度》，中國社科文獻出版社，2002 年。

99. 葛劍雄《中國人口史》第一卷，復旦大學出版社，2002 年。

100. （日）谷川道雄《中國中世社會與共同體》，中華書局，2002 年。

101. 李開元《漢帝國的建立與劉邦集團 —— 軍功受益階層分析》，三聯書店，2002 年。

102. 黎國智、馬寶善主編《犯罪行爲控制論》，中國檢察出版社，2002 年。

103. 俞偉超《中國古代公社組織的考察》文物出版社，1988 年。

104. 于迎春《秦漢士史》北京大學出版社，2000 年。

105. 曹旅寧《秦律新論》，中國社會科學出版社，2002 年。

106. 曹旅寧《張家山漢律研究》，中華書局，2005 年。

107. 楊鴻年《漢魏制度叢考》武漢大學出版社，2005 年。

108. 徐難於《漢靈帝與漢末社會》齊魯書社，2002 年。

109. 周長山《漢代城市研究》人民出版社，2001 年。

110. 張繼海《漢代城市社會》社會科學文獻出版社，2006 年。

111. 張晉藩《中國法制通史》（第一、二卷）法律出版社，1999 年。

112. 張景賢《漢代法制研究》黑龍江人民出版社，1997 年。

113. 劉海年《戰國秦代法制管窺》法律出版社，2006 年。

114. （日）大庭修著，林劍鳴等譯《秦漢法制史研究》上海人民出版社，1991年。

115. （日）富谷至著，柴生芳譯《秦漢刑罰制度研究》廣西師範大學出版社2006年。

116. 曹旅寧《秦漢魏晉法制探微》，人民出版社，2013年。

117. 王愛清《秦漢鄉里控制研究》，山東大學出版社2010年。

118. 趙秀玲《中國鄉里制度》社會科學文獻出版社1998年。

119. 王牧主編《犯罪學論叢》第一卷，中國檢察出版社，2003年。

120. 晁福林《先秦社會形態研究》，北京師範大學出版社，2003年。

121. 楊師群《東周秦漢社會轉型研究》，上海古籍出版社，2003年。

122. 李衡眉《先秦史論集（續）》，齊魯書社，2003年。

123. 瞿同祖《中國法律與中國社會》，中華書局，2003年。

124. 周密《商鞅的刑法思想及變法實踐》，北京大學出版社，2003年。

125. （日）西嶋定生《中國古代帝國的形成與結構》，中華書局，2004年。

126. 楊再明、秦楊主編《犯罪學》，四川大學出版社，2004年。

127. 姚秀蘭《戶籍、身份與社會變遷》法律出版社，2004年。

128. 陳東升《赦免制度研究》，中國公安大學出版社，2004年。

129. 謝維揚《周代家庭形態》，黑龍江人民出版社，2005年。

130. 廖伯源《簡牘與制度》廣西師範大學出版社，2005年。

131. 廖伯源《使者與官制演變》文津出版社（臺北），2006年。

132. 段偉《禳災與減災》復旦大學出版社2008年。

133. 孫家洲《秦漢法律文化研究》中國人民大學出版社2010年。

134. 溫慧輝《周禮·秋官與周代法制研究》法律出版社2010年。

135. 王彥輝、《張家山漢簡〈二年律令〉與漢代社會》，中華書局，2010年

136. 熊偉《秦漢監察制度史研究》天津人民出版社，2011年。

137. 賈麗英《秦漢家族法研究》人民出版社，2011年。

138. 楊振紅《出土簡牘與秦漢社會》廣西師範大學出版社，2009年。

139. 李均明《簡牘法制論稿》廣西師範大學出版社，2011年。

140. 王子今《秦漢社會意識研究》商務印書館，2011年。

二、主要參考論文

1. 臧知非《張家山漢簡所見漢初中央與諸侯王國關係論略》，《陝西歷史博物館館刊》，第十輯。

2. 劉修明《漢「以孝治天下」發微》，《歷史研究》1983年6期。

3. 周天遊《兩漢復仇盛行原因》，《歷史研究》，1991 年 1 期。

4. 余謙《兩漢流民問題探微》，《江西師大學報》，1994 年 3 期。

5. 胡新《中國古代的犯罪原因論》，《法商研究》，1994 年 2 期。

6. 劉太祥《試析漢唐行政管理制度的特色》，《黃淮學刊》，1994 年 3 期。

7. 吳明月《談西漢時期漢人入居匈奴及其影響》，《內蒙古師大學報》，1995 年 4 期。

8. 熊偉華《漢代經濟犯罪的類型及其懲治的司法原則》，《人文雜誌》，1995 年 1 期。

9. 楊靜琬《漢代循吏的治民原則、措施及其實施效果》，《湘潭大學學報》，1995 年 4 期。

10. 馬作武《古代司法吏治論略》，《中山大學學報》，1996 年增刊。

11. 范學輝《西周、春秋地方行政制度略論》，《山東工業大學學報》，1996 年 3 期。

12. 張遠煌《論犯罪預防的概念》，《法商研究》，1996 年 5 期。

13. 張彥修《春秋出奔考述》，《史學月刊》，1996 年 6 期。

14. 仝晰崗《秦漢時期的鄉里豪民》，《社會科學輯刊》，1996 年 3 期。

15. 吳剛《秦亡漢興之因再探》，《學術月刊》，1996 年 8 期。

16. 陳筱芳《試論春秋時期奔者與本國和奔國的關係》，《西南民族學院學報》，1996 年 6 期。

17. 蔡萬進《試論春秋戰國時期秦國的賑災》，《中州學刊》，1997 年 3 期。

18. 張繼良《試論中國古代農業社會與宗法制度對政治倫理思想的影響》，《河北師大學報》，1997 年 3 期。

19. 楊鶴高《商鞅的預防和治理犯罪思想》，《政法論壇》，1998 年 1 期。

20. 康德文《關於假田的幾個問題》，《陝西師大學報》，1998 年 6 期。

21. 龐卓恒《關於西周勞動生產方式、生產力和人口估測》，《天津師大學報》，1998 年 5 期。

22. 袁祖亮《略論先秦秦漢時期的制土分民思想》，《鄭州大學學報》，1998 年 3 期。

23. 李修松《秦漢時期淮河流域經濟發展簡論》，《安徽史學》1998 年 2 期。

24. 董士壇《犯罪預防決策的系統分析》，《山東法學》，1998 年 4 期。

25. 李曉萍《論犯罪的社會控制》，《福建公安高等專科學校學報》，1999 年 2 期。

26. 張仁璽《秦漢時期個體小農的家庭分化述論》，《山東師大學報》，1999 年 6 期。

27. 張弘《簡論中國古代宗法宗族制的演變特徵》,《濟南大學學報》,1999年4期。

28. 李宜霞《論漢初分封制的作用》,《社會科學家》,1999年5期。

29. 晁福林《試論戰國時期宗法制度的發展和演變》,《史學史研究》,1999年1期。

30. 江錫華《刑罰威懾與犯罪控制》,《福建公安高等專科學校學報》,1999年2期。

31. 晏德君《罪因研究與犯罪預防》,《湖北公安高等專科學校學報》,1999年2期。

32. 朱俊強《論犯罪控制結構》,《廣西政法幹部管理學院學報》,2000年2期。

33. 唐元林《先秦儒家犯罪預防和社會控制》,《河南公安高專學報》,2000年2期。

34. 徐傑令《論春秋時期的出奔》,《史學集刊》,2000年3期。

35. 王剛《西漢荒政與抑商》,《中州學刊》,2000年5期。

36. 范學輝《漢武帝朝的吏治腐敗問題》,《理論學刊》,2000年3期。

37. 董士壇《人文文化與社會犯罪控制》,《山東公安按專科學校學報》,2000年4期。

38. 謝文鈞《中國古代職務過失犯罪研究》,《學術交流》,2000年5期。

39. 張有智《論春秋時期晉國宗族間的政治關係》,《史林》,2000年1期。

40. 王彥輝《漢代分田劫假與豪民兼併》,《東北師大學報》,2000年5期。

41. 張元誠《西漢時期漢人流落匈奴及其影響》,《中國邊疆史地研究》,2000年2期。

42. 劉太祥《秦漢時期的農業和農村經濟管理措施》,《史學月刊》,2000年5期。

43. 陳公柔《居延出土漢律散簡釋義》,《燕京學報》新九期,北京大學出版社,2000年。

44. 葉憲文《論春秋戰國時期中國社會的轉型》,《史學月刊》,2001年3期。

45. 林甘泉《秦漢帝國民間社區和民間組織》,《燕京學報》新八期,北京大學出版社,2001年。

46. 楊際平《試論秦漢鐵農具的推廣程度》,《中國社會經濟史研究》,2001年2期。

47. 藏振《宗族社會初論》,《陝西師大學報》,2001年3期。

48. 高紅梅《漢文化對匈奴社會影響初探》,《西北第二民院學報》,2001年4期。

49. 胡仁智《由簡牘文書看漢代的職務罪規定》,《法商研究》,2001 年 3 期。

50. 張功《漢魏之際宗族集團試探》,《天水行政學院學報》,2001 年 5 期。

51. 張功《劉秀劉永爭霸中的地理因素》,《天水行政學院學報》,2002 年 1 期。

52. 李廣輝《試論先秦儒學的犯罪學思想》,《河南大學學報》,2002 年 2 期。

53. 謝仲禮《東漢時期的災異與朝政》,《中國社科學院研究生院學報》,2002 年 2 期。

54. 朱紹侯《呂后二年賜田宅制度試探》,《史學月刊》,2002 年 12 期。

55. 方昌華《郡縣制度評價理論述評》《文史哲》,2002 年 3 期。

56. 尹建東《論漢代關東豪族宗族組織的構成特點》,《雲南民族學院學報》,2002 年 5 期。

57. 郭炳潔《論秦漢之際的崇勢力之風》,《史學月刊》,2002 年 12 期。

58. 朱延惠《淺論漢武帝時期統治思想的轉變》,《武漢大學學報》2002 年 2 期。

59. 王勇《秦漢時期西北地區經濟開發及其啟示》,《寧夏社會科學》,2002 年 6 期。

60. 劉志廣《中央集權型財政體制與我國古代社會發展的停滯》,《上海行政學院學報》,2002 年 2 期。

61. 趙光懷《論漢代吏道》,《河南師大學報》,2002 年 4 期。

62. 邸瑛琪《犯罪預防的理念衝突》,《河北法學》,2002 年 2 期。

63. 張旭《關於犯罪預防體系的思考》,《北華大學學報》,2002 年 3 期。

64. 康樹華《論犯罪預防中的教育機制》,《法學雜誌》,2002 年 3 期。

65. 張功《秦朝逃亡犯罪探析》,《首都師範大學學報》,2002 年 6 期。

66. 楊永林《〈管子〉犯罪預防思想淺析》,《管子學刊》,2003 年 3 期。

67. 江曉敏《略論西漢控制犯罪的理論對策》,《政法論壇》,2003 年 4 期。

68. 魏秀玲《論中國古代的德治與法制》,《當代法學》,2003 年 7 期。

69. 程敬恭《秦漢時期社會問題及解決措施》,《固原師專學報》,2003 年 1 期。

70. 王慶憲《匈奴盛時其境內非匈奴人口的構成》,《內蒙古社會科學》,2003 年 1 期。

71. 陳麗《神性的缺失與初步論證》,《重慶師院學報》,2003 年 1 期。

72. 陳慶安《中國古代犯罪特徵研究》,《安陽師範學院學報》,2003 年 6 期。

73. 譚迎疆《試論犯罪預防的社會層次》,《政法學刊》,2003 年 1 期。

74. 張仁璽《秦漢家族成員連坐考略》,《思想戰線》,2003 年 6 期。

75. 吳海燕《兩漢風俗使演變及職能初探》,《河南師範大學學報》,2003 年 3 期。

76. 王健《倫理制衡與西漢政治》,《河南科技大學學報》,2003 年 3 期。

77. 史雲貴《西漢郡國並行制探略》,《廣西社會科學》,2003 年 4 期。

78. 臧知非《西漢授田制度與田稅徵收方式新論》,《江海學刊》,2003 年 3 期。

79. 張遠福《西漢吳楚七國治亂原因辨析》,《人文雜誌》,2003 年 5 期。

80. 張功《漢代郡縣關係探析》,《青海師範大學學報》,2003 年 3 期。

81. 張功《秦朝盜考論》,《甘肅高師學報》,2003 年 4 期。

82. 盛玉懷《中國古代農業生產組織與經營形式選擇》,《西北大學學報》,2003 年 4 期。

83. 董士壇《論犯罪控制的人文教育基礎》,《中國人民公安大學學報》,2003 年 5 期。

84. 閻曉君《秦漢盜罪及其立法沿革》,《法學研究》2004 年 6 期。

85. 王慶憲《從兩漢簡牘看匈奴與中原之間的經濟文化交流》,《中央民大學報》,2004 年 3 期。

86. 馬克林《漢代法制轉型中的宗教因素》《西北師範大學學報》,2004 年 3 期。

87. 朱紹侯《論漢代的名田制及其破壞》,《河南大學學報》,2004 年 1 期。

88. 施偉青《論秦自商鞅變法後逃亡現象》,《中國社會經濟史研究》,2004 年 2 期。

89. 王惠英《論漢武帝德法並用的治國方略》,《江南大學學報》,2004 年 2 期。

90. 查明輝《漢武帝時期的流民問題與社會控制》,《湖北社會科學》,2004 年 12 期。

91. 程念祺《中國歷史上的小農經濟 —— 生產與生活》,《史林》,2004 年 3 期。

92. 陳新剛《漢代諸子論吏治與治吏》,《山東師大學報》,2004 年 4 期。

93. 李錦全《中國古代孝文化的兩重性》,《孔子研究》,2004 年 4 期。

94. 王彥輝《秦漢時期的戶絕與社會控制》學習與探索 2008 年 6 期。

95. 劉慶《秦漢逮捕制度考》河北學刊 2012 年 3 期。

96. 連宏《秦漢髡耐完刑考》古代文明 2012 年 2 期。

97. 方原《秦漢賦役與社會控制》秦漢研究第七輯。

98. 劉泰祥《秦漢行政處罰機制》南都學壇 2014 年 3 期。

99. 張信通《秦漢鄉里賦稅制度和賦稅徵收》中國經濟史研究 2012 年 1 期。